KB039019

개·인·재·무·관·리·총·서·2

재무상담사를 위한 스토리셀링

최고 영업사원의 판매 노하우

스콧 웨스트·미치 앤소니 지음

김선호·조영삼·이형종 옮김

SEOUL
서울엠

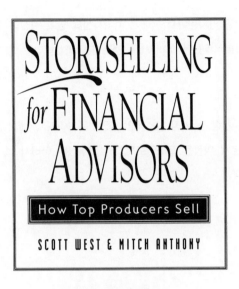

STORYSELLING
for FINANCIAL
ADVISORS

How Top Producers Sell

SCOTT WEST & MITCH ANTHONY

DEARBORN™
A **Kaplan Professional** Company

Storyselling for Financial Advisors:

How Top Producers Sell

by Scott West & Mitch Anthony

Copyright © 2000 Dearborn Financial Publishing

Korean Translation Copyright © 2003 by Hanul Publishing Company

All rights reserved. This Korean edition was published by arrangement
with Dearborn Financial Publishing through Eric Yang Agency.

이 책의 한국어판 저작권은 에릭 양 에이전시(Eric Yang Agency)를 통한
저작권자와의 독점계약으로 도서출판 한울에 있습니다.
저작권법에 의해 한국 내에서 보호를 받는 저작물이므로 무단전재와
무단복제를 금합니다.

가장 뛰어난 영업사원이자 저에게 자기자신을 믿고 자신의 생각을 판매하도록 가르쳐주셨던 아버지 톰 앤소니께 바칩니다.

— 미치 앤소니

제가 보아온 사람 중 가장 창조적인 영업전문가이자, 저에게 창조를 위한 큰 기회로서 위험을 끌어안도록 가르쳐주셨던 아버지 밥 웨스트께 바칩니다.

— 스콧 웨스트

2003년 초여름, 방카슈랑스의 시행을 앞두고 엄청난 수의 은행 직원, PB, 증권회사 및 투자증권회사 직원, 상호저축은행 직원이 보험판매자격시험을 치르고 있다. 도대체 어떤 일이 일어나고 있는 것일까? 보험판매자격시험에 응시하는 은행, 증권회사 직원들은 앞으로 무슨 일을 해야 하는지 확실히 예측하고 있을까? 그리고 그 반대편에 지금까지 보험판매를 해오던 보험설계사, 대리점들은 앞으로 무슨 일이 벌어질지 그리고 무슨 일을 해야 할지 정확히 예상하고 이에 대비하고 있을까?

우리나라가 OECD에 가입하고 IMF를 거치면서 정부가 주도해온 금융산업의 구조조정과 개편은 막바지로 치닫고 있다. 금융산업의 구조개편은 종합금융화를 떼어놓고 생각할 수 없다. 종합금융화가 되어야, 즉 고객에게 종합적인 금융서비스를 제공할 수 있어야 금융기관이 경쟁력을 확보할 수 있다고 보기 때문이다. 이에 정부에서는 우리나라 금융기관들이 대규모 종합금융그룹을 형성함으로써 국제적인 경쟁력을 확보하도록 독려하고 있다.

이러한 변화는 이제 곧 금융상품을 판매(Distributing)하는 사람들이 하는 일을 바꿔놓게 된다. 이들은 얼마 전까지만 해도 해당

회사의 직원이거나 배타적인 계약관계로 그 회사의 상품만을 취급했다. 예를 들어보자. 보험회사는 그동안 상품제조, 마케팅, 심사 및 서비스(Manufacturing) 기능뿐 아니라, 판매에도 모든 노력을 기울일 수밖에 없었다. 상품을 제조하더라도 그 상품을 판매해주는 외부조직을 찾을 수 없었기 때문이다. 이제는 보험을 판매해주는 외부조직이 있다. OECD 가입 이후 허용된 독립대리점이나 중개인이 존재하며, 2003년 8월부터는 은행, 증권회사, 상호저축은행 등 많은 금융기관들이 보험을 판매하게 된다. 현명한 보험회사라면 이제 서비스기능의 강화와 판매기능의 비용 효율적 운영에 대한 정책변화를 고려할 것이다.

그러면 화두에서 제시한 물음으로 다시 돌아가보자. 금융권이 변화하더라도 서비스기능은 — 타 금융기관의 기능을 포함하기도 하지만 — 여전히 각 금융회사의 영역에 존재한다. 하지만 금융상품의 판매기능은 각 금융회사의 고유한 영역에만 존재하지는 않는다. 판매에서는 금융기관 간 장벽이란 무의미해지며, 따라서 판매자는 여러 금융기관의 상품을 취급할 수 있게 된다. 금융상품/서비스는 그 난이도에 따라 전문적 컨설팅을 필요로 하는 상품/서비스와 그렇지 않은 상품/서비스로 구분된다. 단순하고 고객이 친숙한 상품/서비스는 테크놀로지(Analytical CRM, Dialing Application Program 등)의 지원을 바탕으로 직접판매(Direct Marketing)나 전문성이 낮은 판매자들에 의해 간단히 설명되고 저렴한 가격으로 판매될 것이다. 하지만 점점 더 복잡해지고 있는 금융상품/서비스는 전문적인 판매자들의 컨설팅을 필요로 한다. 이 책은 전문성을 가지고 금융상품을 판매하고 서비스를 제공하고자 하는 사람들에게 다음과 같은 도움을 줄 것으로 기대된다.

이 책은 앞으로 개봉될 종합금융시대의 금융상품판매를 주제로 하는 영화의 예고편이라 할 수 있다. 지금 미국의 금융시장에서 일상적으로 일어나고 있는 일, 금융상품 판매자들과 고객 사이의 대화를 엿듣게 해주고 있다. 전문성을 가지고 금융상품을 판매하고 있는 사람들은 금융시장의 변화를 관심을 가지고 읽어내고 이에 대응하려 하고 있지만 시장에서 일어날 일들을 막연하게만 추측하고 있을 것이다. 스토리셀링은 영화의 예고편처럼 앞으로 우리 금융시장에서 일어날 일들을 현장감 있게 보여줄 것이다.

이 책은 이제까지 최상의 판매기법으로 정착된 판매단계별 접근법을 초월하여 더욱 실전적인 방법 즉, 스토리셀링을 제시하고 있다. 고객을 찾아내고(Prospecting), 고객에 접근하고(Approach), 고객의 니드를 파악하고(Fact Finding), 해결안을 마련하여 설명하고(Presentation), 계약을 마무리짓고(Closing), 고객에게서 소개를 받고(Referred Leads), 사후서비스를 제공한다(After Service: Annual Review)는 판매단계별 접근법은 다분히 논리적이다. 이 책이 제시하는 판매방법론인 스토리셀링은 논리적인 접근과는 달리 우뇌의 작용에 입각한 접근방법을 주장하고 있다. 실전에 강한 판매자들은 실제 판매에서는 감성적인 측면이 더 강하게 작용한다는 사실을 알고 있을 것이다. 이 책을 읽게 되면 생생한 현장이 떠오르면서 고객을 마주하고 있는 저자에게서 강한 기(氣)를 느낄 것이다.

이 책은 판매자들에게 자신감을 줄 것으로 기대된다. 어떤 판매자들은 전문지식이 낮고 본인이 이를 따라 잡기가 어렵다고 고민한다. 심지어는 앞으로 금융상품에 대한 다양한 전문지식이 필요할 텐데 어떻게 대처해야 좋을지 모르겠다는 사람도 있다. 이 책은 지식과 논리적 설명보다 스토리셀링 접근방법이 판매에 더 효과적이라 주장한다. 이 책을 읽어보면 스토리셀링 접근방법은 누구라도 쉽게 적응할 수 있음을 알게 될 것이다.

이 책은 고객을 확보하는 방법을 구체적인 예를 들어 설명하고 있다. 앞서 우리나라 금융시장의 변화에 대해 언급했는데 그러한 변화의 결과 앞으로 금융상품의 판매자(Distributor)들에게 무엇이 가장 중요하게 될까? 나름대로의 생각을 정리하면, 첫째는 금융에 대한 전반적인 지식 ─ Specialist가 아닌 Generalist로서 필요한 지식 ─ 을 습득하는 일이고, 둘째는 각 금융분야의 전문적 조언이 가능한 사람들과의 연계(Networking)이고, 셋째는 고객 확보다. 이 중에서 가장 중요한 것은 물론 고객 확보다. 방카슈랑스가 시행되는 것도 따지고 보면 금융기관이 고객을 확보하고 있기 때문이다. 이 책의 가장 큰 가치는 고객을 확보하는 방법들을 제시하고 있다는 점이다.

주변에 있는 많은 사람들이 금융상품 판매의 변화에 대해 궁금해하고 있는 지금 이 책이 번역 출간되는 것은 참으로 시의적절하다. 이 책이 출간됨으로써 금융상품/서비스 판매자들이 앞날에 대비할 수 있기를 바라며, 또한 스토리셀링이라는 판매기법에 대해 더욱더 체계적인 연구가 이뤄지기를 기대한다.

시의적절하게 이 책을 번역 출간한 PFM연구소의 연구원 여러분의 노고에 감사를 드리며 PFM연구소가 개인재무관리 분야에서 독보적인 활동을 하게 되리라 기대한다.

이준승, CFP®, FLMI, IFPK 대표이사

어떤 재무상담사나 브로커는 수입이 많아 주체할 수 없을 정도 인데, 왜 대부분의 브로커나 재무상담사는 생존을 위해 허덕이는 가? 어떤 재무상담사는 더 많은 영업실적을 올릴 수 있는 능력이 있는데도 왜 주저앉고 마는가? 대부분의 브로커가 새로운 고객 한 명을 확보하기 위해 이전투구를 벌이고 있을 때, 왜 어떤 재무 상담사는 자신의 기존고객을 유지하는 데 치중하고 있을까?

우리는 이런 문제에 대한 해답과 최고 재무상담사의 영업 노하 우에 대해 알아보기로 했으며, 마침내 최고 재무상담사의 특징이 다음과 같이 심오하지만 단순하다는 것을 알게 되었다.

1. 최고의 재무상담사가 사용하는 판매방법은 예시적이면서 단순 하다.
2. 최고의 재무상담사는 타인과의 대화 및 관계형성에 탁월하다.
3. 최고의 재무상담사는 자신의 서비스에 적합한 특화된 고객을 개발했다.

최고의 재무상담사는 영업을 복잡하게 하지 않고 단순화시킨다.

반면 많은 재무상담사는 고객이 자신들을 능력 있고 반드시 필요한 존재라고 여기도록 고객에 대한 제안에 의도적으로 복잡한 내용을 끼워넣는다. 그러나 이와 같은 복잡한 제안내용은 재무상담사에게 오히려 역효과를 불러일으킬 뿐이다.

우리가 봐온 최고의 재무상담사는 복잡함과는 정반대의 방식으로 놀라운 성과를 거뒀다. 그들은 간단한 예시, 일화, 또는 비유 등을 사용해 자기와 자기 생각을 고객에게 알기 쉽게 이해시켰다. 그래서 고객은 그들과 이야기하기를 즐겼고 기꺼이 자기 친구를 소개해줬다.

우리는 이런 영업기술 또는 판매기법을 스토리셀링(storyselling)이라 부른다. 그리고 스토리셀링이야말로 지속적으로 최고의 영업실적을 달성할 수 있게 하는 열쇠라고 믿게 되었다. 스토리(story)로 말하는 것이 사람의 마음을 가벼운 최면상태에 빠뜨려 외부 영향에 더 잘 반응하게 한다는 사실은 심리학에서 이미 증명되었다. 모든 사람은 좋은 이야기를 기꺼이 듣고자 한다. 우리는 이 책을 통해 당신이 재무적 이야기를 할 수 있도록 가르치고자 한다.

온라인 시대나 나홀로 투자(do-it-yourself investing) 시대에도 사람들은 여전히 전문가의 조언과 안내 및 확인을 받고자 한다. 효과적으로 대화할 수 있는 브로커를 찾을 수 없기 때문에 많은 사람이 외로운 방랑자의 길을 걷는 것이지, 자신이 원해서 투자 및 재무에 대한 의사결정을 혼자 내리는 것은 아니다. 당신이 재무상담사로 성공할지 여부는 당신의 대화능력에 달렸다. 복잡한 것을 단순화시키고 이해할 수 있게 한다면 결코 고객이 없어 판매하지 못하는 일은 일어나지 않을 것이다. 이 책에 소개된 스토리셀링에 관한 진실과 사례를 통해 당신은 자기 자신과 재무서비스를 판매하는 방법을 혁신할 수 있을 것이다.

당신의 성공 여부는 고객에게 얼마나 더 좋은 분석가가 되는가가 아니라, 더 좋은 교사, 더 좋은 이야기꾼, 그리고 더 좋은 비유의 대가가 되는가에 달렸다. 고객은 자신이 이해하지 못하는 상황을 더는 참지 않을 것이고 가르침과 대화에 능통한 재무상담사를 찾을 것이다. 이 책을 통해 당신은 스토리셀링의 대가로 성장하는 데 필요한 사례와 기법을 발견할 수 있을 것이다.

최고의 재무상담사는 사람에 대한 진지한 관심과 함께 존경심을 갖고 있다. 고객은 최고의 재무상담사가 자기에게 마음에서 우러나오는 호의를 갖고 있음을 느낄 수 있기 때문에, 이들과 만난 후에는 기분이 좋아진다. 이 책의 제2부에서는 최고의 재무상담사가 보여주는 상담마술─날카로운 질문, 통찰력 있는 경청기술, 신체언어를 해석하는 능력, 유머감각, 솔직한 겸손 등─을 서술할 것이다. 최고의 재무상담사는 고객이 진정으로 원하는 것이 존경심이라는 것을 깨닫고 있다.

우리는 언젠가 한 연사가 자신이 만났던 모든 사람의 목에 표찰이 달려 있고, 그 표찰을 읽을 수 있게 된 이후부터 자신의 삶은 성공의 연속이었다고 한 말을 들은 적이 있다. 그는 젊었을 때는 다른 누군가의 세계에 매달리기에는 자신의 삶이 너무도 중요했기 때문에 사람의 목에 이런 표찰이 달려 있다는 사실을 깨닫지 못했고 따라서 이 표찰을 읽을 수 없었다고 말했다.

그러나 그가 말했듯이, 어떤 현자가 그에게 각자의 목에는 "제가 중요한 존재임을 느낄 수 있도록 도와주세요"라는 표찰이 달려 있음을 알려줬으며, "사람은 그가 누구든, 또 얼마나 높은 자리에 있든, 얼마나 부자이든 간에 모두 똑같은 표찰을 지니고 있으며,

이 표찰을 인식하고 이에 대응하는 방법을 배운 사람은 누구나 성공할 것"이라고 했다.

우리는 우리가 아는 사람, 그리고 우리가 만나는 사람에게서 이 표찰을 찾기 시작했다. 우리는 아내와 자녀에게서도 이 표찰을 보았으며, 고객과 동료에게서도 이 표찰을 보았다. 그리고 신문팔이 소년, 자동차 정비공, 그리고 우리의 말을 듣는 많은 이들의 눈 속에서 이 표찰을 보았다.

이 세상은 사람을 초라하게 만들기도 하고 힘들게도 한다. 세상은 사람을 판에 박힌 것처럼 똑같이 다루거나 범주화시키며, 사람마다 숫자를 부여하기도 한다. 그러나 우리가 스스로를 유일하고 독특한 존재라고 생각하듯이, 다른 사람도 남이 자신을 세상에 하나밖에 없는 존재로 대해주기를 원한다.

그 연사의 말은 진실이다. 당신이 이런 표찰을 읽는 법을 배울 때, 모든 것은 변하고 성공은 당연한 것이 될 것이다.

당신은 경청하는 자세로 눈을 마주보면서 고객과의 첫 번째 만남을 시작할 것이며, 이어 고객에 대한 진지하고 흥미로운 발굴 과정을 밟아나갈 것이다. 이 와중에 당신이 고객의 이익을 마음속 깊이 최우선으로 생각하고 있음을 고객에게 인식시킬 때 비로소 효과가 나타나기 시작할 것이다. 고객의 이익을 최우선시하는 것이야말로 최고형태의 존경심이다. 이 책을 통해 당신은 이 같은 존경심을 어떻게 표현하는지 배울 수 있을 것이다.

마지막으로, 우리는 최고의 재무상담사가 부자시장, 노인시장, 여성시장과 같은 수익성 높은 세분화된 시장에 집중해 자신의 영업을 전문화했다는 사실을 알게 되었다. 제3부에서는 이런 재무상담사가 자신의 고객과 어떻게 대화했고 어떻게 성공했는지 서술했다. 모든 사람을 대상으로 아무나 할 수 있는 재무상담사에서 수익성 높은 세분화된 시장의 전문화된 재무상담사로 전환함으로써, 이들은 예상했던 것보다 더 빠르고 더 많은 영업성과를 달성했다. 이 책을 통해 당신은 부자시장, 노인시장, 여성시장 등 성장하는 시장에서 어떻게 고객과 대화할 것인지 배우게 될 것이다.

스토리셀링을 통해 의사소통, 관계형성, 수익성 높은 시장개척 등과 관련해 당신은 더욱 전문화할 수 있고, 나아가 이 과정에서 부(富)를 쌓아나갈 수 있을 것이다. 스토리셀링은 고객이 이해할 수 있는 사례나 이야기를 통해 고객의 희망과 꿈에 대한 감성적 연결고리를 만들어나가는 것이다.

| 감사의 말 |

우리는 이 책의 제3부를 준비하는 데 아낌없이 협조해준 밴 캠
펜 컨설팅 사의 모든 사람에게 감사한다. 게리 드모스, 브렛 밴보
틀, 마크 라이, 리사 쿵이 보여준 협조와 연구 및 격려에 감사한다.
린 겁틸의 뛰어난 편집과 적극적 도움 그리고 항상 뜨거운 격려에
대해 특히 고맙게 생각한다.

러스 앨랜 프린스는 부자시장에 대해 날카로운 연구와 통찰력을
보여준 점과, 데이비드 바크와 주디스 팅리가 여성시장에 대한
통찰력을 보여준 점에 특별히 감사한다.

스토리셀링에 대한 통찰력을 제공한 존 세스티나, 케이 셜리,
돈 코넬리, 앨리슨 르위스, 로저 토마스 및 여기에 일일이 거론하
지 못한 많은 사람에게도 고마움을 전한다.

나, 미치는 특히 끊임없이 용기를 북돋아주고 노고를 아끼지
않은 내 모든 저술의 편집자이자 아내인 데비에게 고마움을 느낀다.

쾌활한 정신의 소유자이자 이 책에 대해 믿음을 갖고 적절한
지적을 아끼지 않은 디어본 사의 편집자인 신디 지그문드에게도
특별히 감사드린다.

비유와 유추가 우리의 가장 강력한 판매도구라는 나의 믿음을

지지하고 도와준 유니버설 언더라이터즈 사의 래리 포스터에게도 고맙다는 말을 하고 싶다.

나, 스콧은 스토리셀링에 대한 영감을 주고 재무적 개념을 현장에 적용할 수 있도록 뛰어난 사례를 제공해준 브로커 딕 스토커에게 감사한다.

마지막으로 스토리셀링이라는 강력한 개념을 공표하도록 영감을 준 전국 최고의 스토리셀링 전문가 모두에게 감사의 말을 전한다. 이들은 현장에서 고객의 재무목표와 꿈을 실현할 수 있도록 늘 도와주면서 스토리셀링의 탁월함을 입증하는 산 증인이다.

| 차례 |

제 1 부

고객의 우뇌와 좌뇌 모두 설득하는 방법

1
통계자료가 아닌 이야기로 승부하라
우 뇌 와 좌 뇌 모 두 를 설 득 하 는 단 기 과 정

어떤 사람은 통계자료를 마치 술 취한 사람이 가로등을 길을 밝히는
조명이 아니라 몸을 기대는 버팀목으로 사용하듯이 활용한다.

무명씨

- 사실자료, 통계자료, 도표 등에 의존해 영업한다면, 고객을 잠재
우고 있는 것이다.
- 우뇌와 좌뇌 모두에 호소하는 판매자는 거래를 성사시킬 확률을
두 배로 높일 수 있다.
- 적절한 이야기와 비유를 활용한다면 더 좋은 영업실적을 달성할
수 있다.

만약 오늘부터 통계자료, 도표, 금융상품의 순위나 신용등급 등
을 사용하지 않고 주식, 채권, 뮤추얼펀드, 연금 등 금융상품을
판매해야 한다면 잘 팔 수 있을까? 모닝스타(Morningstar) 사*의
순위 리스트, 리퍼(Lipper) 사**나 산 차트(mountain charts)도, 에이

엠 베스트(A. M. Best) 사***의 신용등급, "179개의 유사한 펀드 중에서 실적이 23등이었다"라는 식의 통계내용을 투자제안서에 넣을 수 없다고 해서 당신은 아무 말도 할 수 없는가? 꼭 분석자료를 사용해야 영업활동을 할 수 있는가? 이런 상황이 발생할 경우 당신이 사용할 수 있는 다른 형태의 투자제안서를 한번 생각해보자.

이런 상황이라면 당신은 이야기를 하거나, 그림이나 삽화를 그리거나, 비유를 들어야 할 것이다. 당신은 고객 각자의 개성과 특성에 더 많은 주의를 기울여 그들이 어떤 사람인지, 그들에게 어떤 것이 더 좋은지 찾으려 할 것이고, 말을 하기보다는 듣는 데 더 많은 시간을 보내야 할 것이다. 그리고 모든 고객에게 천편일률적인 복잡한 자료를 통해 강매하기보다 고객의 말에 숨어 있는 속뜻을 이해하는 법을 직관적으로 배워야 할 것이다.

이제까지의 영업관행과 비교할 때 이런 방식은 당혹스러울지도 모른다. 그러나 이것이야말로 금융기관 최고의 영업사원이 현재 사용하는 방식이다. 확실히 성공한 최고 중의 최고인 브로커, 재무설계사(financial planners), 재무상담사(financial advisors), 투자은행가(investment bankers)가 바로 이 '스토리셀링 예술'을 정교하게 발전시킨 장본인이다. 이들에게 스토리셀링은 자연스러운 일이다. 이들은 고객에게 어떻게 접근하고 고객이 알아야 할 필요가 있는 것을 어떻게 가르쳐줘야 하는지에 대한 수수께끼를 직관적으로 해결했다. 이런 과정을 통해 발굴된 고객은 재무상담사를 오랫동

---

* 1984년 조 만수에토가 설립한 회사로 펀드 평가의 최고 기관으로 평가받고 있음__역자
** 펀드평가 회사로 로이터 사의 자회사__역자
*** 보험회사의 신용등급 평가회사__역자

안 신뢰했고 재무상담사는 이를 통해 많은 돈을 벌 수 있었다.

투자는 예술이며 과학이다

워런 버핏(Warren Buffett)은 투자는 예술이며 과학이라고 말한 적이 있다. 우리는 금융상품을 판매하는 것 역시 예술이자 과학이라 믿고 있으나, 금융상품을 판매하는 대부분의 사람은 금융상품 판매에서 과학적 측면을 지나치게 강조한다. 하지만 금융전문가가 모두 똑같은 과학적 도표와 사실자료를 사용하기 때문에, 고객은 제안 내용을 아주 지루해하며 그 금융전문가를 다른 재무상담사나 브로커와 구별하지 못한다.

금융서비스 제공자는 투자의 과학적 측면을 잘 알고 있다. 그러나 분석적이고 과학적 접근방법만으로 투자상품을 설명하고 판매한다면 한쪽 뇌에만 호소하게 되어 실제로는 역효과가 난다. 당신이 어떤 형태의 분석적 데이터를 설명하면 자연스럽게 직업적 전문용어를 사용하는데, 이는 대부분의 사람을 혼란스럽게 하거나 겁먹게 하고 결국에는 판매에 부정적인 영향을 미친다. 많은 재무상담사는 고객이 잘 모르는 직업적 전문용어나 투자에 대한 상투어를 내뱉고 있지만, 이로 인해 고객이 혼란에 빠지고 위협을 느낀다는 사실을 깨닫지 못한다.

확실하게 성공한 스토리셀러(storyseller)는 복잡한 투자전략이나 상품을 단순화시키는 방법을 익혀왔다. 이들은 복잡한 투자전략과 금융상품을 "이것은 ~와 같은 것이다"라는 화법을 통해 고객이 알고 있는 것과 연결시키는 방법을 익혀왔다. 우리는 이 책을 통해 성공한 금융전문가가 고객의 이익과 자신의 이익을 위해 사용했던 많은 이야기와 유추 및 비유를 소개하고자 한다.

워런 버핏은 타고난 스토리셀링의 대가이다. 만약 당신이 버핏의 인터뷰나 책 또는 그가 버크셔 해더웨이(Berkshire-Hathaway) 사*의 주주에게 보낸 편지를 읽어봤다면, 비유, 유추, 격언, 일화 등을 기막히게 잘 사용하는 그의 재능을 알았을 것이다. 그는 주주와 늘 알기 쉽게 대화했으며, 주주는 그가 하고자 하는 말을 쉽게 이해할 수 있었다. 그는 복잡한 금융이나 투자 관련 문제를 이런 것에 익숙하지 않은 사람도 이해할 수 있도록 쉽게 풀어서 이야기했다. 재무상담사는 고객과 대화할 때 가장 중요한 목표가 고객이 이해할 수 있도록 하는 것임을 명심해야 한다.

국회의 한 위원회에서 질의를 받았을 때에도, 버핏은 증언과 관련하여 이야기 하나를 시작했다. 질의를 했던 의장이 중간에 버핏에게 "또다른 이야기는 말고 질문에 답변해주시오"라고 의사진행 발언을 하자, 버핏은 "죄송합니다. 이것이 제가 질문에 답변하는 방식입니다"라고 응답했다. 버핏이 어떤 상황이나 문제를 설명하면 사람들이 흥미로워할 뿐 아니라 즐거워한다는 것이야말로 우리가 배워야 할 핵심이다. 그는 투자를 할 때는 물론, 투자를 설명할 때도 예술적 부분과 과학적 부분 모두를 이해하고 있다.

스토리셀링의 대가인 버핏의 재능과 사례에 대해서는 이 책 제12장에서 다룰 것이다.

---

* 워런 버핏과 찰스 멍거(Charles Munger)가 운영하는 투자사업의 지주회사_역자

깨우침

재무상담사는 투자 및 금융에 대한 지식뿐 아니라 대화능력도 갖추고 있어야 한다. 세상에 대한 지식과 이해가 아무리 많더라도 이를 고객에게 효과적으로 전달하고 연계시킬 수 없다면 아무 소용이 없다. 좀 더 효과적인 대화를 하려면,

- 인간의 뇌가 작용하는 방식과 사람의 관심을 끌고 유지하는 방법을 알아야 한다.
- 스토리셀링의 예술을 통해 시각적이면서 연상적이고, 감각적이면서 감성적인 부분을 고객 제안서에 통합시키는 방법을 익혀야 한다.

이렇게 하면 당신은 고객과 대화를 하고 관계를 형성하는 자신의 능력에 무한한 자신감을 가지게 될 것이다. 당신은 고객에게 재산관리방법을 조언하는 상담사일 뿐 아니라, 그들이 혼란스럽게 여겼던 개념을 단순화하여 가르쳐주는 선생님이기도 하기 때문에, 고객은 재무상담사인 당신에게 훨씬 강한 연대감을 느낄 것이다. 또한 고객이 더 많은 것을 이해하게 되면 고객의 자신감도 높아지게 되고 이렇게 구축한 고객과의 관계는 당신에 대한 그들의 신뢰와 확신도 높여줄 것이다. 당신은 이제 과거에 고객을 혼란에 빠뜨리고 당혹스럽게 했던 주제에 대해서 깨우침의 빛을 밝힐 수 있을 것이다.

"만약 미국에 투자전문가가 50만 명이 있다면, 그들 중 적어도 49만 4,000명은 똑같은 말을 떠들어대지." — 어느 고객의 말

공항버스를 함께 타고 있던 유명한 소프트웨어 회사의 중역이 내게 직업이 뭔지 물었다. 내가 금융서비스업에 종사한다고 말하자, 그는 아주 혼란스럽고 복잡하고 다양한 시장에서 개인이 어디에 투자해야 할지 안다는 것은 정말 어렵다면서 불만을 토로했다.

"모든 금융기관이 똑같은 말만 하더군요. 도표와 통계만 같은 게 아니라 말투나 사용하는 단어조차 똑같다니까요. 이 회사와 저 회사가 어떤 차이가 있는지 도무지 구별할 수가 없어요. 당신은 가장 적합한 투자대상을 어떻게 아나요? 그리고 내게 적합한 투자상품이 무언지 쉽게 설명해줄 수 있나요?"

내가 대답했다.

"제가 주제와 약간 벗어난 질문을 하나 하지요. 만약 선생님께서 호숫가에 있는 고급 아파트 한 채를 살 기회가 생겼다고 해보세요. 이 아파트 단지에 남아 있는 건 두 채밖에 없는데, 하나는 전망이 아주 훌륭한 꼭대기 층에 있고, 다른 하나는 화재 발생 시 재빨리 대피할 수 있는 1층에 있다면 선생님께서는 이 중 어떤 것을 구입하시겠습니까?"

그는 머리를 긁적이면서 생각에 잠기기 시작했다. 얼마 후 씩 웃으면서 대답했다.

"전망이 좋은 게 나을 것 같은데. 위험은 감수하지 뭐. 그래, 난 전망이 좋은 집을 택하겠소."

내가 말했다. "제가 이렇게 질문을 한 것은 선생님께서 어떤 형태의 펀드가 자신에게 맞는지 혼란스럽다는 얘기를 하셨기 때문입니다. 선

생님의 대답을 듣고 나니 제가 선생님의 위험보유성향(risk tolerance)에 맞는 펀드를 찾아드릴 수 있을 것 같군요."

"그래 이거야. 아무도 나에게 이렇게 접근하지 않았어요. 당신 얘기를 들으니 결정하기가 훨씬 쉽군요."

이런 비유 하나로 그의 태도가 변하는 것을 보고 사실 나도 놀랐다. 그는 흥미를 느끼기 시작했고, 그의 얼굴에는 당혹스러움이 사라졌다. 나는 그가 상상력을 동원해 머릿속으로 이 비유를 생각하고 있다는 것을 알 수 있었다. 우리가 헤어지기 전에 그가 말했다. "나는 무엇이든 이런 방식으로 쉽게 설명하는 사람에게 듣고 싶군요." 이렇게 해서 재산이나 투자문제도 되도록 이해하기 쉽게 설명해주기를 원하는 지적인 중역과의 만남이 이뤄졌다.

이것은 고객을 깨우치고, 고객의 상상력을 자극하며, 각각의 고객마다 자신이 익숙한 영역에 맞춰 적절한 결정을 할 수 있도록 하는 비유의 사용, 즉 스토리셀링의 많은 사례 중 하나에 불과하다. 왜 이런 접근이 유용할까? 스토리셀링이 우뇌와 좌뇌 모두에 호소하기 때문이다. 스토리셀링은 사람이 의사결정을 할 때 지력, 상상력, 감성, 직관 등을 모두 동원하도록 하기 때문이다.

스토리셀링 접근방식을 구체적으로 설명하기에 앞서 왜 이런 접근방식이 효과적인지 인간의 뇌가 작동하는 방식을 통해 살펴보자. 이 내용도 더욱 잘 기억될 수 있도록 스토리셀링 접근방식(비유)을 사용해 설명한다.

사람의 뇌에 대한 비유적 지도

　<그림 1-1>의 미국 지도를 인간 뇌 지도라고 생각해보자. 그리고 당신이 지도를 보고 있는 것이 아니라 마치 지도 안에서 밖을 보고 있다고 생각해보자. 왼쪽에는 법률, 규정, 그리고 지배욕구를 지닌 관료주의자가 모여 있는 워싱턴과 숫자로 먹고사는 회계사와 경제학자가 모여 있는 월스트리트가 있다. 인간 좌뇌의 기본작용은 논리, 추론, 계산, 계획, 조사, 조직화, 분석 등이다. 오른쪽에는 관계형성과 경험에 대한 상상력, 시각적 자극, 감동적인 이야기의 산실인 할리우드가 있다. 할리우드는 사람을 자극하며 즐겁게 하고(워싱턴도 예기치 않은 실수로 즐겁게 할 때가 있다) 감동시킨다. 우뇌의 기본작용은 상상하기, 큰 그림 보기, 관계 만들기, 웃기, 기억하기, 느끼기 등이다.

　워싱턴과 할리우드가 지리적으로 멀리 떨어져 있을 뿐 아니라

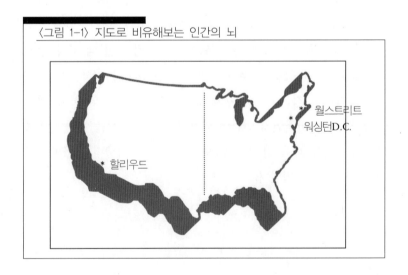

〈그림 1-1〉 지도로 비유해보는 인간의 뇌

각각의 역할이 서로 다른 것처럼 우뇌와 좌뇌도 서로 떨어져 있다. 비록 우뇌와 좌뇌가 가까이 연결되어 있지만 그 기능에는 상당한 차이가 있다. 우뇌와 좌뇌의 차이는 과학과 예술의 차이만큼 크다.

우뇌와 좌뇌는 3억 내지 4억 개의 시섬유연결자로 연결되어 있다. 어떤 상황에서도 이 시섬유연결자는 서로 다르게 세상을 보는 우뇌와 좌뇌 사이에서 수많은 정보를 전달한다. 인간의 뇌 속에서 자연스럽게 일어나는 즉각적이고도 다양한 과정을 흉내 낼 수 있는 컴퓨터는 아직까지 발명되지 않았다. 당신의 뇌는 고객과 대화를 나눌 때 고객의 말과 신체언어(body language)를 통해 정보를 입수하고 분류하는 동시에, 고객에게 말하고자 하는 정보와 아이디어를 준비하고 짜임새 있게 가다듬는다. 그런데 우리는 이렇게 놀랍고 복잡한 과정을 당연한 것으로 받아들인다. 더 중요한 사실은 아직까지 인간은 뇌가 갖고 있는 사고능력이나 대화 능력을 100% 사용하지 못하고 있다는 점이다.

당신은 아마 심리학 수업 중에 심리학 교수가 인간은 뇌가 보유한 잠재력의 단지 10%만 사용한다는 사실을 어느 과학자가 발견했다고 말하는 것을 들었을 것이다. 한 학생이 질문했다. "저, 선생님. 그렇다면 그 과학자가 발견한 것도 잘못되었을 가능성이 90%나 되지 않습니까?"

우리는 고객과 재무적 개념이나 해결책에 대해 이야기를 나누는 과정에서 그 시간의 90%를 놓치는 것이 아닐지 우려한다. 당신은 제안이나 대화가 압도적으로 좌뇌 영역 — 숫자, 분석, 논리 — 위주로 맞춰져 있기 때문에 이미 50%를 놓치고 있다는 것을 안다. 당신은 이 책을 통해 뇌의 사고 잠재력을 키우면 고객과 더 명확하고 더 이해하기 쉽게 대화할 수 있을 것이다.

이해하지 못하는 고객

인간의 뇌가 어떻게 작동하는지 알면 알수록 당신이 제안하는 방식은 더 간단해지고 더 효율적으로 될 것이다. 그러나 많은 사람은 반대로 생각한다. 일반적으로 재무상담사가 주어진 주제를 많이 알면 알수록 설명은 더 복잡해지고 더 상세해지는 경향이 있고, 이로 인해 재무상담사는 제안과정에서 고객과 진정한 관계를 형성하지 못하게 된다. 지금까지 재무상담사는 고객이 이해하지 못하는 내용으로 제안을 해왔다. 바로 이것이 불신을 초래한다.

고객 및 잠재고객에 대한 출구조사에서 "재무상담사가 이야기한 것을 명확하게 이해하셨습니까?"라는 질문을 해보았다. 그런데 이런 대답을 자주 들었다. "아니오. 꽤 혼란스러운데요." 반면 재무상담사에게 컨설팅 고객과의 대화가 어땠는지 물었을 때, 그들은 자주 이렇게 대답했다. "제 생각에는 상당히 잘됐습니다." 그런데 여기서 중요한 것은 재무상담사의 평가가 아니라 고객의 의견이다.

재무상담사가 무엇을 잘못했기에 고객이 혼란스러운 상태에 빠져 이해하지 못하고 있을까? 어떤 재무상담사는 일부러 어려운 용어를 사용해 고객이 자신을 높게 평가해주길 바라기도 한다. "그 사람 정말 지적인 사람 같지 않아?" 이런 말이 바로 그들이 듣고 싶어 하는 말일 것이다. 그러나 이런 접근방법은 고객을 위협하거나 혼란에 빠뜨린다. 어느 퇴직한 중역이 '정말 지적인' 재무상담사를 만난 후 이렇게 말했다. "그 친구 어려운 전문용어와 복잡한 전략으로 나를 겁주더군. 나를 위협하는 사람에게 내 인생을 맡길 순 없지. 그래서 다른 사람에게 그 일을 줬지."

재무상담사는 무의식적으로 다음과 같은 방식으로 고객을 혼란스럽게 하거나 위협한다.

- 전문용어를 너무 많이 사용한다.
- 고객이 실제로 아는 것보다 더 많은 것을 알거나 이해하고 있다고 착각한다(고객은 대개 잘 모르면서도 아는 것처럼 행동한다). 많은 고객이 재무상담사와의 상담을 마치고 난 후 혼란스러움을 털어놓곤 한다. "그 사람이 말한 게 무슨 뜻이야?" "그게 어떻게 그렇게 되지?" "난 그 양반이 말하려는 게 뭔지 종잡을 수 없어." 고객은 상담 중에 재무상담사에게 무식하거나 어리석게 보일까봐 그냥 조용히 앉아 있었을 뿐이다.

  이 책의 제5장에서는 전문용어에 대해서 상세히 다룰 것이다. 다만 여기에서는 정말로 많은 재무상담사가 효과적인 대화방법을 배우지 못했기 때문에, 어려운 전문용어를 제안의 핵심사항으로 사용하고 있다는 사실만 말해두고자 한다.

  우리가 제안의 단순화를 이야기하면 갑자기 이런 말을 내뱉는 사람이 있을지도 모른다. "난 전문가야. 난 단순하고 평범하게 보이고 싶지 않아. 고객이 날 찾는 이유가 뭔데. 내가 그들보다 많이 알기 때문이라고."

  물론 의사나 변호사와 마찬가지로 당신도 전문가이다. 그렇지만 고객은 복잡하고 어려운 전문용어를 사용해 자신을 당황하게 만드는 사람보다는 전문용어를 사용하지 않으면서도 이해하기 쉽게 설명해주는 사람을 좋아한다.

  '단순성'이라는 지혜의 정수가 무엇인지 생각할 때, 역사적으로 정말 위대한 인물을 떠올려보자. 예수는 복잡한 신앙문제를 '잃어버린 동전'*이나 '겨자씨'**와 같은 간단한 우화로 설명했다. 벤자민 프랭클린은 그의 달력에서 '가난뱅이 리차드'***라는 이야기로 재무적 독립이라는 복잡한 문제를 다루었다. 아인슈타인은 복잡한 과학원리를 일반인에게 익숙한 방식으로 설명하는 법을 알고 있었다. 상대성이론에 대해 아인슈타인의 주옥같은 설명을 한번 들어보라. "뜨거운 난로 위에 손을 일 초 동안 올려놓으면, 이 일 초는 마치 한 시간 같이 느껴질 것입니다. 한 시간 동안 이상형의 미녀와 같이 벤치에 앉아 있다면, 이 시간은 마치 일 초와 같이 느껴질 것입니다. 이것이 바로 상대성원리입니다!" 또 아인슈타인은 이런 말도 했다. "더는 단순화시킬 수 없을 정도로 최대한 단순화시켜야 한다."

세계적으로 유명한 위인들은 비유, 일화, 유머, 예시 등이 다른 사람을 가르치거나 설득하는 데 아주 좋은 수단이라는 것을 알고

---

* 어느 여자가 열 드라크마가 있는데 하나를 잃으면 등불을 켜고 집을 쓸며 찾도록 부지런히 찾지 아니하겠느냐. 또 찾은 즉 벗과 이웃을 불러 모으고 말하되 나와 함께 즐기자 잃은 드라크마를 찾았노라 하리라. 내가 너희에게 이르노니 이와 같이 죄인 하나가 회개하면 하나님의 사자들 앞에 기쁨이 되느니라(누가복음 15:8-10)__역자
** 천국은 마치 사람이 자기 밭에 갖다 심은 겨자씨 한 알 같으니 이는 모든 씨보다 작은 것이로되 자란 후에는 나물보다 커서 나무가 되매 공중의 새들이 와서 그 가지에 깃들이느니라(마태복음 13:31-32)__역자
*** '가난뱅이 리차드(poor Richard)'라는 달력은 벤자민 프랭클린이 1732년 리차드 손더스라는 이름으로 발행되기 시작해 25년간 발간된 달력으로 당시 달력 말고는 거의 책을 사지 않는 일반사람에게 달력을 통해 좋은 이야기를 전해줄 수 있다는 생각에서 날짜와 날짜 사이에 교훈이 될 만한 글귀를 써넣음. 이 글귀는 주로 근면과 절약이 부유해지는 길이며 미덕을 얻게 해준다는 내용이었음__역자

있었다. 우리는 위인들이 이끄는 대로 따라갈 것이다.

제일 먼저 제안을 단순화시키는 아이디어를 접하게 된다. 이런 아이디어 즉 복잡한 개념을 이해하기 쉽게 만드는 것이야말로 스토리셀링의 본질이다. 이런 아이디어가 일단 이해되면, 다음 단계는 고객의 삶과 연관시키는 것이다. KISS법칙(제발 단순화시켜라: keep it simple, stupid)은 모든 영업분야의 최고 실력자가 실천해야 할 기본규칙이다. 만약 당신이 이 규칙을 어긴다면, 당신 스스로 위험을 감수해야 할 것이다.

읽기, 쓰기 그리고 계산하기

사람이 대화를 제대로 못하는 이유 중 하나는 생각하는 방법을 제대로 훈련받지 못했기 때문이다. 만약 우뇌와 좌뇌를 모두 사용하여 생각하도록 배웠다면, 당연히 뇌 전체를 사용하여 대화하는 것도 배웠을 것이다. 지금껏 교육적·직업적 문화는 성공에 필요 불가결한 우뇌의 기능을 무시한 채, 좌뇌의 기능만 지나치게 강조해왔다. 대화의 한 분야인 영업뿐 아니라 대화 자체도 이런 불균형으로 인해 심각한 대가를 치르고 있다.

<그림 1-2>에서 보듯이, 우리의 교육은 좌뇌의 기능에 편중되었다. 그래서 교육을 받으면 받을수록 더욱 더 왼쪽으로 기울게 된다. 우리가 학교를 졸업할 때 사고과정은 마치 피사의 사탑처럼 한쪽으로 기울어져 있다. 학교에 입학하면 읽고 쓰고 계산하도록 훈련받는다. 교육 시스템의 목적은 숫자를 다룰 수 있고, 사실을 분석할 수 있으며, 논리적으로 말할 수 있고, 문제를 찾고, 논리적인 해결책을 실행할 수 있는 졸업생을 배출하는 데 있다.

〈그림 1-2〉 뇌의 기능

좌뇌 사고영역	우뇌 사고영역
수리	경험
계산	시각화
과학적 검증	상상
정의	혁신
분석	통합
비판	전략화
진단	직관적 통찰
분해	직관적 문제 해결
문제찾기	개념화
논리적 문제 해결	관찰
문서화	모험
계획	교육
조직화	의사소통
경영	상담
세분화	의사표현
시간관리	문제의 인지
실행	이해
조직적인 반복	지원
감독	서비스
통제	타인이해
관리	연관짓기
수정	설득
좌뇌의 역할	우뇌의 역할

　　대부분의 기업이 이익을 강조하거나 또는 조직, 관리, 검사, 통제 등을 통해 이익목표를 달성하는 데 좌뇌의 기능을 지나치게 강조한다. 어떤 사업이든 성공적으로 이끌려면 이런 좌뇌 중심의 과정이 필요하다. 그러나 이익을 강조하는 회사가 이익을 높이기 위해 직원에게 창조성, 혁신성, 미래에의 비전, 고객 통찰력, 설득력 있는 판매, 고객니드에 적합한 서비스를 요구한다는 것은 아이러니가 아닐 수 없다. 이런 이익창출의 요소는 전적으로 우뇌의 기능에 속하기 때문에, 정신장애자가 아닌 이상 좌뇌 중심의 사고

나 경영관리로는 접근이 불가능하다.

판매성공의 뿌리

영업에서 분석, 계산, 논리, 조직화 등이 일정한 역할을 한다는 것은 부정할 수 없다. 그러나 이런 좌뇌의 기능은 영업성공에 필요한 핵심요소 중 기껏해야 10~20%를 차지한다. 다른 80~90%는 영업세계에서 기본적인 역할을 수행하는 우뇌의 기능에 속한다. 영업이란 자기 자신을 판매하는 일이기 때문에 사람 다루는 기술이 중요하다고 이야기한다. 사람 다루는 기술은 우뇌의 기능에 속한다. 사람을 읽을 수 있다고 말할 때, 읽기는 우뇌의 기능에 속한다. 확실히 성공한 영업사원을 묘사할 때도, 감각, 노련한 경청, 대화의 재능과 기술, 직관적인 문제해결, 혁신, 유머 등을 말한다. 그리고 실제 최고 영업사원은 이런 특성을 지니고 있다. 이런 특성과 능력은 모두 우뇌의 기능에서 나온다.

대부분의 사람은 우뇌와 좌뇌 기능이 꽤 균형을 이루고 있다. 그러나 천성적으로 영업에 뛰어난 많은 사람은 판매성공의 뿌리인 우뇌 기능을 압도적으로 많이 활용한다. 전형적인 최고의 영업사원은 상상력이 풍부하고, 적극적으로 위험을 감수하며, 대화를 자유자재로 하며, 날카로운 질문자이며, 통찰력 있는 청취자이자 호감이 가는 성격의 소유자이다. 이들은 많은 일을 동시에 하는 것을 좋아하고, 열정적이며 설득력이 있고, 세세하고 불필요한 문서작업을 싫어하며, 단기간의 속박에도 견디지 못하고, 창조적 전략을 고안하고 실행하는 자유를 원할 가능성이 높다. 이들은 구속받는 것을 싫어하고 상황에 즉각적으로 반응하며, 직관적으로 문제를 해결하기를 좋아한다. 이들이 우뇌 기능을 더 많이 활용하면 할수록 이들에겐, 세세한 사항에 주의를 기울이고, 다양한 활동과 야심찬 계획의 일정을 관리하며, 이들이 몸담은 단선적 세계를 이해하도록 돕기 위해 더 많이 관리적 측면이 지원되어야 한다.

고객의 주의 끌기

스토리셀링은 고객의 우뇌에 영향을 미치는 데 초점을 맞춘다. 그곳은 당신이 판매하려는 것에 대해 의사결정을 하고, 마음 속에 그것을 떠올리고 구매를 결정하는 곳이기 때문이다. 이 기술은 재무적 개념과 금융상품을 분명히 구분하고 명백히 설명하며 설득하는 당신의 능력을 기하급수적으로 향상시킬 것이다. 이 기술은 고객이 제안을 받을 때 뇌가 어떻게 작동하는지를 밝혀낸 뇌 과학에 기초하기 때문에, 말 그대로 당신의 제안효과를 두 배로 높여줄 것이다.

어떻게 하면 완벽하게 고객의 호기심을 끌 수 있을까? 어떻게 신뢰를 형성할 수 있을까? 이런 질문에 대한 대답은 현대 뇌 과학의 발견과 이것이 판매와 어떻게 연계되어 있는지 알게 될 때 비로소 명확해진다.

네드 헤르만(Ned Herrmann)은 그의 책『전뇌 경영서(The Whole-Brain Business Book)』에서 우뇌와 좌뇌에서 표출되는 서로 다른 성질을 보여주는 '우리의 4가지 다른 본성'이라 불리는 그림(<그림 1-3>)을 제시했다.

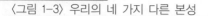

〈그림 1-3〉우리의 네 가지 다른 본성

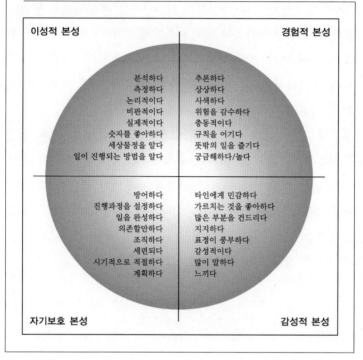

이성적 본성	경험적 본성
분석하다 측정하다 논리적이다 비판적이다 실제적이다 숫자를 좋아하다 세상물정을 알다 일이 진행되는 방법을 알다	추론하다 상상하다 사색하다 위험을 감수하다 충동적이다 규칙을 어기다 뜻밖의 일을 즐기다 궁금해하다/놀다
방어하다 진행과정을 설정하다 일을 완성하다 의존할만하다 조직하다 세련되다 시기적으로 적절하다 계획하다	타인에게 민감하다 가르치는 것을 좋아하다 많은 부분을 건드리다 지지하다 표정이 풍부하다 감성적이다 많이 말하다 느끼다
자기보호 본성	감성적 본성

- 이성적 본성
- 자기보호 본성
- 경험적 본성
- 감성적 본성

사람이 문화적으로 습관화된 것 중 하나는 이성적이고 자기보호
적인 좌뇌 문제에 너무 많은 주의를 기울인다는 점이다. 반면 경험
적이고 감성적인 분야는 종종 소홀히 여긴다. 당신이 고객에게
상당량의 숫자와 통계자료 그리고 참고자료를 불쑥 내밀 때, 대부

분의 고객은 이런 자료를 대충 보거나 무시한다. 그들은 자기 수준에 맞게 설명을 받거나 개인적인 인간관계를 형성해주길 원한다. 그들은 자신의 존재가치를 발견해주길 원한다. 그들은 자신의 특별한 상황에 맞게 프로그램이 수정되기를 원한다. 그들이 처한 상황이 특별하지 않을 수도 있지만, 그들은 자신이 아주 특별한 상황에 처해 있다고 느낀다는 것을 명심해야 한다.

투기나 위험 감수는 우뇌의 경험적 본성에서 비롯된 행위임을 주목해야 한다. 투자는 투기나 위험감수와 밀접한 관련이 있다. 이런 우뇌 기능과 적절하게 교신하려면 우뇌가 관장할 수 있는 언어로 말할 필요가 있다. 통계, 숫자, 상품설명서 따위는 우뇌와 관련된 언어가 아니다. 물론 이것도 일정한 역할, 즉 보조역할을 하지만 주도적인 역할을 하지는 않는다.

뇌 연구가인 로저 스페리(Roger Sperry)는 30년 전에 동료와 함께 간질병 환자를 대상으로 좌뇌와 우뇌의 분리에 대한 연구를 했다. 연구진은 좌뇌와 우뇌를 연결하는 뇌량(腦梁, corpus callosum)을 절단했다. 결과적으로 좌뇌와 우뇌는 서로 대화를 할 수 없게 되었으며, 좌뇌와 우뇌의 다양한 기능을 관찰할 수 있는 보기 드문 연구기회를 얻게 되었다. 한 실험에서 뇌의 각 부분을 뇌파기록기에 연결하고서 다양한 자극에 대한 좌뇌와 우뇌의 반응을 관찰했다. 통계자료나 사실자료를 읽을 때, 좌뇌는 전기적 반응을 일으킨 반면 우뇌는 말 그대로 자고 있거나 거의 움직이지 않았다. 그런데 연구진이 어떤 이야기를 시작하자마자 우뇌는 즉각적으로 왕성한 활동을 시작했고, 좌뇌 또한 이전의 상태를 그대로 유지했다.

여기서 핵심은 무엇인가? 영업을 할 때 많은 금융전문가가 사용하는 각종 자료와 제안 스타일은 고객이 보여줄 수 있는 잠재된 관심도의 50%만 끌어낼 수 있기 때문에 뇌의 반쪽에만 접근한다는 것이다. 결국 고객 뇌의 절반은 잠들어 있는 셈이다.

위험과 의사결정

당신은 고객이 위험을 측정하고 미래를 생각하며 오늘의 결정이 지금부터 20년 후 자신에게 어떤 영향을 미칠지 마음속으로 그려보기를 원한다. 이것은 고객의 우뇌에 속하는 능력이기 때문에 이와 관련된 언어 즉 우뇌를 자극할 수 있는 언어를 배울 필요가 있다.

일반적으로 금융상품을 판매할 때 이성적인 좌뇌 언어를 사용한다. 좌뇌 언어는 일정 정도 역할을 수행하지만, 중요한 것은 좌뇌가 아무것도 결정하지 않는다는 사실이다. 영원히 계속 분석만 할 뿐이다. 좌뇌에 분석해야 할 정보를 많이 제공할수록 의사결정은 점점 더 지연될 것이다. 좌뇌가 발달된 사람은 만족할 만큼 충분한 정보를 얻지 못하며, 의사결정까지 엄청난 시간을 필요로 한다.

사람은 좌뇌를 이용해 분석한다. 그들은 정보와 숫자에 싸여 고군분투하지만 어떤 결정도 내리지 못한다. 그러나 우뇌는 모든 정보와 숫자를 하나로 합해 커다란 그림을 그린 다음 느낌을 가지고 다음 단계로 도약한다. 일단 결정이 내려진 이후에는 좌뇌가 다시 끼어들어 계획화와 조직화를 통해 결정한 것을 실행시킨다.

의사결정과 위험감수가 우뇌의 소관사항이라는 점을 이해한다면, 우뇌 언어로 말하는 법을 당연히 배워야 한다는 것을 바로 알 수 있을 것이다. 당신의 삶은 우뇌 언어를 말하는 능력에 달려 있다. 그러면 설득할 때 우뇌 언어로 말하는 방법을 알아보자.

2
우뇌 언어로 말하는 법

설득할 때 일반적으로 저지르는 실수는 좌뇌를 자극 — 숫자, 사실, 역사 — 해서 우뇌의 반응 — 행동, 위험, 의사결정 — 을 끌어내고자 애쓴다는 점이다. 이것은 현미경을 통해 미래를 보라고 요구하는 것과 같다. 그러나 현미경으로는 자기 코끝 너머조차 볼 수 없다. 미래를 보거나 의사결정을 내리거나 위험을 감수하는 데는 망원경이 필요하다. 스토리셀링은 고객이 행동하기 전에 보고 느낄 수 있도록 도와주는 망원경과 같은 정신적 도구를 사용한다.

<표 2-1>에서 세상을 보는 좌뇌와 우뇌의 관점을 예시했다. 여기서 우뇌 언어를 효과적으로 말하기 위해 필요한 단서를 발견할 수 있을 것이다.

스토리셀링 유발인자

이 표는 고객이 의사결정을 할 때 발생되는 '분석으로 인한 마비증상'을 완화시키고 고객의 느낌을 강조하는 유발인자(triggers)를 보여준다. 판매상황에서 우뇌는 다음과 같은 것을 요구한다.

<표 2-1> 세상에 대한 좌뇌와 우뇌의 관점

좌뇌	우뇌
분해	통합
회상하기	전망하기
사실적인 내용 읽기	전체 맥락 읽기
세밀하게 보기	큰 그림으로 보기
문자 그대로 받아들이기	유머로 받아들이기
문헌, 증명된 사례	비유적 사례
정보에서 기인	이미지에서 기인
사업적(평가적/비판적)	관계적
이성적	직관적
정보 수집	의미와 연관성 이해
사실, 통계, 요청에 따라 영향받음	감성, 믿음, 희망에 따라 영향받음
분석	결정
데이터로 자극	이야기로 자극
꼼꼼하게 찾기	큰 그림 찾기
단어에 초점을 둠	목소리와 신체언어에 초점을 둠
청각적	시각적
문제의 발견	해결책 모색

- 전체 맥락(개인적 연관성)
- 큰 그림(장기적 타당성)
- 유머
- 이미지
- 시각적 자극
- 감정 확인
- 가치관 확인
- 비유
- 이야기
- 당신에 대한 편안한 느낌

사전에 전체 맥락을 설정하라

전체 맥락을 설정하는 것을 이런 식으로 생각해보자. '책의 목차를 쓰기 전에 맨 마지막 쪽을 본다고 생각하자. 마음속으로 하나의 목표의식을 갖고 책을 쓰고자 하는 것이다. 자, 이제 목표를 달성하기 위해 하고자 하는 모든 것을 말해보라. 이것이 바로 우리가 다루고 싶은 이야기이다.'

도자기 파편을 발견하자마자 고대 항아리의 전체 모습을 형상화하려는 고고학자처럼, 뇌는 재무상담사가 들려준 아이디어나 제안의 개별적인 의미를 추적해간다.

사전에 전체 맥락이 명확하게 설정되어 있지 않으면, 고객은 마음속으로 당신이 말하는 아이디어와 다양한 상품간의 연관성에 대해 많은 질문을 쏟아낼 것이다. 이것은 아주 기본적이고 당연한 것처럼 보인다. 그러나 전체 맥락을 제대로 설정해놓지 않았기 때문에 제안이 진행되는 도중 고객이 "그런데, 이것이 무슨 관계가 있나요?"와 같은 질문을 하는 것을 수없이 목격할 수 있다. 사전에 전체 맥락을 명확히 설정하라. 그리고 제안의 핵심부분에서 다시 반복하여 언급하라. 우뇌는 각각의 세부내용이 전체 맥락에 어떻게 들어맞는지 알고자 한다. 만약 세부내용이 전체 맥락과 일치하지 않으면, 우뇌는 이런 정보를 무시해버린다.

큰 그림으로 제안하라

많은 재무상담사가 큰 그림으로 제안하는 데 이미 익숙하다. 그들은 전체 포트폴리오와 분산투자의 필요성을 지적하면서 이를 실행한다. 또한 10년 이상의 펀드실적이나 지난 60년간의 주식실적을 나타내는 차트와 그래프를 보여주면서 큰 그림으로 제안한다. 우뇌는 특수한 전략 또는 특별한 상품이 전체적인 전략이나 시간계획에 얼마나 잘 들어맞는지 알고자 한다.

유머는 스트레스를 날려버린다

사람의 심리와 관련된 진실 중 하나인 웃음과 스트레스는 같은 시간에 같은 장소에 함께 있을 수 없다는 점을 생각해보라. 재무적인 의사결정을 내린다는 것은 정말로 스트레스 받는 일이다. 의사결정이 내려진 이후에도 마음속으로는 잘되길 바라는 기도와 함께 "만약에 ~이 일어난다면" 하는 의혹이 끊임없이 생겨난다. 그런데 웃음은 이 스트레스를 날려버린다. 유머는 사물이나 사안에 대해 균형 잡힌 시각을 제공한다. 유머는 미리 준비한 우스갯소리를 하거나 익살을 부리는 것만을 의미하지는 않는다. 유머는 태도, 매너, 접근방식 등을 통해 쉽게 전달될 수 있다. 미소로 시작하라. 고객이 방으로 들어서기 전에 거울을 보고 자신의 긴장 정도를 점검하고 가볍게 웃어보라. 결코 서두르지 마라. 웃음이 묻어날 수 있는 좋은 이야기를 나눠라. 만약 당신이 결혼을 했거나 자녀가 있다면, 그에 관한 많은 이야깃거리가 있을 것이고, 고객은 쉽게 자신의 삶과 연결시킬 수 있을 것이다.

지난 20년간 적게는 한 사람 많게는 5,000여 명의 사람에게 제안을 해본 경험상 설득하는 데 다른 어떤 형태의 대화기법보다 유머가 가장 강력한 방법이라는 것을 확신할 수 있었다. 유머는 구매로 통하는 감성의 문을 연다. 웃음은 사람을 편안하게 만들고

활용방법만 안다면 필기구는 강력한 영업수단이 된다. 고객의 제안서에 이미지 그림과 아이디어 윤곽을 통합시킬 수 있는 사람은 마치 수업내용에 푹 빠진 학생 앞에 서 있는 선생님과 같다.

제안하는 사람과 끈끈한 유대감을 형성하게 만든다. 웃음은 사람을 하나로 만든다. "나도 그렇지", "당신도 우리와 같군", "나도 그런 생각을 했어"와 같은 생각을 웃고 있는 사람의 빛나는 눈에서 읽을 수 있다. 불편함은 흩어지고 스트레스는 사라진다. 웃고 난 후 그들의 관심도는 높아지고 강한 흡인력을 지니게 된다. 그들은 이어서 나오는 핵심사항을 놓치지 않으려고 한다. 그들은 기대하지 않은 상황에서 웃게 되면 더욱 즐거워한다.

우리는 이 주제가 중요하다고 생각하기 때문에 제6장 '겸손과 재치를 배워라'에서 제안할 때 필요한 유머를 설명할 것이다.

이미지: 사진, 그림, 만화를 이용하라

하나의 좋은 그림이 천 마디 말보다 가치 있다면, 몇 개의 좋은 그림은 엄청나게 많은 시간과 말을 줄여줄 것이다. 이 책의 후반부에서는 몇 가지 이미지를 보여주고 이것을 투자주제와 연결시킬 것이다. 당신은 주제를 명확히 하고 전략을 차별화하기 위해 이미지를 고객제안에 활용하려고 할지도 모른다. 그러나 여기서 말하는 이미지는 시각적으로 형상화된 이미지로 한정된 것이 아니라, 마음속의 이미지까지 포함한다. 고객의 상상으로 만들어진 그림은 당신이 고객에게 보여줄 수 있는 어떤 그림보다 훨씬 강력하다. 고객의 삶과 경험에 대해 자극적인 질문을 하거나, 재미있고 흥미로운 이야기를 하거나, 또는 적절한 비유를 활용함으로써, 고객이 상상 속에 있는 그림을 완성하도록 도와줄 수 있다. 자극적인 질문은 제5장 '소크라테스적 접근방법을 배우자'에서 깊이 있게 다루겠다.

시각적으로 자극하라

활용방법만 안다면 필기구는 강력한 영업수단이 된다. 고객의 제안서에 이미지 그림과 아이디어 윤곽을 통합시킬 수 있는 사람은 마치 수업내용에 푹 빠진 학생 앞에 서 있는 선생님과 같다. 종이 위에 필기구를 이용하여 뭔가를 적거나 그릴 때, 주의력 또는 신체언어는 적극적으로 높아지거나 늘어난다. 만약 청중이 뒤로 기대앉아 있다면, 이제는 서서히 앞쪽으로 몸을 기울일 것이다. 만약 청중의 눈이 산만하고 멍한 상태였다면, 이제 그들의 눈은 필기구의 움직임을 따라 그것이 보여주는 논리와 교훈을 좇을 것이다. 많은 재무상담사는 자신이 제시하려는 계획이나 계획의 기본철학을 표현하려고 피라미드, 집, 자동차, 의자, 나무 등 수많은 비유물을 그려왔다. 비유물은 고객에게 관련성을 충분히 입증할 수 있으면 어떤 것이라도 상관없다. 고객은 학생처럼 동참할 것이다. 고객은 다른 상황에 부딪혀도 칠판 위의 비유물을 떠올리면서 그 당시의 기억을 떠올릴 것이다. 이렇게 함으로써 제안자는 고객의 우뇌를 움직일 수 있는 언어를 만들어갈 수 있다.

고객의 감정을 확인하라

"이것에 대해 어떻게 느끼십니까?"라고 묻는 것보다 더 중요한 브로커나 재무상담사가 투자나 금융상품 구입을 제안하면서 고객이 보내는 정지신호, 양보신호, 유턴신호 등 신체언어를 알아채지 못한 채 자신이 제안하는 내용에 몰입하는 상황이 아주 흔하게 일어난다. 만약 이런 신호를 알아채지 못한다면, 당신의 제안은 실패할 것이다. 운 좋게 고객이 당신의 실수를 지적해줄 수도 있지만 아마 그런 일은 거의 없을 것이다.

질문은 없다. 이 질문은 "이것에 대해 어떻게 생각하십니까?"보다 더 날카롭다. 사람은 다른 사람의 생각을 들을 때 논리보다 감정을 앞세우기 때문이다. 또한 사람은 선택할 때 80%의 감정과 20%의 논리 또는 이성에 근거하기 때문이다.

만약 모든 재무상담사가 고객의 눈, 얼굴표정, 자세 등과 같은 신체언어를 읽는 법을 제대로 훈련받았다면, 자신이 제시하는 아이디어나 회사, 자신이 추천하는 주식 등 대부분이 보이지 않는 감정적 반응을 불러일으킨다는 것을 알 수 있을 것이다. 대부분의 고객은 질문을 받지 않는 한 이런 감정적 반응을 말하지 않는다. 만약 재무상담사가 이 무언의 메시지를 읽을 줄 모른다면 마치 얇은 살얼음판 위나 지뢰밭을 걷는 것과 같으며, 결국 성공이라는 희망은 사라질 것이다. 이 책의 제3장 '본능적 느낌이 결정을 좌우한다'에서 신체언어라는 주제를 더욱더 깊게 다룰 것이다. 일단 여기에서는 수많은 재무상담사가 감정을 무시하고 논리에 너무 치중하고 있다는 점만 언급해둔다. 우리는 구매과정이 논리적인 결정이기보다는 감정적인 결정임을 여러 차례에 걸쳐 확인해왔다.

연구에 따르면, 사람은 자신의 경험에 대해 질문을 받으면 먼저 경험과 관련된 감정이 뇌에 표출되고 다음으로 관련된 사실이 떠오른다고 한다. 인간의 뇌 작용에서 감정은 항상 사실에 우선한다. 사람은 먼저 느끼고 난 후 이성적으로 생각하거나 합리화시킨다.

브로커나 재무상담사가 투자나 금융상품 구입을 제안하면서 고객이 보내는 정지신호, 양보신호, 유턴신호 등 신체언어를 알아채지 못한 채 자신이 제안하는 내용에 몰입하는 상황이 아주 흔하게 일어난다. 만약 이런 신호를 알아채지 못한다면, 당신의 제안은 실패할 것이다. 운 좋게 고객이 당신의 실수를 지적할 수도 있지만 아마 그런 일은 거의 없을 것이다.

고객은 당신이 제안하는 특정회사나 특정상품에 긍정적이거나 중립적이거나 또는 부정적인 감정을 가지고 있을 것이다. 당신은 고객의 감정이 어떠한지 파악할 수 있을 만큼 현명해야 된다.

어떤 브로커가 퇴직한 부부에게 잘 알려진 유망한 소매유통 전문회사의 주식을 추천하는 것을 지켜본 적이 있다. 우리는 그가 그 회사에 대해 말을 꺼내자마자 고객의 한쪽 눈썹이 치켜올라가는 것을 보았지만, 그 브로커는 계속 그 회사의 실적과 마케팅 능력, 향후 전망을 설명했다. 그가 설명을 마치자 노부부는 아무런 말도 하지 않고 그의 말에 동의한다는 듯이 가볍게 머리를 끄덕였다. 그러나 눈빛은 회의적이었다.

나중에 우리가 물었다. "선생님은 그 회사에 안 좋은 경험이라도 있으십니까?" 그들은 "그럼요"라고 말하고는 5분에 걸쳐서 그 소매유통 전문회사와 관련된 부정적인 경험 두 가지를 이야기해줬다. 그들은 그 회사가 얼마나 유망한지 전혀 신경도 쓰지 않았다. 그들의 개인적 경험이 회사에 대한 정보보다 감정적으로 앞섰기 때문이다.

우리는 부정적 감정에 주의하라고 말한다. 그런데 고객은 대부분 긍정적 감정을 확인하기 위해 온다. 고객은 스스로 무엇을 할지 그리고 무엇을 할 수 있는지 의심스러워하기 때문에, 종종 누군가 그들의 행동을 지지해줄 사람을 필요로 하기도 한다. 잘 교육받은 '나홀로 투자자'라 할지라도 확인을 받고 싶어서 재무상담사를 찾아온다. 어느 재무상담사는 '나홀로 투자자' 한 사람이 찾아와서 투자전략을 점검하기 위해 일 년에 한 번 한 시간 정도 상담하는데 얼마를 내야 하냐고 문의한 적이 있다고 했다. 그 투자자는 여러 가지 주제에 대해 재무상담사만큼이나 많이 알고 있었지만, 그가 정작 원했던 것은 금융정신과 의사의 소파에 잠시 누워보는 것이었다. 많은 사람이 자신의 긍정적 감정을 확인받고 싶어 하며 이를 위해 기꺼이 비용을 지불하려고 한다. 이 비용을 자신의 불면증 치료를 위해 써야 할 소액의 치료비로 간주하기 때문이다.

보통사람은 논리보다는 감정에 치우쳐 투자결정을 내린다. 재무상담사에게는 이성적인 능력뿐 아니라 감성적 능력도 중요하며, 장기적으로 보면 지성보다는 감정이입이 재무상담사로서 더 많은 성공을 보장할 것이다.

고객의 가치관을 확인하라

모든 사람은 투자결정을 할 때 그들이 지켜나가고자 하는 아주 독특한 믿음, 원칙, 가치관을 지니고 있다. 따라서 고객의 독특한 가치관에 맞을지도 맞지 않을지도 모르는 아이디어나 전략을 고객에게 제안하기 전에, 고객이 지닌 원칙 또는 가치관이 무엇인지 파악할 필요가 있다. 원칙이나 가치관은 고객의 감정 깊은 곳에 자리 잡고 있다. 고객이 이런 원칙과 가치관을 고집하는 것은 자기 나름의 이유가 있다. 당신이 만약 고객의 가치관을 인식하고 연계시킬 수 있다면 고객과 쉽게 깨지지 않는 철학적 연대감을 형성할 수 있을 것이다. 고객은 종종 재무상담사나 영업사원의 가치관이 자신의 가치관과 일치하는지에 따라 상품구매 여부를 결정한다.

나는 항상 사치스러운 자동차나 큰 트럭을 사고 싶었다. 그래서 이따금씩 밖으로 나가 그것들을 쳐다보곤 했다. 난 내가 봐왔고 나에게 느낌이 오는 차를 좋아했다. 돈은 문제가 아니었다. 그렇지만 내 내부의 무언가가 그런 차를 사는 것을 용납하지 않았다. 그것은 바로 내가 지닌 감정이었다. 나는 곰곰이 생각한 끝에 왜 이런 감정을 갖고 있는지 알 수 있었다. 그것은 나에게 원칙 같은 것이었다. 집보다 더 비싼 차를 사서는 안 된다는 원칙. 다른 사람에게는 어리석게 들릴지 모르지만, 나에게는 어길 수 없는 하나의 가치관이었다.

앤드류 T., 고객

사람은 모두 살아가면서 자신이 선택한 독특한 원칙과 가치관을 지니고 있다. 사람마다 원칙과 가치관은 다르다. 감정적으로 중요한 원칙 또는 가치관에 어긋나는 회사의 주식이나 특정 펀드 또는 특정상품을 구매할 것을 제안받고서 고객이 기분상해하거나 화를 냈던 사례는 수없이 많다. 이런 제안이 고객에게 얼마나 강한 거부감을 불러일으키고 있는지 모르는 눈치 없는 브로커와 재무상담사가 세상에는 정말 많다. 더 큰 문제는 이 미래 고객이 어떤 반대의 사나 불만을 내색조차 않고 그냥 돌아간다는 것이다. 다음에 몇 가지 사례를 들어본다.

- 제2차 세계대전에 참전했던 재향군인에게 과거 태평양에서 그가

타고 있던 전함을 파괴시킨 국가가 포함된 해외펀드의 구매를
제안하는 경우
- 자동차 생산공정에서 발생한 사고로 등에 심각한 후유 장애를 입
  은 남편을 둔 부인에게 사고가 난 그 회사의 주식을 제안하는 경우
- 수년 전 영업사원의 권유로 투자했다가 막대한 손실을 본 고객
  에게 그 영업사원이 다니던 투자회사에서 새로운 뮤추얼펀드를
  제안하는 경우
- 환경오염으로 피해를 입은 여성에게 환경평가에서 나쁜 평점을
  받은 회사에 투자할 것을 제안하는 경우

이런 사람에게 과거의 경험은 감정적인 문제일 뿐 아니라 원칙
적인 문제이기도 하다. 그들은 자신이 아무리 부유해진다 할지라
도 이런 특정 사안과 관련된 투자를 통해 이득을 얻거나 재산을
축적하고 싶어 하지 않는다.

제5장 '소크라테스적 접근방법을 배우자'에서는 고객의 가치관
과 일치되는 전략과 상품을 제안할 수 있도록 몇 가지 질문을 예시
할 것이다. 고객은 영혼과 돈이 분리된 것이 아니라 철학적이고
정신적으로 연계된 것으로 보고 있다.

이 같은 돈과 영혼의 연계는 사회적 가치투자(SRI: socially respon-
sible investing)가 왜 그토록 놀랍게 성장하는 투자영역인지 설명해
주는 충분한 이유가 되기도 한다. ≪다우 존스 인베스트먼트 어드
바이저(Dow Jones Investment Advisor)≫ 1999년 3월호의 한 기사에
따르면, 사회적 가치투자는 아주 큰 사업분야라고 한다. ≪그린
머니 저널(Green Money Journal)≫에 따르면 사회적 가치투자가 모
두 약 1조 2,000억 달러(미국 내 연간 투자되는 돈의 거의 10%에 해

당)[*]에 달한다고 한다. 2년마다 한 번씩 개최되는 사회투자포럼
(Social Investing Forum)에 따르면, 1997년에 사회적 가치투자에 투
입된 총자금은 1995년의 2배에 달한다고 한다.

예를 들어 담배회사 같은 곳에 투자하지 않겠다고 결심하는 사
람이 점점 더 늘고 있다. 상당수 뮤추얼펀드는 이런 사실을 알고
담배회사에 투자하지 않고 있다고 선전한다. 파이오니어 사와 같
은 몇몇 회사는 1929년부터 이런 경영철학을 지켜왔지만, 회사의
과거 투자설명서나 판촉물에는 이런 사실을 적지 않았다. 최근에
야 이런 사실을 알리기 시작했을 뿐이다.

루터교도로 인정된 사람만 이용할 수 있는 루터교인 펀드는 담
배, 술, 도박과 관련된 것을 배제하는 '무죄악' 접근법을 활용했는
데도 자금조달이나 수익에서 아주 잘 운영되어왔다.

고객에게서 몇 가지 대의나 원칙에 따라 투자를 선별해달라는
요청을 받은 적이 있는가? 그런 요청을 받고 고객의 가치관에 따
라 명확하게 투자대상을 분리해줬는가? 이것은 투자자가 투자결
정을 할 때 우뇌를 사용한다는 또 다른 증거 중 하나이다.

적절한 비유를 들어 설명하라

비유는 우리의 인지능력에 경험을 통합해 표현에 생기와 풍부함을
더해주는 '말로 된 그림'이다.

가브리엘 루서 리코^{**}

---

* 1997년 기준임__역자
** 산호세 주립대 영문학 교수. 뇌 연구결과를 작문·학습·창작 등에 응용함__역자

모든 영역에서 위대한 스승의 비밀: 그들은 적절한 비유를 들어 명확히 이해할 수 있게 한다.

만약 다루고자 하는 주제를 깊고 정확하게 알고 있다면, 문자로 된 내용을 비유적인 표현으로 변경하여 대화의 영향력을 몇 배로 높일 수 있을 것이다. 적절한 비유를 통해 지식의 깊이와 전략의 현명함을 보여줄 수 있다. 비유에 통달하게 되면, 당신은 고만고만한 영업사원이 아니라 재무적 문제에 관한 한 스승이 될 수 있다. 고객은 복잡한 아이디어를 말로 된 그림으로 승화시킬 수 있는 사람의 지혜와 의미심장함을 좋아한다.

워런 버핏은 강세장에서 투자와 관련해 질문을 받았을 때 이렇게 대답했다. "파도가 높을 때는 모든 배가 솟구치죠. 파도가 가라앉고 나서야 누가 알몸으로 수영을 하고 있는지 알 수 있습니다."

우리는 이 비유에 대한 고객의 반응을 관찰했다. 그들은 미소를 지으며 눈동자를 움직인다. 그들은 마음속으로 그림을 그리고 있다! 그 이미지가 그들의 미소를 자아낸다. 그들은 고개를 끄덕이며, 이 비유의 지혜로움을 인정할 것이다. 그 동안 그들의 우뇌는 활발하게 움직인다. 이 비유로 고객의 주의를 끌었고, 고객은 재미있으면서도 예시적인 방법으로 무언가를 배웠다. "강세시장에서 투자할 때도 상당히 조심해야 하며, 종목선택에 신중을 기해야 합니다"라고 말만으로 표현할 수도 있었을 것이다. 그러나 그림도 없는 이런 말이 얼마나 효과가 있을까?

그러나 은유를 사용한 후에 말을 하면 고객의 우뇌와 좌뇌를 연결시킬 수 있다. 고객에게 결코 잊지 못할 그림과 그림 속의 규칙을 알려줄 수 있다. 그리고는 비유적 제안을 계속해나간다. "존스 선생님 그리고 사모님, 제가 두 분을 위해 찾는 회사는 파도가 가라앉았을 때 알몸으로 헤엄치고 있지 않을 회사입니다. 우리는 파도라는 것이 원래 거셀 때도 있고 잠잠할 때도 있다는 것을 알고 있습니다. 그래서 파도의 높이와 상관없이 목표를 달성할 수 있기를 원합니다."

고객은 여기에서 지혜를 느낀다. 그들이 듣고 있는 것은 과대광고도, 맹목적인 낙관주의도, 희망이 가득 찬 생각도 아니다. 그것은 지혜이며 경험이다. 고객이 왜 이렇게 느낄까? 이는 고객이 이해하지 못하는 것(지분, 가치, 시장의 변동 등)을 주제로 하면서 이것을 고객이 이해할 수 있는 것(파도)과 연결시켰기 때문이다.

모든 영역에서 위대한 스승의 비밀: 그들은 적절한 비유를 들어 명확히 이해할 수 있게 한다. 제7장 '고객과 함께 직관적으로 도약하기'에서는 재무상담사가 어떻게 이 기술을 이용해 성공을 거뒀는지 살펴볼 것이다. 고객의 돈지갑은 고객이 마음속으로 이해한 것 이상으로 열리지 않는다는 사실을 성공한 재무상담사는 알고 있다. 당신이 지혜로운 깨우침을 제공할 때 비로소 고객은 신뢰로써 화답할 것이다.

이것이 바로 이 책의 철학적 핵심이다. 당신을 만나기 전에 어떤 재무상담사도 만난 적이 없는 것처럼 그리고 당신 이후에는 어떤 재무상담사의 도움도 필요하지 않을 정도로 고객을 충분히 깨우쳐주라.* 숫자의 나열이나 두꺼운 투자설명서를 보여주는 것으로 고객을 깨우칠 수는 없다. 깨우침은 고객의 우뇌와 수많은 접속이 있어야만 가능하다. 고객이 당신 이전에 다른 금융전문가로부터 이런

---

* 역자 강조

깨우침을 경험했을 가능성은 거의 없으므로 기회는 아주 많을 것이다.

비유는 하나의 정신적 언어에서 또 다른 정신적 언어로, 문자적 언어에서 유추적 언어로의 전환이다. 비유의 힘은 이런 전환에 의해 바로 이해할 수 있도록 하며, ······ 이해를 통해 정곡을 찌른다는 것이다.

네드 헤르만

이 책은 부자, 여성, 노인, 베이비붐 세대 등 다양한 고객에게 접근하고, 다양한 투자주제와 금융상품을 설명하는 데 활용할 수 있는 비유의 보고를 제공하고자 한다. 고객은 통계학자, 분석가, 투자전문가를 원하지 않는다. 그들은 재무상담사, 카운슬러, 교사, 코치를 원한다.

미래의 재무상담사는 피터 린치(Peter Lynch)* 와 개인 코치의 결합체일 것이다.

올리비어 멜론
≪투자상담사 매거진(Investment Advisor Magazine)≫

제안할 때 비유적으로 표현을 하는 기술을 익힌다면 고객은 당신을 더 높이 평가할 것이고, 고객의 마음속에는 신뢰와 존경이 깊게 자리 잡을 것이다. 이 원칙은 65세 이상의 고객시장에서 특히

---

* 최고의 펀드매니저로 현재는 은퇴했으며, 투자철학은 기본원칙을 지키면서 철저한 기업분석에 있음__역자

중요하므로, 제10장 '65세 이상의 노인을 공략하는 스토리셀링'에서 깊이 있게 다루겠다.

이야기

사람은 좋은 이야기를 좋아하며, 좋은 이야기를 듣길 좋아한다. 로널드 레이건은 스토리셀링 능력으로 국민으로부터 사랑을 받았다. 폴 하비(Paul Harvey)*는 탁월한 스토리셀링 재능 덕택에 라디오 방송에서 전무후무한 장수를 누리고 있다. 실제로 폴 하비가 뉴스에 대한 견해를 밝히고 있을 때, 청취자는 뉴스가 언제 끝났는지 상품광고가 언제 시작되었는지조차 거의 알 수 없을 정도이다. 그가 방송에서 전달하는 기술이 너무 완벽해 청취자는 듣는 순간 빨려들고 만다. 우리는 그의 기술에 대해서도 당연히 배우고자 한다.

당신이 "제가 이야기를 하나 하려는데요"라고 말하면 좌뇌는 물론 우뇌도 활발히 움직이기 시작한다. 이렇게 함으로써 당신은 고객의 좌뇌와 우뇌를 다음에 할 이야기에 집중시킬 수 있다. 자기 사업을 두 배로 늘리고 싶어 하는 재무상담사를 종종 본다. 이런 재무상담사는 모든 고객에게 제안할 때 자신의 영향력을 두 배로 높임으로써 시작할 수 있다. 제안할 때 스토리셀링을 사용하면 고객의 뇌에 영향력을 두 배로 증가시킬 수 있다. 이야기가 강력한 중개자인데도 불행하게 스토리셀링은 사라진 기술이 되어버렸다.

---

* 라디오 뉴스해설가로 70여 년의 방송경력을 갖고 있으며, 현재 '뉴스와 해설'과 '숨겨진 이야기'를 진행하고 있음_역자

스토리셀링 접근방법의 진수는 메시지를 전달할 때 비유와 일화를 완벽하게 통합해 활용하는 것이다.

대부분의 성공적인 재무상담사는 이런 접근방법을 본능적으로 실천하고 있었다. 그들은 어떤 이야기가 고객에게 강타를 먹일 수 있는지 안다. 그들은 이야기 속의 교훈이나 귀감이 직설적으로 드러나기보다 숨어 있는 경우가 훨씬 더 잘 받아들여진다는 것을 안다.

우리는 다른 사람의 성공담을 듣기 좋아한다. 그러나 어떤 경우에는 다른 사람의 실패담도 듣고 싶어 한다. 하나의 이야기를 듣는 동안, 먼저 우리는 듣는 바를 상상하고, 이어서 이야기 속에서 자신과 관련된 부분에서 감성적 동질성을 찾고자 한다. 존 그리샴의 소설이 잘 팔리고 그의 영화를 상영하는 영화관이 계속해 관객으로 가득 차는 것은 그가 사랑에 대해 좋은 이야기를 만들었기 때문이다.

사람은 모두 자기 나름의 이야깃거리를 가지고 있다. "고향이 어디입니까? 무슨 일을 하고 계십니까? 왜 그런 결정을 내리셨습니까?" 고객은 이런 질문에 답변할 때 많은 의미 있는 이야기를 한다. 당신은 고객의 답변을 통해, 고객에 대해 알고 싶거나 알 필요가 있는 많은 것을 파악할 수 있다. 어떻게 하면 고객이 의미 있는 이야기를 말하도록 설득할 수 있는지는 나중에 언급할 것이다. 다른 재무상담사가 거의 묻지 않는 질문을 함으로써 당신은 다른 재무상담사가 전혀 듣지 못하는 이야기를 들을 수 있다. 고객에게서 이런 이야기를 듣는 것은 고객과 영원한 유대감을 형성하기 위한 중요한 단계이다. 이런 이야기를 통해 고객의 삶, 과거, 가치관, 꿈과 희망, 감정적 동인 등이 표출되기 때문이다.

만약 당신이 자신의 철학, 지혜, 헌신을 형상화해 이야기로 할 수 있고, 고객이 당신과 똑같이 이런 이야기를 할 수 있도록 유도할 수 있다면 당신은 타고난 스토리셀러임이 틀림없다. 만약 좀 더 나은 스토리셀러가 되고 싶다면 이 책을 계속 읽어나가기를 바란다.

당신에 대해 편안하게 느끼도록 하라

신뢰야말로 고객과 재무상담사 간의 관계의 핵심이다. 65세 이상 노인시장에서, 신뢰할 수 있는 재무상담사를 알고 있다는 것은 안정적 수익을 획득하는 것만큼 중요하다고 평가된다. 우리는 자신이 호감을 느끼는 사람과 거래하고 싶어 한다. 모험과 의사결정을 관장하는 고객의 우뇌는 당신의 자격증 따윈 쳐다보지도 않고 당신의 신체언어를 관찰한다. 우뇌는 당신이 사실과 숫자를 나열하며 열심히 설명하는 것을 듣지 않으며, 단지 행간의 의미를 읽는다. 고객의 우뇌는 당신 눈동자의 움직임, 당신의 버릇, 당신 목소리나 태도를 하나로 묶어 직관적 평가를 내린 후, 비록 논리적이지 않더라도 이에 따른다. 고객은 "~한 느낌이 드는군"이라고 당신에게 말할 것이다. 그리고 그들은 대개 이 느낌에 따라 행동하거나 아니면 끊임없이 이 느낌에 시달릴 것이다.

고객은 자신이 신뢰할 수 없는 사람에게서 우수한 물건을 사기보다는 그들이 신뢰하는 사람에게서 그보다 못한 상품을 구매할 것이다. 소비자의 궁극적 목적은 가장 좋은 사람에게서 가장 좋은 상품과 서비스를 사는 것이다.

> 고객은 자신이 신뢰할 수 없는 사람에게서 우수한 물건을 사기보다는 그들이 신뢰하는 사람에게서 그보다 못한 상품을 구매할 것이다. 소비자의 궁극적 목적은 가장 좋은 사람에게서 가장 좋은 상품과 서비스를 사는 것이다.

다음 장에서는 고객이 당신에 대해 어떻게 하면 좋은 느낌을 가지도록 할 것인지를 다룰 것이다. 이런 목표를 달성하려면 우뇌기능에 속하는 고객의 현명함을 경청하는 법을 가장 먼저 익혀야 한다. 고객에게 제안하는 중에 포착한 직관적인 경고음이나 경고등의 의미를 읽을 수 있어야 하며 이런 신호를 신뢰하는 법을 배워야 한다. 또한 당신이 다른 사람에게 주고자 하는 인상에 상당한 주의를 기울여야 한다. 이를 위해서 자신이 잘하고 있는지, 어떻게 하면 더 나아질지 등을 다른 사람에게 물어볼 수 있는 겸손함을 지니고 있어야 한다.

평가표

어떤 재무상담사는 고객에게 제안을 한 후 스스로 등급을 매긴다고 한다. 고객과 대화를 제대로 했는지 자신이 느낀 바에 따라 엄격하게 평가한다. 또한 하루 내지 이틀 후 고객에게 전화를 해서, 고객이 지난번 상담을 어떻게 느꼈는지 확인해 평가에 반영한다. 고객이 꼭 알아야 할 것을 제대로 이해하고 있는가? 선택한 제안에 확신을 가지고 있는가? 이 재무상담사는 고객이 한 인간으로서 자기를 편안하게 느끼는지 여부는 자기의 대화능력에 달려 있다고 생각한다. 오랫동안 고객과의 관계를 지속하고자 한다면, 재무상담사의 마음속에는 고객과 재무상담사 사이의 편안함이 다른 어떤 주제보다 우선해야 할 것이다.

고객의 상상력, 감정, 희망, 꿈과 연결될 때 고객과 더 좋은 관계를 형성할 수 있을 것이라 생각하는가? 물론 당연히 그렇다. 고객의 상상력, 감정, 희망, 꿈과 연결하기 위해 눌러야 할 단추는 고객의 우뇌이며, 이미 앞서 말한 방법을 통해 가능하다. 스토리셀링 접근방법을 통해, 고객에게 흥미를 계속해서 제공할 수 있으며, 재무상담사로서 당신의 역량은 지워지지 않는 긍정적 인상이 되어 고객의 머릿속에 남아 있을 것이다.

3
본능적 느낌이 결정을 좌우한다

고객이 투자결정을 할 때, 주저하거나 혼란스러운 눈빛을 보이거나 당황하는 모습을 보이면 일단 제안을 중단하고 이렇게 묻습니다. "이 투자안에 대해 고객님의 본능적 느낌이 어떻습니까?" 고객은 분명히 공포, 불안, 의심을 말하기 시작할 것입니다. 종종 역으로 고객이 저에게 묻습니다. "그럼 이 투자안에 대한 당신의 본능적 느낌은 어떤가요?" 만약 우리의 본능적 느낌이 일치한다면, 고객은 만족한 채 문을 나설 것입니다.

빌 Y., 브로커

고객의 우선순위

인베스터스 리서치 사가 최근 실시한 연구에 고객이 재무상담사에게 요구하는 항목에 대한 설문조사가 있었다. 다음은 고객이 선택한 우선순위가 높은 상위 6개 항목이다.

1. 내 상황을 이해할 것

2. 나를 가르쳐줄 것
3. 내 재산을 소중히 여길 것(아무리 적은 재산이라도)
4. 내 문제를 해결해줄 것 — 그러나 상품을 판매하려고 하지 말 것
5. 진행과정을 평가하고 점검해줄 것
6. 지속적으로 연락할 것

이 6개 항목 모두 본질적으로 인간관계와 관련되어 있다는 점에 주목할 필요가 있다. 고객은 자신의 재무적 운명을 결정하는 데 도움을 주는 사람과 끈끈한 인간관계를 형성하기를 원한다. 고객의 관점에서 보면, 한 인간으로서 우호적인 인상을 남기는 것이 단지 재무상담사로서 우호적인 인상을 남기는 것보다 낫다. 당신의 개성과 대인관계의 방법은 여러 가지 형태로 고객에게 중요한 감정적 영향을 미칠 것이다.

본능적 느낌

구매, 직업, 이직, 협상 등 어떤 유형의 의사결정을 할 때 우리는 대개 직관적으로 조언에 대한 본능적 느낌에 의존한다. 비록 사회가 논리와 이성을 최고의 가치로 인식한다 해도, 가장 중요한 의사결정을 할 때는 이것들은 신뢰할 수 있는 핵심요소가 아니다. 실제로 우리는 거의 늘 자신의 본능적 느낌을 기초로 하여 의사결정을 내린 다음 이 느낌을 합리화할 수 있는 논리를 만들어낸다. 직관적이고 본능적인 느낌이 의사결정이란 기관차의 엔진이라면, 논리와 이성은 그 뒤에 끌려가는 화물차량이다.

> 사실과 숫자는 대개 인간의 뇌 중에서 컴퓨터처럼 움직이는 부분에만 호소하기 때문에, 그것만으로는 무미건조하고 재미없는 이야기가 된다. 의사결정을 이끌어내기 위해서 뇌의 이 부분, 즉 좌뇌에도 어느 정도 영향력을 미치길 바라지만, 당신이 더 원하는 것은 뇌에서 영화 스크린처럼 움직이는 부분, 즉 우뇌에 영향을 미치는 것이다.

지금까지 많은 사람이 고객에게 수많은 제안을 할 때 기관차를 움직이는 엔진 즉 본능적 느낌을 작동시키는 데는 거의 시간을 할애하지 않고, 이성이라는 화물차량에 사실과 숫자를 채우는 데에만 급급했다. 효과적인 제안은 의사결정을 내리는 감성에 먼저 영향을 미치고 난 후에, 감성을 합리화시키는 데 필요한 논리를 보충하는 것이다.

스토리셀링은 구매의사결정이 사실에 달려 있다기보다는 느낌에 기초해 있다는 단순한 진리를 깨닫는 것이다. 이 말은 사실을 무시해도 좋다는 뜻일까? 절대 그렇지 않다. 사실은 단지 이야기의 한 부분이지, 이야기 전체는 아니다. 사실과 숫자는 대개 인간의 뇌 중에서 컴퓨터처럼 움직이는 부분에만 호소하기 때문에, 그것만으로는 무미건조하고 재미없는 이야기가 된다. 의사결정을 이끌어내기 위해서 뇌의 이 부분, 즉 좌뇌에도 어느 정도 영향력을 미치길 바라지만, 당신이 더 원하는 것은 뇌에서 영화 스크린처럼 움직이는 부분, 즉 우뇌에 영향을 미치는 것이다. 아이디어나 상품을 판매하려면 고객의 믿음, 신뢰, 확신, 희망, 심지어 열정까지 불을 붙여야 한다. 스토리셀링 접근 방법은 판매하는 상품에 대한 이야기에서 사실과 통계숫자가 보조 역할을 하도록 하여 사실과 통계숫자를 살아 숨쉬게 한다. 먼저 상호 간에 좋은 느낌을 주고받는 데 집중하는 것이 중요하다. 좋은 느낌은 긍정적 인식을 이끌어내며, 긍정적 인식은 고객이 상품이나 서비스를 구입하는 이유가 된다. 성공적인 제안자가 되기 위해서는 고객이 느끼는 바에 영향을 미치도록 집중해야 한다.

다음은 기술주, 의약주, 금융주로 구성된 뮤추얼펀드의 판매요청을 받은 두 브로커의 사례이다. 두 번째가 스토리셀링을 훈련받은 브로커가 제안한 것이다.

브로커 1

존스 선생님 그리고 사모님, 제가 뮤추얼펀드에서 중요하게 생각하는 것은 어느 정도 성장할 것이라고 믿을 만한 종목에 투자하면서 5년 이상 견실한 수익률을 올린 펀드매니저입니다.

(투자설명서를 제시하며) 자, 이 펀드는 이 모든 것을 만족시킬 것입니다. 이 펀드는 앞으로 몇 년간 높은 성장률을 보여줄 세 가지 분야, 즉 기술주, 의약주, 금융주에 균형 있게 투자하고 있습니다. 이 펀드의 실적을 보면, 모닝스타 사에서 별 넷의 등급을 받았고, 유사한 펀드와 비교할 때 상위 10% 안에 해당되는 것을 알 수 있습니다. 5년간의 수익률을 말씀드릴까요? 놀랍게도 연간 20%를 넘는 수익률을 달성했습니다.

문제점

- 그의 제안은 사실, 숫자, 의견에 기초해 있다(모두 좌뇌의 도구인 논리에 해당된다).
- 고객의 구매는 브로커의 의견에 동의해야만 이뤄지는데도 그의 제안은 추천만 할 뿐 고객에게 동의 여부를 묻지 않고 있다.
- 이와 같은 낡은 접근방법은 수천 개의 다른 펀드에도 동일하게 적용

될 수 있다. 일주일 후 제안과 관련하여 고객이 기억할 수 있는 것이라고는 "그 브로커가 이것을 추천했었나?" 하는 정도일 뿐이다.

브로커 2

(말을 꺼내기 전에 종이 한 장을 꺼내어 직선을 그리고 그 아래 1946년부터 2008년까지의 연도를 적는다. 고객의 눈은 펜을 따라 움직인다.)

존스 선생님 그리고 사모님, 시장이 어떻게 될지 돈을 어디에 투자해야 할지 수많은 사람으로부터 무수히 많은 의견을 들었을 겁니다. 그러나 시장은 항상 수요와 공급이라는 단순한 원칙을 따릅니다. 더 많은 사람이 더 많은 돈을 소비할 때, 기업의 수익은 증가하며, 우리가 투자한 돈도 그만큼 늘어나게 됩니다.

저는 왜 시장이 최근 수년간 지속적으로 잘 성장해왔으며, 앞으로도 계속 그럴 것인지 이야기하고자 이 선을 그리고 연도를 적었습니다. 이야기를 제2차 세계대전 이후 집으로 돌아와 가정을 꾸리려는 군인으로부터 시작하겠습니다. (가볍게 웃음을 지으면서, 종이 위의 1946년을 지적한다.) 이때 베이비붐이 시작되었습니다. (곡선을 그리기 시작한다.) 이 베이비붐은 1958년을 정점으로 해서 1964년까지 지속되었습니다. 이게 왜 중요할까요? 사람은 살아가기 위해 물건을 구입하는데, 시장에 사람이 많아지면 많아질수록 물건이 더 잘 팔리기 때문입니다.

소비지출은 사십대 중반이나 사십대 후반일 때 최고조에 달합니다. 이 시기가 소비해야 할 것도 많을 뿐 아니라 돈도 많이 갖고 있기 때문이죠. 자 이걸 한번 보십시오. (그림을 가리키며) 첫 번째 베이비붐 세대가 사십대 중반에 도달할 때가 언제입니까? (답변을 기다린다. 고객은 그림의 1990년대 초반을 가리킨다.) 그렇습니다! 고객님께서는 이것이 최근 주식시장에서 놀라운 강세시장과 높은 상관관계가 있다는 사실을 아실 수 있을 것입니다. 그런데 일본에서는 1946년 이후 인구곡선이 정반대의 형태를 보였습니다. 그럼 최근 10년간 일본시장에서 무슨 일이 있었겠습니까?

자, 베이비붐 세대가 계속하여 돈을 벌고 나이를 먹음에 따라ㅡ매 1분마다 일곱 명의 베이비붐 세대가 50세가 됩니다ㅡ이들이 자신의 돈으로 무엇을 할지 알아야 합니다. 우리는 다음과 같은 것을 짐작할 수 있습니다.

- 그들은 최신식 기술을 활용한 제품을 사려고 합니다. ('기술'이라 적는다.)
- 그들은 투자하고자 합니다. ('금융'이라 적는다.)
- 그들은 나이가 듦에 따라 약이나 건강제품을 많이 소비합니다. ('의약품'이라 적고 베이비붐 세대를 대상으로 대박을 터뜨린 의약품 비아그라의 예를 들어 설명한다.)

고객님께서도 이 연령대의 사람과 관련된 것을 알고 계십니까? (고객은 이런 경향을 인정하며 하나의 사례를 말한다. 브로커는 다시 종이를 가리킨다.)

그런데 기쁜 소식은 약 2003년이나 2004년까지는 베이비붐 세대의 정점에 속한 집단*이 최고의 소비를 하지 않을 것이라는 점입니다. 우리는 베이비붐 세대가 그들의 돈을 어디에 투자하는지 (종이 위의 글자를 짚으며) 알아봤습니다. 그들은 컴퓨터를 사고, 최신기술이 내장된 제품을 사고, 주식과 펀드에 투자할 것입니다. 그리고 더 많은 약품과 건강식품에 지출할 것입니다. 우리가 할 것은 이런 분야에 우리의 돈을 투자해주는 펀드에 가입하는 것입니다. (브로커는 잠시 멈추고 고객의 반응을 기다린다.)

고객이 묻는다. "그런 점에서 어떤 펀드가 제일 좋을까요?"

(브로커는 그들에게 투자설명서를 제시한다.) 이 펀드는 이런 전략으로 아주 훌륭한 실적을 거두고 있습니다. 대부분의 제 고객은 이 펀드에 만족하시고 있습니다. 고객님께서도 이 펀드의 수익률을 보시면 그 이유를 아실 수 있을 것입니다.

두 브로커의 제안을 비교하고, 스토리셀링 접근방법이 어떻게 더 큰 실적과 만족감으로 연결되는지 확인해보자. 먼저 고객이 정보에 접근하거나 정보를 알게 되었을 때 일어나는 생각-감정-의사결정의 순환과정에 따라 제안이 이뤄짐을 알 수 있다(<그림 3-1> 참조).

생각 제안자는 제안자료나 제안방법을 선택해 어떤 사고과정을 진행시킬지를 결정한다. 이 자료가 방어적인 논리를 야기할 것인가, 아니면 고객에게 친숙한 믿음과 이미지를 불러일으킬 것인가?

감정 고객은 자료를 제공받으면 감정이 움직여 동요하거나 또는 긍정적이거나 부정적인 쪽으로 기울기 시작한다. 어느 쪽으로든 기울기 시작하면 그 정도는 점차 심해진다. 의사결정은 궁극적

---

* 베이붐 세대 중에서 1958년 생__역자

으로 감정에 근거해서 내려진다. 고객이 자신의 감정이 어떤지 명확하게 표현하지 못하더라도 이것은 사실이다. 그들이 좋게 느끼든 나쁘게 느끼든, 안정된 상태이든 불안정한 상태이든, 혼란스러워하든 명확하게 이해하든, 각각의 느낌은 의사결정이라는 배를 인도하는 조타수 역할을 할 것이다.

의사결정　고객은 의사결정을 내리거나 취소하거나 지연하기도 한다. 환자가 처음 진료한 의사 외에 다른 의사에게 가서 진료를 받고 싶어 하는 것은 처음 진료한 의사가 뭔가를 빼먹었거나 아니면 이해하지 못하는 뭔가가 있기 때문이다. 마찬가지로 만

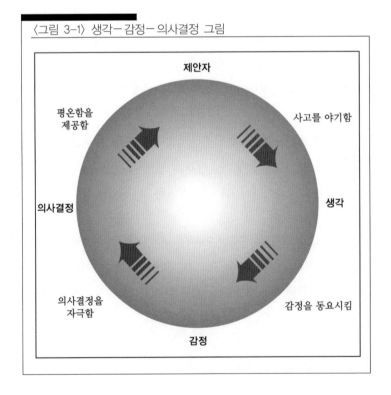

〈그림 3-1〉 생각-감정-의사결정 그림

약 고객이 금융전문가로부터 그들이 상담받은 내용에 대해 좋은 느낌을 갖지 못한다면, 그들은 의사결정을 내리지 않고 유보하거나 다른 금융전문가를 찾아갈 생각을 할 것이다. 이런 사람 중 상당수는 이용당할까 두려워 재무적 문제를 전문가와 상의하지 않고 혼자서 해결하려고 한다.

연대감 사실, 숫자 그리고 의견은 당신과 고객 사이를 연결하고 상호관계를 형성하는 데 거의 아무런 역할도 하지 못한다. 지적인 문제에 한정하여 잘 해결한다 해도, 기껏해야 지적인 연대감을 형성할 뿐이다. 당신이 원칙, 가치관, 철학, 경험 등을 다룰 때, 비로소 당신은 고객의 사고에 있어 다양한 영역, 즉 지적인 것은 물론이고 실질적이고 감성적이고 철학적이고 도덕적인 영역에서 반응을 끌어내어 강한 연대감을 형성할 수 있다. 이와 같이 다양한 영역에서 연대감을 형성해나가면 자연스럽게 재무 상담사에 대한 믿음이 커지게 된다. 당신의 고객은 이렇게 생각할 것이다. "난 내 브로커가 한 말을 이해했고, 그녀에게서 무언가를 배웠다. 나는 그녀가 사용한 간단명료한 설명방법이 마음에 들고 그녀의 접근방법에 찬성한다."

시각적 효과 스토리셀러는 말을 하지 않고 선을 그리면서 시작했다. 그러자 고객의 눈과 관심이 종이 위로 모아졌다. 이것은 머릿속의 영상과 호기심을 자극했다. 상황은 마치 교수와 학생이 시장사(市場史) 수업을 막 시작하려는 것처럼 전개되었다.

단순성 스토리셀러는 고객이 이해할 수 있는 간단한 원칙인 수요와 공급에서 시작해서 이 법칙이 그들의 투자에 어떻게 영향을 미치는지 보여줬다. 이것은 머릿속의 가치관과 믿음을 자극했다. 고객은 수요와 공급의 법칙을 믿는다.

스토리셀링 스토리셀러는 이런 말을 사용했다. "저는 ~에 대해 이야기하고자 이 선을 그리고 연도를 적었습니다." 당신이 이야기를 한다는 신호를 보내면 고객의 뇌 전체가 움직인다는 것을 기억하라. 수업은 단순하게 진행되었다. 고객은 고향으로 돌아와 가정을 꾸리려는 군인, 베이비붐 세대의 수입과 지출, 베이비붐 세대의 소비가 특정 산업과 전체 시장에 미치는 영향력을 순차적으로 연결시킬 수 있다.

질문 스토리셀러는 고객이 대답할 수 있는 질문을 한다. 그것을 통해 학생을 수업에 더 깊게 몰입하게 할 수 있다. 특히 소비경향에 대한 그들 자신의 사례를 이야기할 때는 더욱 그렇다. 질문을 하면 고객이 제안내용을 제대로 듣고 이해하고 있는지 점검하고 확인하기 위해 필요한 시간을 확보할 수 있다는 장점도 있다.

보조자인 사실자료 스토리셀러는 사실자료와 통계자료를 이야기 속에 결부시키지만, 이 자료를 이야기의 주요내용으로 다루지는 않는다. 사실자료는 신뢰감을 높일 수 있으며, 고객이 결정을 내릴 때 단서로 사용할 수 있다.

유머 가벼운 유머는 편안한 분위기를 유지하면서 관심을 높인다.

낮은 수준의 압박 스토리셀러의 접근방법은 이야기를 하는 것이며, 이 이야기에서 배운 교훈을 따를지 여부는 고객 스스로 결정하도록 하는 것이다. 이것은 고객의 선택이다. 당신이 사실자료나 숫자, 의견을 제시하면, 고객은 종종 자기 스스로 내린 결정이라기보다 강요된 결정에 따른다고 느끼기 쉽다.

원칙 이야기는 투자전략 뒤에 숨어 있는 패턴과 원칙, 건전한 철학을 보여준다. 이런 패턴과 원칙, 철학은 고객에게 감정적으로 호소해 고객의 마음속 깊이 자리 잡은 불신과 의심을 해소시킬 수 있다. 고객은 이제 숫자 뒤에 숨겨진 논리를 이해하게 된다. 이해함으로써 그들은 이제 믿게 된다. 그들은 패턴을 알고 이해하게 되며 또 철학에 동의하고, 결정에 대해 좋은 느낌을 가지게 된다. 이런 시각적 수업, 이야기하기, 단순화한 논리를 통해 고객은 커다란 깨우침을 얻게 된다. 커다란 깨우침은 평화로운 감정으로 연결되고 평화로운 감정은 구매 의사결정으로 연결된다. 이것이 바로 무엇을 살 것인지 그리고 누구에게서 살 것인지를 결정할 때 고객이 따르는 본능적 느낌의 핵심이다.

두 번째 사례인 스토리셀링 접근방법은 설명과정에 더 많은 시간이 걸렸지만, 설명한 후에 세부내용에 대한 질문이나 의문이 거의 없었다. 시간이란 고객의 마음속에서 상대적이라는 점을 명심하라. 사실자료와 숫자로 보낸 2분은 재미있는 이야기로 보낸 5분보다 심리적으로 더 긴 시간이다. 재미있을 때 시간은 화살처럼 지나가고 고객은 더 흥미로워한다.

다음의 예를 통해 스토리셀링 접근방법이 고객에게서 얼마나 쉽게 의사결정을 유도해내는지, 그리고 얼마나 많은 고객관계를 지속적으로 유지할 수 있게 하는지 살펴보자(<그림 3-2> 참조).

일반적인 접근방법에서 설득은 사실자료, 숫자, 의견 등에 초점을 맞추고 있다. 그러다보면 고객에게 불안감과 회의감을 불러일으키도록 자극할 뿐이다. 통계자료는 겉보기에는 좋아도 잘못 해석될 수도 있으며, 사실을 왜곡시킬 수도 있다. 교육을 어느 정도 받은 대부분의 사람은 통계자료에 의구심을 가지도록 배웠다. 또 지적인 사람은 통계자료가 쉽게 조작될 수 있다는 사실을 알고

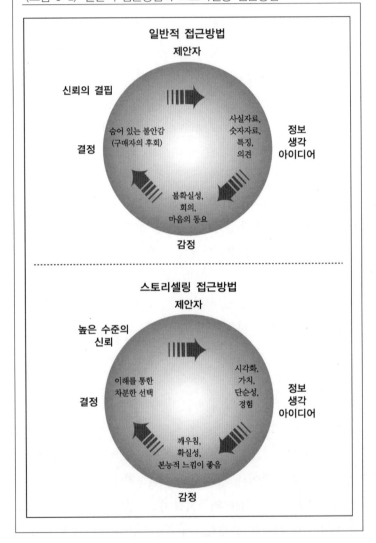

있다.

사실자료, 통계자료, 의견은 대부분 인터넷을 통해 얻을 수 있다. 그런데 인터넷 자료는 종종 마음의 동요나 나쁜 경우에는 잘못된 자신감을 불러일으키기도 한다. 정말로 자신 있게 투자를 하거나 금융상품을 구입하기 위해서는 인간적 요소가 필요하다는 것을 대부분의 사람은 알고 있다.

사실자료와 통계자료는 쉽게 회의를 일으킨다. 다음의 대화를 보고 한번 생각해보자.

브로커 이 펀드는 모닝스타 사에서 별 넷의 평가를 받았습니다.
고객의 생각 왜 별 다섯을 받지 못했지?
브로커 이 펀드는 유사한 123개 펀드 중 스물세 번째의 실적을 올렸습니다.
고객의 생각 첫 번째부터 스물두 번째에 해당하는 펀드를 알고 싶은데.
브로커 이 펀드는 최근 3년간 대단한 수익률을 보였습니다.
고객의 생각 그 정도가 아닌 것도 있나? S&P지수보다 못한걸.

의견은 사실자료나 통계자료와 마찬가지로 고객에게 방어자세를 취하게 하는데, 그 정도는 오히려 더 심하다. 대부분의 사람은 살아오면서 돈이나 투자에 대한 의견을 들은 적이 있고, 그 의견을 믿고 투자했다가 손해를 본 경험 또한 있다. 금융상품이나 투자의 저변에 있는 원칙과 철학을 모르는 상태에서 그 상품을 권유받으면 대부분의 사람은 마음속에 메아리치는 "잘못되면 어쩌지?"와 같은 감정적 불확실성으로 망설일 것이다.

어떤 브로커나 재무상담사도 마음의 동요, 방어자세, 회의, 불확실성과 같은 감정이 판매과정에 개입되는 것을 원하지 않는다. 그러나 많은 사람이 제안하는 방식은 무의식적으로 그렇게 하고 있다.

추론이나 이성은 일정한 입장을 정하고 이를 방어하는 성질을 갖고 있다. 감정과 느낌을 배제하고 전적으로 논리만을 수단으로 한 판매접근방법을 실행하는 것은 기름을 들고 불 속으로 뛰어드는 행위와 마찬가지이다. 당신이 고객을 설득하기 위해 사용한 자료가 바로 반론을 불러일으키기 때문에 이 반론을 극복하기 위해서는 많은 훈련이 필요할 것이다. 사실자료와 투자의견이 제시되면 고객의 뇌 속에서 이것들은 마치 소몰이 막대기처럼 작용하기 때문에 고객은 즉각적으로 반응해 뒤로 물러나 방어자세를 취하게 될 것이다.

두 마음을 품어 모든 일에 정함이 없는 자로다.*

『야고보서』

일반적인 판매접근방법으로 설득당해 내린 의사결정은 아무래도 미온적이다. 고객과 오랫동안 관계를 유지하고 신뢰를 쌓았기 때문에 인간관계가 제안내용보다 더 의사결정에 영향을 미치는

---

* 오직 믿음으로 구하고 조금도 의심하지 말라. 의심하는 자는 마치 바람에 밀려 요동하는 바닷물결 같으니. 이런 사람은 무엇이든지 주께 얻기를 생각지 말라. 두 마음을 품어 모든 일에 정함이 없는 자로다(야고보서 1:6-8)__ 역자

경우가 유일한 예외일 것이다. 이 점에서 의사결정은 제안내용보다는 인간관계에 더 영향을 받는다. 투자결정을 할 때 고객에게 지적인 자료만 제공한다면, 그들의 마음은 마치 시소처럼 움직일 것이다. 고객의 낙관적인 면은 정말로 제대로 될까에 대한 논리를 제공할 것이며, 비관적인 면은 실패와 재무적 파산에 대한 이유를 제공할 것이다. 많은 고객과 인터뷰를 한 결과, 이런 동요는 구매를 결정한 이후에도 지속될 수 있다는 결론에 도달했다. 만약 당신이 고객의 감정에 적절히 대처하지 못한다면, 투자 후에도 고객의 마음속에서는 끝없는 의구심이 일어날 것이다.

어떤 브로커가 과거 수년간 좋은 실적을 거뒀으나 최근 실적이 조금 떨어진 펀드 하나를 소개해줬다. 그는 지금이야말로 헐값에 구입할 수 있는 때라고 말했다. 나는 진지하게 투자 여부를 고민해야 했다. 결국 그의 말을 믿고 투자를 했다. 나중에 신문에서 그 펀드를 보니 실적이 더 나빠졌다. 지금 나는 그 펀드에 투자한 것이 헐값에 구입한 것이라고 생각하지 않는다. 그때는 숫자자료가 좋아 보였고 그것이 아주 중요해 보였다. 그렇지만 지금 난 그 펀드가 왜 폭락했으며 내 친구가 투자한 펀드는 왜 오르는지 이해할 수 없다.

래리 D., 고객

이런 종류의 의구심은 대부분 제2의 천성이라고 할 수 있다. 그러나 이 역시 주식형 펀드의 피할 수 없는 등락을 지적으로나 감정적으로 대비하지 못한 사람에게 나타나는 증상 가운데 하나이다. 투자조언 관련 라디오 프로그램에 많은 청취자가 "제가 이런 주식을 샀는데 어떻습니까? 지금 팔까요 아니면 그냥 보유하고 어떤 브로커가 과거 수년간 좋은 실적을 거뒀으나 최근 실적이 조금 떨어진 펀드 하나를 소개해줬다. 그는 지금이야말로 헐값에 구입할 수 있는 때라고 말했다. 나는 진지하게 투자 여부를 고민해야 했다. 결국 그의 말을 믿고 투자를 했다. 나중에 신문에서 그 펀드를 보니 실적이 더 나빠졌다. 지금 나는 그 펀드에 투자한 것이 헐값에 구입한 것이라고 생각하지 않는다. 그때는 숫자자료가 좋아 보였고 그것이 아주 중요해 보였다. 그렇지만 지금 난 그 펀드가 왜 폭락했으며 내 친구가 투자한 펀드는 왜 오르는지 이해할 수 없다.

있을까요?"라고 상담하는 것을 들어보라.

상담을 하고 있는 청취자의 말을 들어보면, 고객이 자기가 투자하고 있는 것이 무엇인지를 이해하는 데 그들의 브로커가 전혀 도움이 되지 못했음을 알 수 있다. 만약 이 고객이 스토리셀링을 할 수 있는 재무상담사와 만났다면 투자 후에 발생하는 의구심 때문에 괴로워하거나 라디오 방송의 금융전문가와 상담하기 위해 전화기를 붙잡고 씨름하지 않았을 것이다.

우리는 당신의 고객이 매우 불확실한 상태에서 의사결정을 하는 것을 바라지 않는다. 그럴 경우 고객의 마음 저변의 불안감 때문에 고객과의 관계는 일시적일 수밖에 없다. 일시적이고 단기적 관계는 당신뿐 아니라 당신의 고객을 위해서도 좋지 않다.

증권업협회(SIA: Securities Industry Association)는 고객이 그들을 위해 일하는 재무상담사를 어떻게 생각하는지 알아보려고 위탁연구를 의뢰한 적이 있다. 연구결과는 다음 두 가지로 나타났다.

첫째, 투자자의 3분의 2가 증권회사보다는 브로커 개인에게 더 높은 충성도를 보였다.

둘째, 투자자의 거의 절반이 브로커가 고객을 가르치는 데 더 많이 노력함으로써 서비스를 개선할 수 있을 것이라고 느꼈다.

이런 스토리셀링 접근방법은 '깨우침 또는 교육을 통해 고객의 충성도를 높인다'는 것이다. 고객의 이해수준을 한 단계 높이면 그만큼 고객은 당신을 더 신뢰할 것이다. 당신은 재무상담사로서 복잡한 문제를 단순화시키고, 고객이 잘 알고 이해하게 하고, 고객이 편안하면서도 뭔가를 깨달은 느낌을 가지게 할 책임이 있다. 그러면 결과적으로 당신의 고객은 당신에게 확고한 충성심을 가지기 시작할 것이다.

스토리셀러는 고객의 마음속에 그들이 불러일으킨 생각으로 다른 이들과 차별화될 것이다. 앞에서 말한 생각－감정－의사결정의 고리를 기억하는가? 브로커는 의사결정을 촉발시키는 감정을 움직이기 위해 생각을 불러일으킨다. 제안과정은 의사결정을 쉽게 할 수 있도록 설계되어야 한다. 대부분의 경우 고객은 '단지 이해하지 못했기 때문에' 의사결정을 할 수가 없다. 그들은 재무상담사가 제대로 가르쳐주지 않았기 때문에 이해를 하지 못한 것이다. <그림 3-2> '일반적 접근방법과 스토리셀링 접근방법'을 보자. 이 그림은 만약 다른 것이 동일하다면, 재무상담사로서 당신을 장삼이사의 무리와 차별화하는 것이 얼마나 쉬운지 보여준다.

스토리셀링 접근방법은 훨씬 효율적이며 더 재미있다. 그림을 그리고, 이야기를 하고, 고객의 경험에 비춰보고, 고객의 믿음이나 희망과 연계시키는 즐거운 일이다.

고객에게 본능적 느낌을 좋게 가지도록 하는 것이 당신의 주된 목표이다. 고객이 좋은 느낌을 가진다면, 의사결정은 내려질 것이다. 당신이 불러일으킨 생각은 당신이 원하는 느낌을 만들어낼 것이다. 특별한 생각을 불러일으키기 위해서는 사용할 자료를 잘 선택하는 것이 매우 중요하다. 만약 당신이 원하는 생각을 불러일으키는 데 실패한다면, 생각−감정−의사결정의 고리는 당신에게 불리하게 작용할 것이다.

당신이 하는 이야기나 유추를 통해 고객을 깨우칠 수 있다면, 당신은 고객의 마음속에 단지 한 사람의 브로커나 재무상담사가 아니라 위대한 재무적 스승으로 깊이 각인될 것이다. 단순한 상담 뿐 아니라 지혜와 이해를 제공하는 원천이 되는 것이다.

당신이 고객에게 불러일으키는 생각

당신이 고객에게 불러일으키는 생각의 기본개념은 서술적이고 단순하며 경험적이어야 한다. 이것이 스토리셀러가 우뇌의 시각적 학습영역과 결부시키기 위해 예시를 사용하는 이유이다. 학습자의 70%가 귀로 들을 때보다 눈으로 볼 때 훨씬 더 잘 배운다고 한다. 이 말에서 우리는 하나의 단서를 얻을 수 있다.

학습유지에 관한 어느 연구결과에 따르면 학습자는 들은 것은 11% 유지되는 데 반해, 본 것은 30%, 보고 들은 것은 50%, 실제 행동으로 실행한 것은 70% 정도 유지된다고 한다. 이것이 사실이라면, 당신은 가능한 모든 감각을 다 활용하여 제안을 하도록 노력해야 한다. 당신이 더 많은 감각을 자극하면 할수록 고객의 기억 속에는 더 많은 경험이 쌓일 것이다. 당신의 이상적 모델은 시각에서 유머 감각에 이르기까지 많은 감각을 자극해 고객에게 생각을 불러일으키는 데 있다. 그래서 시각, 가치관, 단순성, 경험 등을 사용하고자 하는 것이다.

시각　당신은 고객이 외적인 눈과 내적인 눈 모두를 사용하기를 원한다. 당신의 예시는 외적인 눈을 자극할 것이고, 일화와 유추는 상상이라는 내적인 눈을 자극할 것이다. 시각은 당신의 제안 효과를 세 배로 늘릴 것이다.

가치관　고객에게 돈에 대한 믿음과 원칙이 무엇인지 생각하도록 만들어라. 만약 고객이 자신의 돈에 대한 가치관이나 철학을 알려준다면, 그들이 만족할 만한 제안이나 권고안을 만들기가 훨씬 쉬워진다.

단순성　단순성은 이해로, 이해는 차분한 감정상태로 연결된다. 차분한 감정상태는 긍정적인 의사결정과 재무상담사 - 고객 간의 아주 편안한 관계로 연결된다.

경험　고객은 믿을 수 있는 것을 원한다. 어떤 회사나 펀드가 아무리 새로운 것이라 할지라도, 고객은 그 회사나 펀드의 투자 원칙, 철학이 과거의 모진 고난을 통해 검증되었는지를 알고 싶어 한다. 당신이 지닌 경험의 깊이는 그들의 마음속에 더 큰 확신을 심어줄 것이다. '어려운 문제를 능수능란하게 해결할 수 있다'는 것이 바로 고객에게 비춰져야 하는 당신의 느낌이자 인상이다.

어떻게 느끼나

스토리셀링에서는 목표로 하는 감정을 유발하기 위해 의도적으로 질문을 하고, 그림을 그리기도 하고, 유추를 사용하고, 이야기를 한다.

가치관, 경험, 희망을 활용하고, 숫자가 아닌 그림의 형태로 고객을 생각하도록 만들 때, 그 결과로 나타나는 것은 보다 더 평온한 감정상태이다. 이것은 모든 판매제안에서 목표로 하는 좋은 본능적 느낌이다. 고객의 의사결정은 당신이 도달하도록 유도한 감정상태에서 우러나온 자연스러운 결과이다. 당신의 역할은 고객의 생각을 자극해서 이런 감정상태에 이르도록 안내하는 것이다.

생각-감정-의사결정의 고리는 위험감수성(risk throttle)과 본능적 느낌이 상주하는 우뇌를 자극하는 것을 전제한다. 숫자와 데이터로 융단폭격을 받을 때, 고객 머릿속의 컴퓨터가 이 자료를 다뤄야 하기 때문에 고객은 종종 동요하며 긴장한다. 그러나 그림, 원칙, 경험을 이용하면 고객은 깊이 몰입하게 된다. 당신은 고객의 뇌 속에 있는 영화자막에 호소한다. 그러면 고객은 깨우치게 되고 고객과의 결속력, 평생고객으로서의 잠재력도 커질 것이다.

논리의 취약성

스토리셀러는 감정이 의사결정의 핵심임을 이해하고 있다. 지금까지 논리는 지나치게 과대평가되었고, 분석과 논리를 통한 설득력 또한 과도하게 강조되었다. 논리는 감정을 변화시키지 않지만 지각(perception)은 감정을 변화시킨다. 광고대행사가 먼저 고객에게 지각을 만들어낸 다음 이를 상품과 결부시키는 이유도 마찬가지이다. 만약 이 운동화를 신으면 당신은 챔피언이자 승리자이다. 이 탄산음료수를 마시면 당신은 절벽 위에 서 있는 모험가이다. 이 자가용을 운전하면 당신은 운명을 마음대로 조정할 수 있다. 이런 식으로 지각은 감정을 변화시킨다. 의사결정은 감정의 변화가 일어나는 곳에 근거를 두고 있다. 사실자료와 분석을 토대로 논리에 치중한 제안은 뇌의 반을 잠들게 하며, 감정에 거의 영향을 미치지 않을 것이다.

스토리셀러는 훌륭한 지각을 창조하는 일에 종사하는 사람이다. 복잡하고 혼란스러운 투자문제를 단순하고 이해하기 쉽고 비유적인 말로 바꾸어 고객이 사려고 하는 것이 무엇인지 이해할 수 있는 지각을 촉진시킨다.

지각 "이 재무상담사는 내가 배울 수 있도록 해준다. 나는 내가 깨달았다고 느낀다." 동시에 당신은 관련 사안을 깊게 이해하고 있어 언제든 고객에게 고객이 이해할 수 있는 용어로 알기 쉽게 설명해줄 수 있다는 지각을 높일 수 있다.

지각 "이 재무상담사는 해박한 지식을 가진 선생님이다. 나는 내 돈과 관련해 이 사람을 신뢰할 수 있다고 느낀다." 당신은 고객의 개인적 성향을 파악하고 최적의 개인적 연계와 유대감을 형성하는 데 필요한 대화를 조정해 나가면서 대인기술을 향상시킬 수 있다. 고객은 이제 당신에게 편안함을 느끼고 기꺼이 더 신뢰할 것이다.

지각 "이 재무상담사는 나를 이해하고 있다. 이 사람은 내가 쓰는 말을 쓰고 나를 편안하게 해준다."

우리가 중요한 결정을 하기 전에 다시 한번 확인해보는 본능적 느낌이 바로 직관이 하는 역할이다. 이것은 우뇌가 의사결정을 해나가는 방법이기도 하다. 좌뇌는 체크리스트를 통해 의사결정을 하는데, 이 과정에서 많은 시간이 걸릴 뿐 아니라 끊임없이 부정적 가능성에 대해서도 생각한다. 우뇌는 제안을 하는 제안자의 모든 정보와 관찰내용을 긁어모아 믹서기처럼 섞어버리고선, 하자, 하지 말자, 기다리자 등의 결정을 한다. 우리는 자신이 결정한 모든 것에 대해 논리적 이유를 제시할 수 있는 것은 아니다. 의사결정은 종종 감정을 기초로 하며, 우리는 그런 본능에 따르도록 배워왔다.

우리는 재무상담사와 이야기하면서 우리가 좋아할 만한 특정 뮤추얼 펀드에 대해 말했다. 그는 우리가 생각하고 있는 뮤추얼펀드에 투자하는 것보다 다른 펀드에 투자하라고 권했다. 그는 아주 적극적으로 제안했다. 그런데 우리는 그가 추천하는 펀드의 수수료가 더 많다는 것도, 그도 먹고 살아야 한다는 것도 알고 있었다. 그의 이런 태도 때문에 그가 우리의 이익보다 자기 이익을 먼저 챙긴다는 느낌이 들었다. 처음엔 그에게 좋은 감정을 갖고 있었지만, 그 순간부터 우리의 신뢰는 추락하기 시작했다.

에드와 낸시, 고객

과거 경험의 결정체

75세나 된 한 고객이 이런 말을 했다. "나는 어떤 브로커든 30초

75세나 된 한 고객이 이런 말을 했다. "나는 어떤 브로커든 30초 안에 나와 거래할 만한 사람인지 아닌지 알 수 있어. 나는 브로커 선택에 대한 직관력을 키워왔지. 처음 보고 30초 안에 이 브로커가 야바위꾼인지 아니면 믿을 만한 사람인지, 고객의 이익을 맨 먼저 생각하는지 아니면 자기의 이익을 먼저 챙기는지 구분할 수 있다구."

홀마크의 창립자인 조이스 홀은 직관을 과거 경험의 결정체로 정의한 적이 있다. 이 결정체를 정신적 소음과 다를 바 없는 기억된 정보와 비교해보자.

사람이 보유하고 있는 가장 큰 자산 중 하나는 기억은행이다. 사람은 보고 듣는 것과 과거 경험이라는 결정체를 끊임없이 비교한다. 그래서 65세쯤 되면, 단순한 헛간에 불과하던 기억창고는 경험과 기억으로 잘 정리된 커다란 물품보관소로 성장할 것이다.

고객은 당신에게서 본 것과 들은 것을 자기의 과거 경험이라는 결정체와 비교하고, 그들이 느낀 감정에 따라서 직관적인 의사결정을 하게 될 것이다. 만약 당신이 고객에게 알아듣기 어려운 말만 하고 고객의 말을 귀담아듣지 않던 과거의 누군가를 떠오르게 한다면, 그와 같은 연상이 그들 뇌에 자리 잡아, 결국 그들은 더 편안하게 느낄 수 있는 다른 사람을 찾아나설 것이다.

세계에서 가장 권위 있는 종양학자 중의 한 사람에게 치료를 받던 한 여성이 있었다. 그 학자는 훌륭한 연구가이자 분석가였지만 대화기술이 부족했다. 그는 상대편과 눈을 마주치기 싫어했으며, 항상 불분명하게 말하면서 생색을 내려 했다. 그 여성 환자는 목숨이 경각에 달려 있는데도 그와 이야기를 할 때 느끼는 불쾌한 기분 때문에 의사를 바꾸려고 했다. 이게 논리적인 의사결정인가? 천만에. 그녀의 감정은 의사가 진정으로 자신을 돌보지 않는다는 지각에 의해 흔들린 것이다. 다시 말해 의사결정과정에서 감정이 논리에 앞섰던 것이다. 이것은 대부분의 사람에게 있어 바꾸겠다, 하겠다, 위험을 감수하겠다 등의 의사결정이 우뇌에서 나오는 직관적인 사항이기 때문이다. 대부분의 사람은 자신에게 보여지는 어떤 사실이나 통계보다도 자신의 직관을 더 신뢰한다.

좌뇌는 일종의 감시자인 반면, 우뇌는 일종의 행동가이다. 만약 최고의 영업사원이 고객이 행동하도록 자극한 방법을 응용해 당신의 고객이 행동하도록 하려면, 당신은 직관이라는 차원에서 활동하는 법을 훨씬 더 많이 배워야 할 것이다.

저는 달에 착륙한 우주비행사가 쓴 글을 통해 다음과 같은 사실을 알았습니다. 우주비행사는 훈련을 받을 때, 전체 시간 중 10%만 임무계획을 익히는 데 쓰고, 나머지 90%는 만약의 사태에 대해 직관적으로 반응하는 법을 익히는 데 쓴다고 합니다. 저는 이와 같은 접근방법을 재무상담사로서 제 일에 적용했습니다. 알고 있는 것에만 너무 집착하면, 고객이 진정으로 알고 싶어 하는 것에 대한 직관적 대응을 소홀히 하게 됩니다. 고객은 제가 지적하고 설명해야 할 공포와 근심을 갖고 있습니다. 만약 제가 사전에 계획한 대로 제 방식만 몰아붙인다면, 결코 이런 것을 할 수 없을 것입니다.

에릭 L., 재무상담사

이 재무상담사가 언급한 우주비행사는 에드가 미첼이다. 그는 여섯 번째로 달에 착륙했으며, 캘리포니아에 순수이성과학연구소 (Institute for Noetic Sciences)를 설립했다. 순수이성과학(noetic science) 이라는 말은 직관적 깨달음을 위한 눈을 의미하는 'noetre'라는 용어로부터 파생되었다. 미첼은 직관적인 반응에 의존하는 것이 우주비행사 훈련에서 가장 중요한 부분이라고 주장했다. 그와 마찬가지로 크게 성공한 브로커나 재무상담사를 관찰한 바에 따르면, 직관적 반응에 의존하는 것이 재무상담사라는 직업에서 가장 중요한 부분일 수 있다.

브로커나 재무상담사가 고객과 관계를 형성하는 데 가장 강력한 직관적 도구는 날카로우면서 통찰력 있는 질문이다. 올바른 질문을 하라. 그러면 고객은 자기의 공포를 잠재우고 혼란을 극복하며, 자기의 인생을 단순화하기 위해 당신이 알아야 할 모든 것을 보여줄 것이다.

스토리셀러는 말을 꺼내기 전에 먼저 질문부터 한다. 스토리셀러는 질문을 통해 나온 고객의 이야기가 가장 강력한 도구임을 알고 있다. 날카롭게 질문하는 방법은 제5장 '소크라테스적 접근 방법을 배우자'에서 다룰 것이다.

스토리셀러의 접근방법을 요약하면 다음과 같다. 의사결정은 우뇌의 감정(평온함, 안전함, 신뢰할 수 있음)이 자극을 받을 때 내려진다. 이런 감정은 간단한 시각자료, 비유의 사용, 경험의 공유, 가치관의 언급 등을 통해 자극을 받는다. 스토리셀러는 자신의 제안을 단순하게 하고, 우뇌의 감정을 자극하고, 고객의 개성을 존중하며, 가르치는 기술과 대인관계기술 양면에서 고객의 신뢰를 얻는다.

즉 스토리셀링에서는

- 사실자료와 숫자자료는 시각적인 방식으로 제시한다.
- 가치관을 파악한 후 상품을 제안한다. 그리고
- 의견을 제시하는 것이 아니라 경험을 공유한다.

고객이 재무상담사인 당신으로 인해 깨달았다고 느끼고, 한 인간으로서 당신에게 편안함을 느끼게 할 수 있는 단순한 방법이 있다는 것을 안다면, 왜 계속해서 다른 모든 재무상담사가 천편일률적으로 사용하는 낡고 지겨우며 혼란스러운 자료와 제안내용으로 고객을 곤혹스럽게 하겠는가? 정말 좋은 질문이다.

고객이 느끼는 당신

고객이 투자상품, 아이디어, 상담 등에 대해 본능적으로 좋은 느낌을 갖게 만들면 고객이 안정적인 감정을 갖게 하는데 절반은 성공한 셈이다. 나머지 절반은 재무상담사인 바로 당신에 대해 고객의 직관적 감각이 자신에게 말하는 것과 관계있다. 만약 당신이 제공한 여러 가지 정보가 좋은 느낌을 주지만 당신의 인격이 역겨운 느낌을 준다면, 그것은 고객을 혼란이라는 정신병동에 가두는 것과 같다. 지각은 다른 것을 압도한다. 훌륭한 브로커도 종종 무의식적으로 신체언어, 목소리, 태도, 언어선택 등을 통해 부정적 신호를 보내기도 한다. 다음 장에서는 이런 네 가지 영역에서 어떻게 긍정적 신호효과를 낼 수 있는지, 고객의 두려움을 완화하고 잔잔하면서 확실한 감정을 불러일으키기 위해 무엇을 하고 무엇을 피할 것인지에 초점을 맞춰 살펴볼 것이다.

제 2 부

훌륭한 스토리셀러 되기

4
타인을 이해하고 이끌기
30초 만에 읽는 신체언어

저는 다른 사람이 말을 걸 때 사람들이 무엇을 가장 주목하는지 설문 조사한 것을 본 적이 있습니다. 응답결과는 45%가 신체언어, 35%가 목소리, 20%가 내용이었습니다. 이 결과에 관심이 끌렸습니다. 예전에 저는 내용에만 신경을 썼지만, 이제는 신체언어와 목소리를 이용해 긍정적 신호를 보내려고 노력합니다. 고객이 저를 대하는 모습이 아주 빠른 속도로 호의적으로 변하는 것 같습니다. 저는 일부 고객과 친밀하지 않다는 사실도 모르고 일했다는 것을 깨달았습니다.

척 Z., 재무상담사

사람의 우뇌는 다른 사람을 읽는 능력이 있다. 어떤 사람은 다른 사람보다 이 능력이 뛰어나다. 어떤 사람은 이것을 타고난 본능이라고도 하고, 어떤 사람은 이것을 사람에 대한 '느낌'이라고도 한다. 그것이 무엇이든 그것은 사람에 대한 직관적인 이해이다. 사람의 뇌는 얼굴, 눈동자, 손, 자세의 작은 움직임을 관찰하고, 말의 좌뇌 부분에 위치한 판단영역이 계산기와 같이 한 번에 하나씩 자산과 부채를 더하고 빼는 동안, 우뇌에서 도출되는 판단은 마치 믹서기처럼 정보를 재빠르고 직관적으로 모은 다음 이를 하나로 섞어 문제의 사람에 대한 느낌과 감각을 만들어낸다.

속도와 억양을 감지한다. 감지한 정보는 뇌로 전해지고, 우뇌는 즉각적으로 관찰한 사람에 대한 좋은 감정 또는 나쁜 감정을 만들어낸다.

좌뇌 부분에 위치한 판단영역이 계산기와 같이 한 번에 하나씩 자산과 부채를 더하고 빼는 동안, 우뇌에서 도출되는 판단은 마치 믹서기처럼 정보를 재빠르고 직관적으로 모은 다음 이를 하나로 섞어 문제의 사람에 대한 느낌과 감각을 만들어낸다.

사람들에게 어떤 사람에 대한 느낌이 왜 나쁜지 물어보면, 이런 감정 속에 숨은 논리를 정확하게 표현하지 못하는 경우가 많다. 그들은 이유를 말하지는 못하지만 말로 표현할 수 없는 감정에 따를 것이다. 나중에 그들은 문제의 사람에 대한 그들의 임의적인 판단을 확인시켜주는 무언가를 보거나 들을 수도 있을 것이다.

"딱히 꼬집어 말할 수는 없지만." 사람들이 이런 식으로 말하는 것을 들은 적이 있을 것이다. "그들의 방식이 뭔가 나에게 맞지 않는 것 같습니다." 이런 사람들은 노란색 경고 깃발을 올리고 있는 우뇌에서 나오는 직관의 목소리를 듣고 있다.

재무상담사가 신체언어와 관련해 알아둬야 할 것은 두 가지이다. 첫째, 고객에게 긍정적 신호를 어떻게 보낼 것인가? 둘째, 고객이 망설이고 있다는 신호를 어떻게 파악할 수 있는가?

당신이 보내는 신호

여자는 두 가지 언어를 사용하는데, 그중 하나가 말이다.

스티브 루벤스타인

당신이 중요한 제안을 할 때, 당신이 보내는 신체언어는 대부분 무의식적이라는 사실, 즉 신호를 보내고 있다는 것조차 알지 못한 채 신호를 보내고 있다는 사실을 알아야 한다. 감정은 즉각적이고 자동적인 반응으로 나타난다. 몇 가지 예를 들어보자. 화가 날 땐 입술을 긴장시키며, 의심스러울 땐 눈썹을 치켜든다. 역겨울 땐 코를 찡그리며, 누군가를 또는 무언가를 믿지 못할 땐 눈동자를 굴린다. 눈과 얼굴은 자체의 언어를 가지고 있다. 당신은 매일 다른 사람에게 무의식적으로 잘못 해석될 수도 있는 수많은 신호를 보내고 있는 것이다.

나는 생각에 집중할 때 입술을 오므리고 미간을 찌푸리는 습관이 있다. 내가 생각에 잠겨 있으면 가끔 아내나 애들이 "화났어요?"라고 묻는다. 이 말은 나도 모르는 표정의 언어를 통해 내가 얼마나 자주 의도하지 않은 메시지를 고객이나 동료에게 보내왔는지 생각해보게 한다.

성공한 브로커나 재무상담사가 제안내용을 미리 연습하지 않고서 제안에 임하는 것은 생각할 수도 없는 일이다. 그러나 조사결과에 따르면 사람들이 제안내용보다는 신체언어에 더 많은 영향을 받고 동요된다는 사실이 밝혀졌다. 따라서 당신도 미리 자신의 신체언어를 짧게 연습해봐야 하지 않을까? 최고의 설득자는 자신의 신체언어를 통해 특정 메시지를 전달하는 연습을 자주 한다.

조금만 연습하면 따뜻하면서 편안하고 긍정적인 언어를 자동적으로 체득할 수 있다.

만약 당신의 눈, 표정, 태도를 통해 현재 전달하고 있는 것이 무엇인지 진정으로 알고자 한다면, 동료나 가족 중 솔직하게 이야기해줄 사람을 찾아 물어보라!

자기 체크리스트

☐ **눈**　개방적이고 수용할 준비가 되어 있으며 타인의 관심을 끌 만한가? 아니면 의심에 차서 강렬하고 세밀하게 쳐다보는가?

☐ **얼굴**　근육이 (대화 거부, 스트레스 등으로) 긴장되어 있는가 아니면 이완되어 있는가? 눈과 입을 이용해 가볍게 미소지을 수 있는가?

☐ **손**　팔짱을 끼고 있나? 뭔가를 가리키고 있나? 손이 (포용성, 지원, 개방성 등을 전달할 수 있는 모양으로) 열려 있고 제스처는 부드럽고 신사적인가?

☐ **자세**　코밑을 내려보고 있는가? 지나치게 떨어져 있거나 아니면 지나치게 가까이 있는가? 자세는 열려 있는가 아니면 닫혀 있는가?

> 눈과 혀가 서로 다른 말을 할 때, 현명한 자는 눈의 말을 믿는다.
> 랄프 왈도 에머슨

고객 체크리스트: 경고신호

☐ **치켜올린 눈썹** 증거가 필요하고 비관적임을 표현함

☐ **쿵쿵거리는 코** 믿을 수 없고 엉터리임

☐ **좁아진 미간** 불확실하고 회의적임

☐ **눈동자 굴리기, 오므린 입술** 동의하지 않거나 혐오함

☐ **냉담한 미소** 불만이나 불일치의 속내를 표현하기 싫어함

☐ **신경질적인 제스처** 현재의 주제에 대해 걱정하고 있거나 단순히 평소의 신경질적 습관(예를 들어 손가락 두드리기, 물건을 이리저리 움직이기 등)

☐ **쏘아보기, 초조해하는 눈** 지겨워하거나 진행이 너무 더디거나 주제를 벗어남

☐ **이마에 손 올리기** 혼란스럽거나 스트레스를 받음

☐ **볼에 손 대기** 생각하고 있는 중

☐ **멀리 보기** 주제나 갈등을 피하고자 함

☐ **위로 보기** 주제에 대해 생각하고 있음

☐ **책상에 머리를 숙이고 큰 콧소리 내기** 제안이 아주 훌륭해서 당신은 고객을 최고의 상태로 만들었다.

많은 재무상담사가 신체의 제스처에 따라 멈추지 못하거나 이를 이해하지 못해 결과적으로 '신호를 무시한 채 자기 제안에 도취되어' 고객을 상대한다. 현명한 당신은 말로 표현되는 언어처럼 신체언어에 대해서도 그만큼 많은 주의를 기울여야 한다. 고객은 좀처럼 "혼란스러워", "의심스러운데", "찬성하지 않아", "당신을 신뢰할 수 없어", "이건 틀렸어"라고 말하지 않는다. 그러나 몸과 얼굴은

자동적으로 반응을 나타낸다. 대부분의 사람은 이런 자동적인 반응을 스스로 조절하지 못한다. 단지 숙달된 협상가나 포커꾼만이 신체언어의 무의식적인 움직임을 감추는 데 익숙할 뿐이다.

고객과의 만남은 그 각각이 모두 하나의 협상이다. 숙달된 협상가는 고객에게서 멈출 때, 양보할 때, 우회할 때를 나타내는 신호를 읽고 이에 주의해야 한다는 것을 알고 있다.

저절로 나타나는 얼굴과 신체의 신호를 찾고, 이를 명확히 안 다음 그 신호에 따르라. 그리고 나서 만약 고객이 정말 계속 진행하기를 원한다면 그때 제안과정을 진행하라.

만약 이런 신호를 무시했다면, 나중에 고객을 놓치고 나서 결코 놀라지 마라.

눈은 마음의 창

이것을 미신이라 여기든 과학이라 여기든, 사람들은 눈으로 인식한 것을 상당히 신뢰한다. TEAM역학이라 불리는 성격이해과정은 어떻게 사람의 눈을 관찰해 그들의 성격을 파악할 수 있는지 가르친다. 이 과정의 네 가지 기본적인 성격은 협동가(togetherness), 기업가(enterpriser), 분석가(analyzer), 동기부여자(motivator)이다. 각 성격은 독특하면서 구별 가능한 눈의 언어를 지니고 있다(<표 4-1> 참조).

협동가 성격의 눈은 이런 메시지를 보낸다. "나는 우호적이고 호기심에 차 있으며 진지하다. 나는 다른 사람의 말에 귀를 기울이며, 그에게 마음을 쓴다." 기업가 성격의 눈은 이런 메시지를 보낸

〈표 4-1〉 TEAM 역학: 성격을 나타내는 신체언어 단서

	협동가	기업가	분석가	동기부여자
눈	• 부드러운/ 자상한 • 호기심 있는	• 빛나는 • 바쁘게 움직이는	• 자세히 조사하는 • 속속들이 들여다보는 • 강렬한	• 개방된 • 행복한 • 춤추는
얼굴	• 기쁜/ 말없는 미소 • 확신을 주는 머리 끄덕임	• 자신감이 묻어있는 • 능글맞은 웃음 • 도전적인	• 중립적인 (포커페이스) • 동의하지 않음을 표현	• 큰 웃음 (이가 다 보임) • 생기 넘치는
태도	• 얼굴을 쉽게 붉힘 • 위협적이지 않은 • 순응적인	• 책임을 지는 ('내가 보스') • 힘있는	• 엄숙한 • 조심스러운 • 통제된	• 자유로운 • 한가한
신체 스타일	• 꾸준한 • 말없이 노력하는	• 빠른 • 안달하는	• 느린 • 너무 신경 쓰는	• 빠른 • 마구잡이의
목소리	• 일정한 톤 • 계속하여 긍정 ('그래''응'등을 자주 언급)	• 힘이 실린 • 단호한 • 터놓고 말하는	• 낮고 • 단조로운 • 말하기 전 주저하는	• 쉽게 웃는 • 고음과 저음 모두 사용 • 크고 빠르게 이야기하기
주된 표현	"어떻게 생각하는데?"	"일단 한번 해보자구"	"~를 알아봐야겠는데"	"즐기자구"

다. "나는 추진력이 있고, 확신에 차 있으며 일을 완수해낼 것이
다." 분석가 성격의 눈은 이런 메시지를 보낸다. "나는 아직 확신
할 수 없어서 지금 그것을 생각하고 있는 중이다. 몇 가지 확인해
볼 것이 있다." 동기부여자 성격의 눈은 이렇게 말한다. "나는 인
생을 즐기고 있다. 순간순간 충실하며 재미를 느낀다."

이 성격 중 한 가지 내지 두 가지가 사람을 지배하며, 눈은 이

지배적인 성격을 나타내는 창이다. 사람들은 이 네 가지 성격 모두를 어느 정도 지니고 있지만, 이들 중 한 가지 내지 두 가지가 대부분을 지배하고 있다. 당신이 만난 사람 중 15~20% 정도의 사람은 네 가지 성격을 균형 있게 보여줄 것이며, 따라서 이들은 네 가지 성격이 두루 섞인 신호를 보내고 있기 때문에 신체언어를 통해 이들을 파악하기는 어려울 것이다.

그러나 대부분의 사람(80~85% 정도)은 완전히 무의식적으로 그들의 성격을 드러내는 아주 분명한 얼굴과 목소리, 태도의 신호를 보낼 것이다. 당신은 사람을 처음 만나 1분 안에 그 사람의 눈이나 얼굴, 목소리나 태도에서 나온 단서를 통해 그 사람의 성격을 파악할 수 있다. 나는 사람을 처음 볼 때 눈을 보고서 그 사람을 제대로 파악할 수 있는 경우가 75%나 되기 때문에 항상 눈을 먼저 쳐다본다.

눈은 성격을 나타낸다.

만약 당신이 만난 고객의 성격을 안다면, 당신은 고객과 최적의 관계를 형성하기 위해 제안할 때 취해야 할 수단을 정확하게 알게 될 것이다. 이것이 이른바 TEAM역학이다. TEAM역학은 고객이 자신의 재무상담사가 자신의 스타일과 잘 연계되어 있으며, 자기 위에서가 아니라 자신과 함께 일하고 있다고 느끼도록 해준다.

어느 투자회사는 주요고객인 교사의 403(b)플랜*을 설계해주는 자사 재무상담사에게 이 프로그램을 사용했다. 왜냐하면 자사 브로커와 담당고객의 성격이 전혀 다르기 때문이었다. 브로커는 기

---

* 교육기관과 특수 비영리기관 등 공공적 성격의 비영리기관의 종사자를 위한 확정기여형 퇴직연금제도__역자

업가/동기부여자의 성격을 지니고 있었으나 고객인 교사 대부분은 협동가/분석가의 성격을 지니고 있었다.

신체와 목소리의 신호를 파악하는 법을 배움으로써, 재무상담사는 자신의 대화 스타일이나 진행단계를 고객이 훨씬 편안하게 느낄 수 있도록 변화시킬 수 있었다. 고객의 성격에 대한 지식이 당신의 접근방법이나 서비스제공에 어떤 방식으로 영향을 미칠까? 생각할 수 있는 모든 방식으로 영향을 미칠 것이다. 만약 고객의 성격을 안다면, 그에 따라 접견하는 방법이나 사소한 이야기의 분량, 주제선정 등을 다르게 해야 한다. 또한 제안의 진행속도나 내용 그리고 사후점검도 다르게 해야 한다.

예를 들어 성격에 따라 제안에 대한 선호도가 다를 수 있다. 만약 당신이 이것을 간파하고 각각의 성격이 선호하는 상황을 제공할 수 있다면, 고객은 당신에 대해 좋은 감정을 가질 것이고, 따라서 고객으로 모실 수 있는 기회가 한층 더 높아질 것이다. 네 가지 성격이 선호하는 상황을 한번 살펴보자.

협동가 성격

협동가 성격은 "어떻게"라고 묻는다. 예를 들어 "어떻게 이렇게 연결되나요?" "이 투자가 어떻게 될까요?" 또는 "내가 지금 제대로 하고 있는지 어떻게 알죠?"라고 묻는다.

협동가 성격은 차례차례 분해하고 확인해 나가고자 하는 니드를 지니고 있다. 이 성격은 진지함, 일관성, 헌신을 추구하며, 질문을 받는 것을 좋아하고, 부드럽게 이끌어지기를 원한다.

협동가 성격을 다룰 때는 마음속으로 다음 열 가지 요소에 주의

하라.

1. '함께'를 의미하는 언어를 사용하라. "우리의 계획은", "우리가 해야 할 것은."
2. 지원하는 접근방법을 사용하라. "이것이 오늘 모임 이후 선생님을 위해 우리가 해야 할 일입니다."
3. 헌신과 관련된 말을 사용하라. "이 일은 평생 동안 해야 할 것이라 생각합니다. 그래서 우리는 장기계획만을 수립합니다."
4. 단계별로 구분된 큰 그림을 설명하라. "자, 우리의 전략을 이 네 가지 단계로 쪼개어 살펴봅시다."
5. 고객에게 진지하게 관심을 표명하라.
6. 진행속도를 늦추고 고객을 밀어붙이지 마라.
7. 고객에게 경청하는 자세, 존중하는 자세를 취하라.
8. 생색을 낸다거나 마음대로 한다거나, 권위주의적인 모습을 보이지 마라.
9. 고객 스스로 두려움을 해결할 수 있도록 도와줘라.
10. 고객 스스로 결정할 수 있도록 시간을 줘라.

기업가 성격

기업가 성격은 협동가 성격과 정반대이다. 협동가 성격이 느낌 위주라면 기업가 성격은 결과 위주이다.

기업가 성격은 "무엇"과 "왜"를 묻는다. 예를 들면, "받아들여야 할 사실이 뭐죠?" "이것 가지고 뭘 하려는 겁니까?" 또는 "왜 그것이 필요하죠?"라고 묻는다.

기업가 성격은 책임감 있고 도전적이며 솔직하고 경쟁적이다. 이 성격은 자의식이 강하며, 남에게서 무엇을 해야 한다는 말을 듣는 것을 좋아하지 않는다. 기업가 성격은 시작된 일이 완결되지 않았을 때 종종 참지 못하고서 화를 내곤 한다. 기업가 성격은 어떻게 하면 일이 완결되는지 알고 있기 때문에 당신에게 동일한 역량이 있는지 확인하기를 원한다.

기업가 성격을 다룰 때는 다음 열 가지 핵심요소를 따른다.

1. 핵심을 파악하라. "여기 2쪽으로 정리된 자료가 있습니다."
2. 세부적인 것으로 고객을 지겹게 하지 마라.
3. 진부한 농담이나 길고 지겨운 이야기로 고객을 괴롭히지 마라.
4. 고객의 의견을 먼저 묻고 자신의 의견은 나중에 제시하라.
5. 고객의 시간을 존중하라.
6. 곧장 고객에게 큰 그림을 보여줘라.
7. 적절한 정보만으로 간결하게 말하라.
8. 고객에게 가능성을 보여줘라.
9. 고객이 요구하기 전에는 무엇을 해야 할 것인지 말하지 마라.
10. 평이하게 말하라. 고객은 아마 영업전단지의 선전문구와 같은 말은 금방 알아챌 것이다.

분석가 성격

분석가는 상세한 것을 요구하고 느리지만 사색적이며 이성적인 성격이다. 분석가는 자신과 다른 사람에 대해 높은 기준을 설정하고 있다. 그들은 자신이 생각하고 있는 것에 대해 종종 회의적이며 비관적이다. 그들은 강요받거나 쫓기는 것을 싫어한다.

분석가 성격은 "무엇", "왜", "어떻게"란 질문을 자주 한다. 예를 들면, "이것이 최선책이라는 것을 어떻게 알 수 있나요?", "예상대로 안 되면 어떻게 하나요?", "당신은 왜 그 회사의 펀드를 선택했나요?" 또는 분석가에게서 자주 듣는 말로 "그걸 어떻게 증명할 수 있죠?" 등이다.

이들에게는 다음 열 가지 핵심요소를 사용하라.

1. 고객이 적은 정보로 큰 결정을 할 것이라 기대하지 마라.
2. 증명할 수 없는 것은 주장하지 말고 지킬 수 없는 약속을 하지 마라.
3. 진행속도를 늦추고 고객에게 결정할 시간을 줘라.
4. "고객께서는 이것을 좋아하실 것입니다"라는 식의 말을 하지 마라.
5. 데이터와 문서자료를 제공하라.
6. 고객의 감정을 자극하거나 시시콜콜한 이야기를 하거나 흥분을 야기하여 고객을 납득시키려 하지 마라.
7. 고객을 설득하기 위해 완벽한 논리를 구사하라.
8. 고객이 요구하는 문서자료와 증거를 준비하기 위해서는 대단한 인내심이 필요하다.
9. 미리미리 준비하되 꼼꼼하고 체계적으로 하라.
10. 수익은 물론 위험에 대해서도 똑같이 설명하라.

동기부여자 성격

동기부여자는 분석가와 정반대이다. 분석가가 논리적이고 철저하며 세부적이라면, 동기부여자는 훨씬 감정적이고 충동적이며 세세한 것을 싫어한다. 동기부여자는 대화, 동료의식, 어울리기, 당신이 좋은 사람이라는 느낌 등으로 설득할 수 있다. 동기부여자는 말하는 것을 좋아하지만, 기꺼이 당신의 충고를 경청하기도 한다. 그들은 세세한 것에 파묻혀 있는 것을 싫어하기 때문에, 다른 사람에게 위임하려는 경향이 크다.

동기부여자 성격은 "누구"라는 질문을 하기 좋아한다. 예를 들어 "이 동네에서 누가 당신 고객인가요?"(VIP가 있는지 알아보려고), "당신이 말하는 이 펀드는 누가 운용하는 건가요?" 또는 "내 동호회 사람 중에 아는 사람이 누군가요?" 등이다.

동기부여자와 일을 진행하려면 다음 열 가지 요소를 지켜라.

1. 편안하고 일상적인 분위기를 조성하라.
2. 시간을 가지고 많은 이야기를 하며 고객을 파악하라.
3. 제안하는 도중에 제안과 동떨어진 일이 벌어지는 것을 두려워하지 마라.
4. 미소를 지어라.
5. 빠르게 진행하되 흥미롭게 하라.
6. 열정을 보여주며 유머감각을 지녀라.
7. 다른 사람의 추천장을 제시하라.
8. 약관이나 두꺼운 자료집 사용을 피하고 몇몇 주요정보만 제공하라.
9. 고객에게 삶의 목표와 낙천적 가치관을 말할 기회를 제공하라.
10. 고객의 꿈을 지원할 수 있는 계획을 제공하라.

여기서는 모든 고객에게 좋은 본능적 느낌을 불러일으키기 위해서는 다음과 같은 서로 다른 두 가지 사항을 잘 알고 실천해야 한다는 것을 기억해야 한다. 첫째, 당신이 주제를 얼마나 잘 이해하고 고객을 얼마나 잘 교육시킬 수 있는가? 둘째, 당신이 고객의 성격을 얼마나 잘 이해하고 고객의 스타일에 얼마나 잘 맞춰나갈 수 있는가?

여기서 논의하는 대인관계의 기술은 당신의 분석 및 상담기술과 마찬가지로 중요하다. 만약 이 두 가지에 다 뛰어나다면 고객이 다른 사람을 찾아나서는 일은 결코 없을 것이다.

너무도 많은 전문가가 전문역량만으로 살아남을 수 있다고 생각한다. 스토리셀러는 자신이 만나는 사람을 이해하는 것이 투자와 관련된 주제를 이해하는 것 못지않게 중요하다는 것을 알고 있다. 사람들이 감정에 따라 구매하기 때문에 이것은 진실이다. 고객은 "하자!" 또는 "안 돼!"와 같은 아주 직관적인 목소리를 내는 본능적 느낌에 따라 인도된다. 앞에서 언급한 신체언어를 파악하고 대화하는 기술을 익히게 되면, 당신은 금방 고객을 이해하고 이끄는 전문가가 될 수 있을 것이다.

5
소크라테스적 접근방법을 배우자
고객이 자신의 이야기를 하도록 만들기

답변을 잘하려면 이성이 필요하지만, 질문을 잘하려면 상상력이 필요
하다.

무명씨

질문은 지성의 창조적 활동이다.

프랭크 킹

당신은 영업현장에서 고객의 니드에 딱 맞는 제안을 했다고 생
각했지만 나중에 알고 보니 고객의 니드가 아니라 자신의 니드에
맞춰 제안했었다는 것을 깨달은 적이 얼마나 많은가? 또 당신은
성공으로 가는 사다리인 줄 알고 열심히 올라갔는데 나중에 알고
보니 엉뚱한 방향으로 가는 것이었다는 걸 깨달은 적이 얼마나
많은가? 우리 모두는 과거에 이런 시행착오를 수도 없이 겪어왔다.
영업을 하면서 당신이 저지르는 가장 큰 실수는 제안을 하기
전에 고객에 관하여 더 많은 것을 알아야 한다는 사실을 무시하는

것이다. 들뜬 상태에서 열정적으로 떠드는 자기의 이야기에 빠져 있어 고객의 이야기를 듣지 못하는 것이다.

브로커와 고객 간의 시간배분을 들어봤는가? 고객과의 만남에서 평균적으로 전체시간 60초 중 49초 동안을 브로커가 말한다고 한다. 전체시간의 82%를 차지해야 할 정도로 당신의 제안이 그렇게 중요한가? 어떤 사람이 시간의 82%를 차지할 정도로 뛰어나려면 영적 재능을 지녀야 할 것이다. 과연 브로커가 고객이 생각하고 느끼는 것을 알고 말할 수 있을 정도의 특수한 감각지각력을 갖고 있을까? 만약 브로커에게 이런 특수한 감각지각력이란 재능이 있다면, 고객이 말하기 전에 브로커는 고객의 모든 배경과 경험, 성공과 실패, 가치관, 돈과 관련된 희망을 알아야 한다. 브로커가 초자연적 독심술을 갖고 있어 고객에게 분당 11초만 말하도록 하는 것인가? 11초! 이 시간이면 화장실이 어디냐고 묻기에도 모자라지 않은가!

이같은 49초 — 11초라는 브로커와 고객 간의 대화와 관련된 통계자료는 몇 가지 중요한 인간관계의 기본법칙(지적인 판매와 관련된 법칙을 말하는 것은 아님)을 어기고 있다. 이 법칙은 다음과 같다.

* 고객의 경험과 고객의 관점을 배우는 데 더 많은 시간을 할애하면 할수록, 고객은 당신의 경험과 당신의 관점에 더 많은 무게를 부여할 것이다. 이 사실은 너무도 단순해서 최고의 영업전문가를 제외한 대부분의 영업전문가가 완전히 잊고 있다.
* 고객에게 먼저 질문을 하지 않고 말을 하게 되면, 고객이 요구하는 것을 제대로 말하고 있다고 확신할 수 없다. 고객이 자기의

목적을 말할 시간도 주지 않고서 어떻게 정곡을 찔렀다고 확신할 수 있겠는가?

거의 대부분의 영업훈련 프로그램이 좀 더 주의 깊은 경청기술의 필요성을 강조하고 있지만, 영업전문가는 계속 떠벌리면서 대화를 지배하고 있다. 어떤 고객이 이런 현실을 이렇게 표현했다. "어떤 세일즈맨은 자신의 목소리에 완전히 도취된 것 같더군요."

여기에서는 어떻게 하면 더 훌륭한 청취자가 될 수 있는지보다는 어떻게 하면 더 좋은 질문을 할 수 있는지를 소개한다. 올바른 질문을 할 때 사람들은 입을 연다. 당신은 고객과의 관계를 형성하는 데 필요한 단서에 주의해 발굴할 수 있는 충분한 감각을 가지고 있어야 한다. 올바른 질문을 하면 고객의 핵심적인 감정, 경험, 가치관, 희망 등을 알 수 있으며, 이를 통해 좋은 성과를 거둘 수 있다. 당신이 먼저 질문을 한다면,

- 무엇이 고객을 움직이게 하는지, 그들이 무엇을 견딜 수 있으며 무엇을 견딜 수 없는지, 피해야 할 민감한 감정적 문제나 고객과 유대감을 형성하는 데 사용될 수 있는 원칙(이것을 '지뢰 및 금광 찾기'라 부른다)을 이해하게 될 것이다.
- 고객이 당신의 질문에 감사해한다는 것을 알게 될 것이다. 상업적 계산이 아니라 인간적으로 관심을 보이고 있다는 것을 알고 고객은 감동할 것이다.

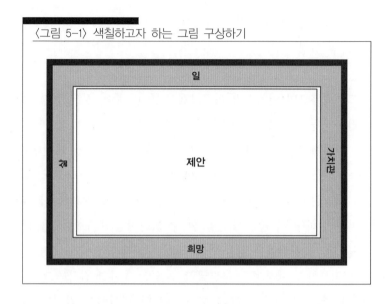
〈그림 5-1〉 색칠하고자 하는 그림 구상하기

일

가치관

제안

희망

당신이 색칠하고자 하는 그림 구상하기

영업훈련 전문가인 게리 드모스(Gary DeMoss)*에 의하면, 당신의 질문은 제안할 때 당신이 색칠하고자 하는 그림의 뼈대를 세우는 것과 같다고 한다(<그림 5-1> 참조). 훌륭한 제안은 예술작품이다. 이를 위해서는 창조력과 영감이 필요하다. 다른 관점에서 보면 뼈대를 세우는 것은 건설적 작업이며, 또 정밀한 탐문과 공정의 과정이기도 하다. 여기에서의 질문은 고객의 삶, 일, 가치관, 브로커 또는 재무상담사인 당신에 대한 기대 등 핵심 내용을 파악하는

---

* 밴 캠펜 컨설팅 사의 이사이자 금융전문가를 대상으로 대화 및 관계관리 기술에 대한 교육전문가. 이 책의 공저자인 미치 앤소니와 함께 『금융전문가를 위한 고객설득전략(The financial professional's guide to persuading 1 or 1,000)』을 저술함__역자

데 도움을 줄 것이다.

소크라테스적 판매

> 질문으로 인도할 수 있을 땐, 결코 설명으로 인도하지 마라.
>
> 소크라테스

당신은 아마 다음과 같은 카드 트릭을 본 적이 있을 것이다. 이 트릭은 먼저 종이 한 장에 하트 세 개를 그리고 이를 접어 주머니에 넣고서 시작한다. 그리고 청중 중에서 한 사람을 골라 카드를 맞추는 게임을 하려고 한다고 알려준다.

"자 카드 한 벌엔 네 가지 패가 있다는 것을 알고 있습니다. 아무거나 두 개를 고르십시오." 만약 그 사람이 "하트와 다이아몬드"라고 답하면, "그럼 그 둘 중에 하나를 고르시죠"라고 말한다. 만약 대답이 "하트"라면, "그래요. 그럼 당신이 선택한 패는?"이라고 물으면, 그 사람은 "하트"라 대답할 것이다.

당신은 "좋습니다. 그것을 그리세요. 자, 그럼 다음 분으로 넘어가도록 하죠."

만약 앞에서 그 사람이 "스페이드와 클럽"이라 말했다면, "좋습니다. 그럼 그것들을 버리면 무엇이 남아 있죠?"라 묻는다. 그럼 그는 "하트와 다이아몬드"라 대답할 것이다. "하트와 다이아몬드라, 그럼 그중 하나를 고르세요."

만약 대답이 "다이아몬드"라면 "그럼 남아 있는 것은?"이라고 물으면, 대답은 "하트"일 것이다. 당신은 "마지막 선택한 패가 하트라? 좋습니다. 그럼 그것을 그리세요. 자 그럼 다음 분으로 넘어가도록 하죠."

이 게임에서 당신은 사람들이 세 개의 하트에 도달할 때까지 계속하여 동일한 질문과 제거과정을 반복한다. 이 트릭에서 흥미로운 점은 당신의 기교로 참가자가 스스로 하트 세 개를 선택했다고 생각하게 하는 것이다. 당신이 하트 세 개를 그린 종이를 주머니에서 꺼낼 때 그들은 신기하게 생각할 것이다.

이 작은 심리게임은 소크라테스적 판매라는 개념을 이해하는 데 흥미진진한 도입부이다. 여기서 얻는 더 큰 교훈은 말로 인도할 수 있는 곳은 그곳이 어디든 질문으로 훨씬 더 효과적으로 인도할 수 있다는 점이다. 질문할 수 있을 때는 결코 설명해서는 안 된다.

카드 트릭에서는 이미 선택된 것을 사람들이 선택하도록 조작하는 방법을 사용했다. 이 과정에서 우리는 그것을 마치 그들 자신이 선택한 것처럼 유도했다. 이런 조작이 적절한 때, 예를 들면 자녀의 선택과 관련해 우리가 이미 무엇이 자녀에게 최고의 선택인지 알고 있을 때가 있다. 이와 비슷한 경우를 판매현장에서도 경험했을 것이다. 고객에게 필요한 것이 무엇인지 정확히 알고 있지만, 만약 직접 그것을 말한다면 고객이 자의식, 고집, 오해 등으로 당신의 조언을 거부할 것이라는 사실을 알고 있는 경우가 그랬을 것이다. 아마 그런 상황에서 당신은 설명해야 했던 바로 그것에 대해 사려 깊은 질문을 던지는 기법을 사용해서 고객 스스로 자신의 이야기를 하도록 했을 것이다.

조작이라는 말은 아주 자주 불명예스러운 의미로, 부정적인 강압이나 통제의 의미로 사용된다. 그러나 '조작'이라는 말은 "한쪽 방향이나 다른 방향으로 영향을 미치거나 움직이게 하는 것"을 의미하는 가치 중립적 단어이다. 만약 당신이 설득력을 활용해 타인에게 그의 삶에 이익이 되는 것을 하도록 유인하는 경우에도, 조작하는 것이 된다. 그 목적이 고귀하고 동기 또한 순수하기 때문에 이런 설득은 조작이라기보다는 대개 좋은 영향력으로 불린다.

이 소크라테스적 접근방법은 지적인 질문에 내재한 조작의 위험성보다 지적인 질문이야말로 가장 훌륭한 설득방법이자 좋은 영향력이라는 커다란 교훈에 초점을 맞추고 있다. 우리는 지적이고 날카로운 질문을 하는 기술을 연마한 재무상담사가 지적인 대답을 하는 데도 뛰어난 기술을 지니고 있음을 봐왔다.

그러나 그 반대가 항상 성립하는 것은 아니다. 지적인 대답을 할 수 있는 많은 전문가가 종종 어리석고 잘못된 질문을 하거나 전혀 질문을 하지 않는다. 거의 질문을 하지 않는 사람은 순전히 자신의 가정에 따라 움직인다. 이것은 영업을 하는 모든 사람에게 위험한 게임이다.

황금 캐기

지적인 질문을 하는 사람은 생각이 깊은 사람이다. 지적인 질문은 채굴과 같다. 당신은 황금을 캐기 위해 땅을 파고 있다. 고객의 마음의 벽과 기억의 벽을 뚫어 당신이 관계할 수 있는 광맥을 찾고 있다. 지적인 탐문은 고객의 삶과 관련된 정보를 단순히 수집하는 것보다 훨씬 유익하다. 지적인 탐문은 여러 가지 상호 유기적인 좋은 결과를 창출할 수 있다.

- 사람들은 질문받기를 좋아한다.
- 사람들은 자신의 삶에 대해 이야기하기를 좋아한다.
- 사람들은 질문하는 당신을 존중한다.
- 사람들은 질문을 받으면 자신이 더 중요해진 듯 느낀다.

전통적인 영업훈련은 영업과정을 세 개의 범주, 발굴 — 제안 — 계약체결(또는 계약예약)로 구분하고 있다. 많은 영업전문가는 성급함이나 경솔함으로 인해 발굴과정을 형식적으로 지나치고 제안을 통해 고객의 환심을 사는 데 자신의 모든 능력을 쏟아붓는다. 그러나 계약체결률은 제안능력보다는 발굴과정에 더 많이 좌우된다. 고객과 상품이 서로 맞는지 확인할 수 있는 것도 발굴과정에서이며, 영업이 고객의 절실한 니드에 초점이 맞춰져 있다는 것을 확인하는 것도 발굴과정에서이다.

나는 비행기를 타고 여행을 하던 중 옆자리에 앉은 돈 많은 할머니와 투자에 관해 이야기를 했다. 할머니는 아주 강한 불만을 표시하면서 말했다.

"최근 브로커에게 맡긴 투자계좌를 전부 바꿔버렸어. 그 사람에게 얼마나 화가 나든지!"

"왜요? 그가 뭘 잘못 했나요?" 내가 물었다.

"글쎄, 나에게 일본시장에 상당한 돈을 투자하라고 하더군. 지금 아주 싸다고 하면서 말이야" 할머니가 말했다.

"그렇게 나쁜 생각은 아닌 것 같은데요." 내가 대답했다.

"뭐?" 그녀가 화를 벌컥 냈다. "브로커가 미리 물어봤다면, 내 사랑하는 남편이 제2차 세계대전 때 태평양에서 전사했다고 말해줬을 텐데. 남편은 일본군 폭격으로 죽었어. 만약 내가 단돈 1원이라도 적에게 투자한다면, 난 벌을 받을 거야. 암 벌을 받고말고!"

이런 일은 당신이 생각하는 것처럼 그렇게 드문 일이 아니다. 이 이야기를 듣노라면 몇 가지 의문점이 생길 것이다. 그 브로커는 할머니를 안 지 얼마나 되었을까? 얼마나 오랫동안 할머니의 자산을 관리해왔을까? 왜 할머니의 과거를 알기 위해 약간의 시간도 할애하지 않았을까? 이와 같이 고객의 특수한 사정을 발굴하지 못하고 지나칠 경우, 영업은 실패한다. 고객의 특수한 사정을 제대로 발굴하지 못한 채 진행되는 제안으로는 성공적인 영업결과를 얻기 어렵다.

많은 고객이 "묻지 않으면, 말하지 않겠어"라는 식의 자세를 취한다. 이런 태도의 저변에는 "나는 알 만한 가치가 있는 사람이야. 그러니 나에게 충분한 관심을 보여줘야만 할걸"이라는 의식이 깔려 있다. 또는 어떤 고객은 "당신이 나와 내 삶에 관심을 기울이지 않는데, 내가 왜 돼지에게 진주를 갖다 바쳐야 하지?"라는 태도를 고수하고 있다.

스토리셀러의 원칙: 당신의 질문수준은 고객에 대한 당신의 관심수준을 나타낸다.

만약 고객발굴에 충분한 시간을 투자하지 않는다면, 그것은 당신이 고객을 돕기보다는 상품을 판매하는 데만 더 관심을 두고 있음을 증명하는 것이다.

자극적이면서 날카로운 질문을 만들어낼 수 있는 잘 훈련된 기

> 만약 고객발굴에 충분한 투자를 하지 않는다면, 그것은 당신이 고객을 돕기보다는 상품을 판매하는 데만 더 관심을 두고 있음을 증명하는 것이다.

술은 최고의 재무상담사에게서 볼 수 있는 가장 두드러지면서도 공통적인 요소이다. 물론 이들은 아주 뛰어난 경청자이기도 하다. 고객은 이들 브로커나 재무상담사가 보여주는 진지하고 순수한 관심을 암묵적으로 기록해두고 있는 것처럼 보인다. 이들 재무상담사는 수다를 떠는 능력 이상으로 고객이 자신의 이야기를 할 수 있게 하는 타고난 능력을 지니고 있다. 이들 재무상담사는 귀를 기울이고 있는 동안에도 직관적으로 고객의 투자에 대한 전체 그림이 될 퍼즐 조각을 하나하나 맞추고 있다.

고객이 자신의 이야기를 할 수 있도록 하는 데 기막히게 뛰어난 기술을 지닌 몇 사람이 있다. 그 중 한 사람이 래리이다. 그는 7년 동안 연속해서 회사 내에서 최고의 영업실적을 올렸다. 래리의 판매를 지켜볼 때 신기한 것은 그가 결코 판매를 하고 있는 것처럼 보이지 않는다는 점이다. 그는 고객에게 그들의 배경과 현재까지의 경험에 대해 질문하기를 좋아한다. 그는 이런 식으로 질문을 한다. "어떻게 사업을 시작했습니까?" 이 질문을 통해 고객의 열망과 시련이 담긴 재미있는 자서전적 이야기가 술술 나오게 된다.

래리는 고객이 말을 할 때, 성향, 주된 감정문제, 태도, 그리고 가장 중요한 것으로 두려움을 하나하나 점검하기 시작한다. 래리는 두려움(Fears), 불확실성(Uncertainties), 의심(Doubts) — 그는 이것을 FUD라 부르길 좋아한다 — 을 다루는 기술을 완벽하게 익혀왔다. 그는 사람들이 이익보다는 결과에 따라 더 많이 동기부여된다는 철학을 가지고 활동했다. "목사가 지옥에 대해 말할 수 없다면,

얼마나 많은 사람이 개종하겠는가?"라고 래리가 질문을 던지는 것처럼, 사람들은 무언가를 얻고자 하는 생각보다는 무언가를 잃을지 모른다는 생각에 의해 훨씬 더 많이 자극받고 행동한다.

래리는 고객이 맞서 싸우고 있는 지배적인 두려움이나 불안감을 직관적으로 파악했을 때, 단순하고 날카롭게 그것을 표현했다. "만약 고객님의 문제를 단순화시키고자 하신다면, 다음과 같이 하시는 것이 좋을 듯합니다" 또는 "만약 고객님이 밤에 편히 주무시기 위하여 안전한 데 투자하고자 하신다면 고객님은 …….."

래리가 탁월한 영업적 성공을 거둔 열쇠는 고객에게 그들의 행동을 이끌어내는 두려움, 불확실성, 의심을 찾아내고, 이들 두려움 등을 해결할 수 있는 유익한 제안을 한 것이다.

최고의 재무상담사가 발굴과정에서 가장 중요하게 생각하는 기본적인 좌우명은 중요한 부분을 파고들어 핵심에 도달하라는 것이다. 소크라테스적 접근법은 최고의 재무상담사가 실천에 옮기는, 이런 핵심적 진리를 깨닫게 하는 설득의 철학이다.

- 입이 움직이는 동안에는 결코 배울 수 없다.
- 올바른 질문을 하라. 그러면 사람들이 자기들에게 무엇을 어떻게 팔 수 있는지 말해줄 것이다.
- 만약 당신이 고객에게 필요한 것을 갖고 있지 않다면, 그 사실을 말하라.

크게 성공한 브로커가 현명한 질문자이자, 진심으로 관심을 나타내는 경청자라는 것이 우연의 일치일까? 그들이 특정상품을 강매하기보다 고객의 니드를 충족시키는 데 관심을 더 많이 가지고 고객에게 고향이 어디냐고 물을 때, 브로커는 고객의 눈이 밝게 빛나며, 그의 얼굴에 다정하고 향수 어린 미소가 그려지고, 그가 마치 그 옛날의 마을로, 어린 시절로, 자라났던 집으로 옮겨진 것처럼 보인다는 것을 발견했다.

있다는 것이 우연의 일치일까? 그렇지 않다. 그들은 단순히 주어진 영업목표나 최소한의 윤리기준을 지키는 것 이상을 생각한다. 한 브로커는 이렇게 말했다. "황금률을 준수함에 따라 많은 돈을 벌었습니다."

애틀랜타에서 아주 유망한 투자회사를 운영하고 있고, 『베이비붐 세대의 재무적 일깨움(The Baby Boomer's Financial Wake-up Call)』이라는 책의 저자이기도 한 케이 셜리(Kay Shirley)는 "내 자신이 이용해보지 않은 상품은 고객에게 결코 팔지 않는다"라는 황금률을 갖고 고객을 대하고 있다.

고객이 자신의 얘기를 하도록 유도하기

모든 사람은 보는 관점에 따라, (A) 똑같거나, (B) 일부분만 비슷하거나, (C) 서로 각각 다르다.

C. 크러크홈과 H. 머레이

당신 맞은편에 앉아 있는 사람은 누군가? 단지 또 한 쌍의 은퇴한 노부부, 또 한 사람의 베이비붐 세대, 또 한 사람의 과부, 또 한 사람의 선생님, 또 한 사람의 자영업자일 뿐일까? 그들은 인구통계나 사회적 계층 등 몇 가지 측면에서 다른 사람과 유사하다. 아마 사회적 경력이나, 희망, 두려움에 있어 유사한 것을 서로 공유하고 있을 것이다.

그렇다고 그들의 삶의 단계나 경력만 알고서 당신이 파악해야 할 모든 것을 알고 있다고 여기는 것은 옳지 않다. 모든 사람은 다른 사람이 자신의 특수성을 인정해주기를 바란다. 이것은 인간이 일련의 주민등록번호나 계좌번호에 의해 구분되는, 상당히 몰개성화된 시대일수록 더욱 그렇다. 당신이 고객의 살아온 인생을 많이 알면 알수록, 고객은 당신을 점점 더 편하게 대할 것이다.

나는 내 고객의 배경 즉 자란 곳, 사회적 경험, 자녀, 그리고 여행 등에 대해 가능한 많이 알고자 하는 데 초점을 맞춰왔습니다. 그것은 내가 일찍이 과거 경험을 통해 겉모습에 종종 속아왔다는 것을 깨달았기 때문입니다. 나는 책의 겉표지만 보고 책을 판단하고는 했습니다. 내가 질문을 하기 전까지는, 내 앞에 앉아 있는 국제적인 숙녀로 보이는 분이 두메산골에서 자랐다는 사실을, 초라한 옷을 입고 있는 순박한 그 남자가 세계일주를 했다는 사실을, 평범해 보이는 그 기능공이 한때는 세계적인 운동선수였다는 사실을 알 도리가 없었습니다. 내가 그런 사실을 알았을 때, 나는 그들에게 개인적으로 더 많은 호감을 갖게 되었고, 그들 역시 그러한 나의 호의에 답하는 것 같았습니다.

길 A., 브로커

최고의 재무상담사와 대화하고 이들을 관찰하는 동안, 우리는 이 사람 중 몇 사람이 사용한 지혜로운 발굴방법에 흥미를 느끼게 되었다. 그리고 여기에서 발견했던 최고의 질문을 LIFE발굴모델로 체계화했다. LIFE(Life Inventory of Formulative Experiences: 인생경험목록)발굴모델은 질문을 통해 고객이 스스로 얘기를 하도록 함으로써 고객이 중요하게 생각하는 심각한 감정이나 가치관, 희망 등을 알아내는 것이다.

- 고향이 어디입니까?
- 무슨 일(현재 또는 과거)을 하십니까?
- 지금까지 살아오면서 제일 잘한 재무적 의사결정은 무엇입니까?
- 고객님의 재무적 의사결정에 따라 미래가 좌우될 다른 사람이 있으십니까?
- 고객님의 투자원칙이나 도덕적 이유 때문에 투자하고 싶지 않은 주식이나 회사가 있습니까?

질문 1: 고향이 어디입니까?

65세 이상의 노인시장에 특화한 어떤 브로커는 항상 이 질문으로 시작한다고 한다(물론 이 질문은 어느 연령대의 사람에게도 잘 통한다). 이 브로커는 의자에서 일어나 사무실 벽에 걸린 미국 지도에 고객이 말한 지역을 핀으로 표시한다. 이런 행동은 종종 대화가 자연스럽게 진행되도록 하는 윤활유 역할을 한다.

고객에게 고향이 어디냐고 물을 때, 브로커는 고객의 눈이 밝게 빛나며, 그의 얼굴에 다정하고 향수 어린 미소가 그려지고, 그가 마치 그 옛날의 마을로, 어린 시절로, 자라났던 집으로 옮겨진 것처럼 보인다는 것을 발견했다. 고객은 과거의 숭고한 기억을 상기해내는 이 기회를 음미하는 듯 보였다.

고객은 그 시대가 어떠했는지 그리고 어떻게 변화했는지 이야기했다. 그는 부모, 형제자매, 친구, 활동, 학교생활, 놀이, 첫 번째

직장, 부모님의 일과 역할, 그리고 고향을 떠난 이유를 이야기했다.

"고향이 어디입니까?"라는 말은 기억의 오솔길을 따라 자서전적인 산책을 하도록 하는 계기가 된다. 그런데 이 질문이 투자문제와 무슨 관련이 있는가? 아무 관련도 없다. 그러면 이 질문이 투자자와 무슨 관련이 있는가? 모든 게 관련되어 있다. 고객의 대답에는 고객이 중요하게 생각하는 기본적 가치관, 믿음, 우선순위, 꿈 등 수많은 것이 다 녹아 있을 것이다.

은퇴한 엔지니어와 그의 아내에게 고향이 어디냐고 물었을 때, 그들은 갑자기 웃음을 터뜨리더니 이야기를 시작했다. 재무적 의사결정에 따른 스트레스와 긴장은 순식간에 사라져버렸다. 그들은 그들이 자랐던 옛날의 뉴잉글랜드에 대해, 그들이 어떻게 처음 만났고 어딜 자주 갔었는지에 대해 이야기했다.

보수적이고 사려 깊은 엔지니어인 프랭크는 느닷없이 이야기 하나를 꺼냈다. 그를 아는 옛 마을 사람들 이야기였다. 그의 별명은 '변강쇠(Hots)'였다. 그는 절제 있고 곧은 자기 성격과 이 별명이 완전히 반대되는 것이라서 오히려 이 별명을 아주 좋아하는 것 같았다. 이 별명은 젊은 시절 그 의미와 전혀 상관없는 일 때문에 붙여졌다.

프랭크는 16세 때 운전면허 교육을 받던 중 선생님이 가속하는 법을 가르쳐준 일을 설명했다. 프랭크는 가속페달을 너무 세게 밟아, 윙하고 공회전만 계속했다. 그 다음날 선생님은 프랭크 반 학생에게 그 얘기를 하면서, 타이어를 뜨겁게 달궜다며 프랭크에게 변강쇠라는 별명을 붙여줬다. 오십 년이 지난 후에도 그 별명은 따라다녔고, 그의 아내도 그를 자주 변강쇠라 불렀다.

고객에게서 이런 이야기를 들을 때 그 사람의 태도가 변하는 것을 보면 놀랄 정도이다. 사람들은 브로커의 사무실에 재미삼아

가보거나 단지 경험삼아 가보지는 않는다. 치과의사나 장의사를 방문하는 것과 비교할 수 없지만, 공원에서 산책하는 것처럼 편안하지는 않다. 돈 문제는 그 자체만으로도 어느 정도 스트레스를 준다. 고객에게 그들의 과거에 대해 이야기하도록 하는 것은 이런 스트레스를 푸는 역할을 한다.

이와 같은 느긋한 분위기는 LIFE발굴과정의 부수적 이점이며, 관계를 형성하는 데도 도움이 된다. 재무상담사가 고객으로 하여금 이야기를 하게 하고, 스스로를 설명하게 하고, 향수에 젖도록 하고, 해학적인 통찰을 하도록 하는 것은 많은 고객을 항상 따라다니는 불신의 틈새를 연결하는 다리의 기초뼈대를 세우는 것이다. 마음을 누그러뜨리는 질문은 고객의 방어하고자 하는 마음을 없앰으로써, 결과적으로 고객과의 만남을 더욱 우호적으로 만든다.

이런 질문의 주요성과는 고객 스스로 자신의 개인적 유산과 가족유산 그리고 근저에 깔린 가치관을 보여준다는 것이다. 만약 고객이 목표로 하는 곳에 도달하도록 돕고자 한다면, 그들이 어디에서 왔는지 알 필요가 있다. 고객의 고향에 대한 질문은 고객에게 무엇이 중요한지, 고객의 가족에게 무엇이 중요한지, 그리고 고객의 꿈과 희망이 무엇인지 판독해내는 데 도움을 줄 것이다.

"고향이 어디입니까?"라는 질문의 또 다른 중요한 이점은, 고객에게 자서전적인 설명을 하도록 유도할 때, 고객이 뒤에 이어지는 제안에 치명적인 지뢰가 될 수 있는 부분 — 예를 들면 태평양전쟁에서 남편을 잃어 일본 주식에 투자하고 싶지 않은 할머니처럼 — 을 미리 알려준다는 점이다.

지금까지 여러 브로커와 재무상담사가 겪은 사례를 정리해보자.

- 브로커가 추천하고자 했던 회사에서 감원 조치된 고객
- 사고 후, 재무상담사가 가장 선호하는 HMO(Health Maintenance Organization)*로 인해 아주 불쾌한 경험을 겪은 고객
- 유명한 자동차회사의 생산과정 중 재해사고로 사랑하는 사람을 잃은 고객
- 과거에 유산문제로 가족이 각각 등을 돌린 경험이 있어 미래에는 그 같은 일을 피하고자 하는 고객

이런 이야기는 고객의 과거를 묻는 질문과정에서 나타난다. 잊지 못할 인생경험을 장황하게 설명했는데도 만약 브로커가 알아채지 못하고 제안을 계속하면, 고객은 순식간에 제안내용에서 감정적으로 멀어진다. 모든 사람의 삶속에는 잠재적인 감정문제와 인생을 바꾼 충격이 있다. 무심코 실수를 하거나 더욱 나쁘게 치명적인 지뢰를 밟기 전에 그러한 내용이 무엇인지 파악하는 것이 당신의 일이다.

다음 사례는 상품제안 전에 삶의 여정을 묻지 않아 어떤 결과가 벌어졌는지를 보여준다.

어느 보험설계사가 저희 부부 앞에 앉아서, 생명보험상품과 투자상품을 구매해야 하는 주된 동기 중 하나가 자녀의 대학교육에 대한 준비를 하기 위해서라고 설명하기 시작했습니다. 그런데 전 이 사내가

---

* 미국 의료보험 기관의 하나로 이 기관이 지정한 의사 및 병원에서 진료를 받을 경우에만 의료보험 혜택을 주는 제도__역자

저희에게 애들의 교육자금을 어떻게 생각하고 있는지 묻지도 않고서, 저희의 동기가 어떠해야 한다고 말하는 것은 다소 주제넘은 짓이라고 생각했습니다. 아내와 저 둘 다 부모에게서 거의 아무런 도움도 받지 않고 학교를 마쳤습니다. 저희는 이 점에 대해 많은 이야기를 나누었고, 스스로 학비를 조달한 경험이 저희의 직업윤리를 강화하고 좋은 성격을 만들었다고 느끼고 있었습니다. 그리고 부모에게서 학비보조를 받았던 꽤 많은 동창이 배울 기회를 낭비하고 흥청망청 지내는 것을 보았습니다. 그래서 저희는 아이들이 스스로 대학진학을 위한 학비를 벌고, 그들이 저축한 액수만큼 학비를 보조하고, 그러고도 부족한 부분은 학자금대출을 이용하기로 결정했습니다. 만약 그 보험설계사가 질문을 했다면, 저희 생각을 설명했을 것입니다.

그 설계사는 저희에게 단 하나의 상품도 판매하지 못했습니다.

그런데 다른 보험설계사는 저희 삶에 대해 물어보면서 시작하더군요. 그것은 그가 할 수 있었던 가장 좋은 방법이었습니다. 그는 제 아내가 결혼한 지 6개월 만인 21살 때 첫 번째 남편을 암으로 여의었다는 것을 알게 되었습니다. 그 사람은 죽기 전에 생명보험증권의 보험수익자를 부모에서 아내로 변경하는 수익자 변경신청을 잊었습니다. 생각할 수도 없고 용서할 수도 없는 몇 가지 이유로 그의 부모는 사망보험금을 가로챘고, 그의 미망인 즉 지금의 제 아내는 남편의 사망보험금을 한 푼도 받지 못한 채 모든 것을 잃고 파산했습니다.

결과적으로 제 아내는 제가 그녀보다 먼저 죽을 경우 발생할 생계와 관련된 또 다른 복잡한 문제에 대해 아주 심한 두려움을 지니고 있었습니다. 따라서 그녀의 불안을 해소하는 데 있어 생명보험 보험금액의 많고 적음은 전혀 문제가 되지 않았습니다. 그 보험설계사는 질문을 했기 때문에, 저희에게 생명보험상품을 판매할 수 있었습니다.

"고향이 어디입니까?"라고 물어보는 것은 처음 봤을 때 하는 인사말 정도로 들린다. 그러나 적절한 목적과 탐정과 같은 진지한 호기심을 지니고 질문할 때 도출되는 답변은 브로커와 고객의 관계형성에 아주 좋은 영향을 미칠 것이다. 날씨에 대해 평범하고도 지루한 말을 지껄이는 것보다는 확실히 훨씬 낫다.

브로커의 첫 번째 관심사는 포트폴리오의 가치가 아니라 포트폴리오를 만들어내는 고객의 가치관이어야 한다.

질문 2: 무슨 일(현재 또는 과거)을 하십니까?

저는 나이든 신사에게 무슨 일을 하셨냐고 물었습니다. 그는 살아온 이야기를 하기 시작했으며, 그 이야기는 정말로 흥미진진했습니다. 이분은 제2차 세계대전 때 징병되었던 것 같습니다. 비행기 조종사로서 훈련을 이미 마친 그는 공군에 입대했습니다. 그러나 미국 정부에서 실시하는 훈련을 받지 않았기 때문에 비행기 조종사가 되는 데 우선권이 없었습니다. 요즘 세상엔 말도 안 되는 일이지만, 당시 정부정책은 정부를 위해 비행기를 조종하는 사람은 정부가 실시하는 훈련을 받아야만 했지요. 결국 그가 군복무를 마쳤을 때, 다른 조종사처럼 많은 전투비행시간을 갖지 못했으며, 전투비행경험을 기준으로 비행기 조종사를 채용하는 대형 항공회사에도 들어갈 수 없었습니다. 그래서 그는 평생 계약조종사로만 일하다가 은퇴했습니다. 그는 정부정책 때문에 제대로 돈을 벌지 못했다고 말했습니다.

저는 이 모든 것이 얼마나 진실한지 아니면 그의 변명에 불과한지 알지 못합니다. 그러나 그것은 그의 인생에 있어 중요한 이야기였습니다. 그는 비논리적인 정부정책에 자기가 희생되었다고 느끼고 있었습니다. 그는 이 이야기를 아주 격정적으로 이야기했습니다. 단지 정부가 실시한 훈련을 받지 않았다는 이유만으로 개인의 능력을 활용하지 않았다는 것은 정말로 우스운 일이라는 그의 말에 저는 동의했습니다.

그러고 난 후 저는 다음 단계로 넘어가 그의 이야기에 제가 팔고자 하는 가치펀드를 결부시켰습니다. 저는 많은 사람이 저와 같은 재무상담사가 과거 30년간 투자에 대해 배워온 모든 것, 말하자면 기업이란 하나의 사업으로서 기본적 가치를 창출하는 손익, 성장률, 경영경험 등에 의하여 평가받아야 한다는 사실을 무시하려고 한다고 말했습니다. 저는 "오늘날 그런 논리는 무시되는 듯합니다. 많은 경우에 시장은 일반상식과 반대로 움직이더군요"라고 말했습니다.

우리는 거기에서 서로 합일점을 찾았습니다. 그는 제 고객이 되었는데 이는 그의 삶을 꿰뚫고 있는 감정문제를 제가 이해하고 있다고 그가 느꼈기 때문이라고 생각하고 있습니다.

많은 사람이 자신의 정체성의 주요요소를 자신이 하고 있는 일이나 했던 일에서 찾아낸다. 이것은 삶에 있어 명백한 사실이다. 여러 상황에서 고객에게 직업경력을 물어보지 않는다면, 상호관계를 형성하는 데 의미 있는 기회를 놓칠 수 있다. 어떤 사람은 자신이 하고 있는 일과 아주 강하게 결합되어 있어, 그들에게 그것에 대해 말하도록 할 필요가 있다. 그들은 설명할 필요가 있고, 기억할 필요가 있으며, 심지어는 만족할 필요가 있는 존재이다. 그것은 그들이 누구인지와 관련하여 중요한 부분이다. 그들은 다른 사람이 자신의 업적을 알아보고 존경하기를 바라는 자의식을 지니고

있을 것이다. 만약 고객의 이름 뒤에 많은 꼬리표가 붙어 있는
것 예를 들면, 박사, 의학박사, 법학박사, 기타 자격증을 보았을
때 특히 이런 필요를 잘 조화시켜야 한다.

고객은 재산을 어떻게 축적했을까?

저는 고객의 자산을 관리하기 전에, 그 고객이 돈을 번 방법에 대해
건전한 존경심을 지니고자 합니다. 돈을 버는 데 얼마나 오랜 시간이 걸
렸을까? 고객이 선택한 위험은 어떤 종류였을까? 어디에서 돈을 벌기
시작했을까? 저는 이동식 집에서 시작하여 현재는 대궐 같은 집에 살고
있는 사람들에게서 많은 이야기를 들었습니다. 그들은 이야기하는 것을
좋아하며 저는 그 이야기를 듣는 것을 좋아합니다. 제가 관리하고자 하
는 돈의 이면에 숨어 있는 피와 땀과 눈물에 대해 알고자 합니다. 이것
은 저의 태도와 목적의식에 도움을 줍니다.

프레드 K., 재무상담사

고객의 재무적 미래를 안내하기 전에, 당신에게 위탁한 자산을
어떻게 모았는지 확인하라. 그것은 당신에게 고객에 대한 건전한
존경심을 가지도록 할 뿐 아니라, 고객에게도 진취적이고 건설적
인 느낌을 가지도록 할 것이다. 결국 좋은 감정으로 고객을 격려하
는 셈이 된다.

고객의 과거 직업이나 현재의 직업을 물어보고 나서, 저는 종종
"현재의 부를 어떻게 축적하셨습니까?" 하고 물어봅니다. 종종 고객은
부라는 단어에 만족해하면서 다소 우쭐거리는 것처럼 보이기도 합니다.

고객 대부분은 스스로 진짜 부유하다고 생각해본 적은 없었을 것입니다. 다른 사람과 비교할 때 그들이 부자이므로 저는 그들이 그렇게 생각하기를, 즉 그들 자신이 부유하다고 생각하기를 바랍니다. 또한 저는 그들이 부자가 실천하는 재무적 습관을 실행하기를 바랍니다.

알렉스 B., 브로커

질문 3: 지금까지 살아오면서 제일 잘한 재무적 의사결정은 무엇입니까?

고객에게 그들이 가장 잘 내린 재무적 의사결정을 묻는 것은 그들에게 개인적 성공을 만족스럽게 관조할 기회를 제공한다. 우리는 모두 삶의 성공에 관하여 말하길 좋아하지만, 허풍선이로 인식되기를 원하지는 않는다. "제일 잘한 재무적 의사결정은 무엇입니까?"라고 물음으로써 허풍을 적절하면서도 사회적으로 인정되는 것으로 만들 수 있다. 최선의 구매 또는 최선의 투자에 대해 말하도록 하면 고객의 긍정적 감정을 고양시킬 수 있다. 심지어는 몇몇 고객이 여태까지 내린 것 중 최악의 투자결정에 대해서도 자진해서 말하는 것을 들을지도 모른다. 이것을 듣고 당신은 그들이 경험은 했지만 배우지 못했던 교훈을 알려줄 수 있을 것이다.

여기서 말하는 고객의 성공은 그들 감정 속 깊이 뿌리박혀 있다. 그들만의 독특한 투자에 대해 자서전적 설명을 처음으로 듣고 그들과 올바른 감정적 관계를 형성해갈 기회를 확대시킬 수 있다.

어떤 재무상담사는 고객의 과거 흥망성쇠를 들은 후, 자신의 경험도 함께 나누면서 고객의 마음을 정말로 편하게 해준다. 재무상담사가 과거에 저지른 실수와 과거 경험에서 배운 교훈을 고객백 년 전 평균 기대수명은 44세였다. 65세 이상 인구는 미국 인구의 4%에도 미치지 못했다. 오늘날, 65세의 비흡연여성은 87세까지, 비흡연남성은 85세까지 살 수 있을 것으로 예측된다. 오늘날 미국에서 65세 이상 인구는 20%에 달하며 계속 증가할 것이다.

에게 얘기할 때, 종종 진실한 공감대가 형성된다. "말에서 50번 이상 떨어져보지 않은 사람을 절대 믿지 마라"는 옛말처럼, 고객은 개인적 성공과 마찬가지로 개인적 실패를 편안하게 말할 수 있는, 허세부리지 않는 사람과 함께 하고 있음을 느끼고 싶어 한다. 자신의 브로커나 재무상담사가 과거에 값비싸고 쓰라린 교

훈을 얻었다는 것을 알 때 고객은 편안해질 수 있다.

젊었을 때 고객에게 추천했던 어리석은 투자방법을 피하고 제대로 된 투자방법을 배우기 위해 재무상담사 연수를 받기 시작했다는 한 재무상담사와 상담한 적이 있지. 그는 겉으로는 훌륭한 것처럼 들리지만 실제로는 정반대인 몇 가지 전략에 대해 말해주더군. 그런데 그런 실수를 했던 이 재무상담사를 경원하기보다는 오히려 신뢰할 수 있게 되었어. 그가 혹독한 시련으로 단련되었기에 일시적 유행이나 어리석은 위험에 두 번 다시 빠지지 않을 거라고 생각했지.

레스터 T., 70세의 노인고객

질문 4: 고객님의 재무적 의사결정에 따라 미래가 좌우될 다른 사람이 있으십니까?

이 질문은 베이비붐 세대에게 적절한 질문이다. 이 세대의 많은 이는 스스로 생계를 유지하지 못하는 연로한 부모님을 부양할 준

비를 해야 한다. 베이비붐 세대는 그들이 어떤 의무를 져야 할지 가끔씩 생각은 해왔지만, 이런 의무를 자신의 은퇴계획으로까지 연결시키지는 않았다.

백 년 전 평균 기대수명은 44세였다. 65세 이상 인구는 미국 인구의 4%에도 미치지 못했다. 오늘날, 65세의 비흡연여성은 87세까지, 비흡연남성은 85세까지 살 수 있을 것으로 예측된다. 오늘날 미국에서 65세 이상 인구는 20%에 달하며 계속 증가할 것이다.

오늘날 베이비붐 세대는 부모님의 육체적·재무적 건강에 대한 책임감이 점차 커지는 현실에 직면해 있다. 몇몇 베이비붐 세대는 부모님이 집에서 장기요양치료를 받도록 하겠다고 결심하고 있다. 다른 이들은 부모님을 노인시설에서 사시도록 해야겠다고 생각하고 있다. 또 다른 사람은 자신이 부모님을 모시고 사는 편이 더 낫다고 생각하기도 한다. 넉넉한 재산이 없는 부모를 둔 자녀라면 재무설계에 이런 모든 결정을 반드시 포함시켜야 한다.

고객 대부분은 분명하면서도 현실적으로 이런 예상을 해왔으며, 그들의 은퇴 포트폴리오의 일정부분을 부모님을 돌보는 데 할애했을 것이다. 만약 이런 부모부양 시나리오가 별도로 이뤄지지 않거나, 당신과 고객이 그것에 대해 충분히 검토하고 설계하지 않는다면, 고객의 은퇴설계는 현실성이 떨어질 것이다.

여동생과 나는 부모님께서 노후를 어떻게 살아가시도록 할 것인지 수시로 의논했습니다. 그러나 우리가 준비해야 할 것이 무엇인지는 한 번도 분석해보지 않았습니다. 어머님은 평생을 가정주부로 사셨고, 아버님은 소유주가 여러 번 바뀌었던 회사에서 근무하셨기에 퇴직 후 받는 연금이 얼마 되지 않았습니다. 게다가 부모님은 오랜 결혼생활 끝에 이혼하셨으며, 이것이 과거 어느 때보다 당신들의 재무상태에 대한 전망을 흐리게 했습니다. 두 분 모두 과거 노후생활을 생각할 때 예상했던 것보다 더 많은 일을 계속 해야 합니다.

여동생과 나는 해가 갈수록 부모님의 미래를 걱정하는 부담이 점점 커지는 것을 느껴왔습니다. 그러나 그것에 대해 말만 할 뿐 아무것도 하지 않았습니다. 한 재무상담사가 그 돌파구를 소개하면서 내가 부모님의 미래를 위해 얼마나 많은 돈을 준비해야 하는지 계산하는 것을 도와줬습니다. 이 재무상담사는 예상되는 의무를 실행하기 위해 내가 앞으로 10년에서 15년 사이에 정확히 무엇을 해야 하는지 결정하는 것을 도와줬습니다. 추가저축으로 경제적 부담은 커졌지만, 감정적 부담은 한 천 파운드 정도 감소했습니다.

발터 M., 고객

발터의 이야기는 65세 이상의 사람에 대한 씁쓸한 아이러니를 지적하고 있다. 제10장에는 65세 이상 고객의 평균순자산이 48만 5,000달러라는 것을 보여주는 그림이 있다. 여기서 중요한 것은 고객이다. 수백만 명의 사람은 겨우 생계를 유지할 정도로 가난하게 살기 때문에 고객이 아닐 수 있다. 전체 퇴직자의 3분의 1은 2년 이내에 취업전선으로 다시 진출한다. 일부는 단지 일을 원해서 진출하지만, 다른 대부분은 생계유지를 위해 재취업한다. 노인 인구의 40%는 빈곤하게 살아가거나 빈곤에 가깝게 살아간다. 인플레이션과 배우자의 죽음으로 인한 연금의 감소는 노인에게 위협으로 다가온다. 인플레이션이 매년 5%일 때, 현재 사회보장제도의 최고급부액도 20년 후면 40%의 구매력만 유지할 것이며, 20년 후 사회보장제도 급부를 받을 사람은 약 20년간 혜택을 받을 것으로 예상된다. 또한 퇴직자의 수입에서 지출되는 항목 중 의료비용, 약값, 서비스요금 등의 증가도 고려해야 한다.

이 퇴직자 그룹은 투자할 돈이 없어 상담하러 오지는 않는다. 당신을 찾아오는 사람은 그들의 자녀이다. 이 베이비붐 세대의 많은 사람은, 부모가 노후에 보다 고상한 삶을 영위하도록 부양할 도덕적 의무로 인해, 돈을 벌고자 하는 그들의 욕망이 방해받거나 바뀌게 된다.

질문 5: 고객님의 투자원칙이나 도덕적 이유로 인해 투자하고 싶지 않은 주식이나 회사가 있습니까?

우리는 브로커와 재무상담사에게 이와 같은 질문을 했는지 묻곤 한다. 브로커나 재무상담사 중 단지 5~10%만 그렇게 했다고 대답했다. 고객에게 이런 질문을 했을 때, 다섯 사람 중 세 사람 정도는 개인적 도덕성으로 어떤 주식을 사는 데 반감을 지니고 있다고 말했다. 많은 사람은 부정적인 경험을 가지고 있는 업종, 회사, 심지어 특정 뮤추얼펀드에 투자하는 데도 강한 반감을 가지고 있다. 도덕적인 반대의사는 미온적인 것에서 격렬한 것까지 다양하다. 따라서 아무리 현명한 재무상담사라도 이런 문제를 피하려면 고객의 반감을 확인해야 할 것이다.

≪그린 머니 저널≫은 사회적 가치투자는 1조 달러, 즉 전체 투자자산의 10%에 달해 이제 하나의 추세가 되었다고 평가한다. 이런 사회적 가치투자의 추세를 이끄는 의식의 문제는 환경보호를 위한 실천운동에서 담배에 대한 분노에 이르기까지 다양하다.

'돈과 가치의 결합' 같은 주제의 금융업계 워크숍이 더욱 일반화되고 있다. 사회적 가치투자는 좋은 일을 하면서 돈을 번다. 사람들은 부유해지기를 원하지만, 파괴적이라고 생각하는 상품, 산업, 또는 회사를 통해 부유해지기를 원하지는 않는다. 인간의 권리를 뻔뻔스럽게 착취하는 국가에 투자하여 이득을 얻고 싶어 하지 않는 투자자가 점점 더 늘어났다. 또한 담배회사를 상대로 한 소송사건이나 어린이를 대상으로 한 기업의 마케팅 계획의 폭로는 미국의 많은 정직한 사람에게 그런 회사에 투자하는 것을 기피하도록 했다. 많은 뮤추얼펀드는 담배회사에 투자하지 않는다고 선전하기 시작했다. 예를 들어 파이오니어 펀드는 1929년 이후 담배회사에 투자하지 않았으나, 최근에 와서야 그런 사실을 영업에 이용하기 시작했다.

사회투자포럼의 의장인 스티브 슈스는 그의 산업연구팀 조사에서 사회적 가치투자를 반영해 자금을 관리한다고 말한 전문가가 900명에 달한다는 것을 알게 되었다. 그는 "이런 새로운 사실을 알게 됨에 따라 정말로 많은 펀드와 엄청난 돈이 어디선가 모르게 나타났으며 사람들은 이것에 대해 얘기하기 시작했다"라고 말했다.

투자자는 사회적 가치투자 펀드가 성공하고 있다는 말을 듣기 시작했다. 하나의 예로, 도미니의 사회적 주식펀드(Domini Social Equity Fund)는 3년 평균 연 32.6%의 수익을 올려 ≪월스트리트 저널≫에 의해 65개 우수 뮤추얼펀드 중 하나로 선정되었다. 도덕적 무형자산은 기업경영을 위해 좋을 뿐 아니라, 당신의 수익을 위해서도 좋다.

투자원칙과 관련해 질문할 때 재무상담사에게 보였던 반응 중 다음 몇 가지는 잘 고려해야 한다.

- 애연가인 남편이 폐암으로 사망한 미망인
- 남편의 암이 농화학물질 때문이라고 비난하는 농부의 미망인

- 자녀가 HMO가 지정한 의사의 과실로 사망했다고 비난하는 사람
- 기체의 결함이나 조종사의 실수로 비행기가 폭발하여 사랑하는 사람을 잃은 사람
- 공장 때문에 자기 마을이 오염되는 것을 지켜본 사람
- 회사에서 인력감원으로 쫓겨난 사람

　많은 고객에게는 비극이라고는 말할 수 없지만 정말 화낼 만한 경험이 분명히 있다. 예를 들면 다음과 같다.

- 유명한 프랜차이즈 기업에게 여러 번 불친절한 대우를 받았던 사람
- 유명한 패스트푸드 식당에서 상한 음식을 먹고 고생했던 여성
- 특정 뮤추얼펀드를 판매한 영업사원으로부터 비윤리적 대우를 받았던 여성(펀드의 수익률은 괜찮지만 그녀의 마음속에 비윤리적 대우와 관련된 생각이 너무 강하고 혐오스러워 다른 곳에 투자하고 싶어 했다)

　우리가 LIFE발굴모델에서 사용하는 질문은 다음과 같은 것을 의도하고 있다.

- 고객이 말을 하게 한다.
- 고객에게 충분히 이해시킨다.
- 감정, 가치관, 희망 등을 불러일으킨다.
- 당신의 동기에 대해 고객이 편안하게 느끼도록 한다.

　많은 재무상담사가 사용하고 있는 고객발굴 패러다임은 사실자

상품을 제시하기 전에 가치관을 파악해야 한다. 그렇지 않으면, 당신은 엉뚱한 과녁에다 화살을 명중시키는 결과를 초래한다! 사람들은 당신의 의견을 듣기보다 자신의 경험을 말하고자 한다.

료와 숫자자료, 그리고 어느 정도의 투자경험 정보를 모으기 위해 고안되었다. 이런 고객발굴 방법은 신뢰를 형성하는 데는 거의 도움이 되지 않는다. 실제로 그렇게 많은 분석적 질문은, 당신의 모든 관심이 오로지 고객의 재산에 있다는 인상을 심어줘 오히려 정반대로 불신을 불러일으킨다.

다음과 같은 사실을 염두에 둬야 한다.

- 상품을 제시하기 전에 가치관을 파악해야 한다. 그렇지 않으면, 당신은 엉뚱한 과녁에다 화살을 명중시키는 결과를 초래한다!
- 사람들은 당신의 의견을 듣기보다 자신의 경험을 말하고자 한다.

만약 당신이 말하는 것보다 듣는 데 더 많은 시간을 할애하고 있다면, 자신이 전문가 그룹 중 소수에 속하고 있음을 결코 과소평가하지 말라.

좋은 질문을 위한 규칙: 좋은 질문은 스스로 돌이켜보게 하며 스스로 답하게 한다.

좋은 재무상담사가 묻는 추가적인 질문

투자를 어떻게 배우셨습니까? 돈과 관련된 원칙은 무엇입니까?

몇 가지 투자문제로 브로커를 만나러 갔다. 그가 한 첫 번째 질문은

"돈과 관련해 지켜온 원칙이나 가치관은 무엇입니까?"라는 것이었다.

이런 질문을 받을 것이라고 예상하지 못했다. 난 투자에 대한 신념이 아니라 투자목적에 관한 질문을 받을 것이라 예상했다. 이것이 이 브로커를 정말로 존경하게 된 계기가 되었다. 그는 주의 깊게 답변을 듣고서 돈과 투자에 대한 나의 철학에 맞는 투자전략을 알려줬다. 나는 마치 그 사람이 내가 무엇을 할 수 있고 무엇을 할 수 없는지 다 파악하고 있는 것처럼 느꼈다.

낸시 J., 고객

돈과 투자에 대한 개인적 가치관은 사람마다 아주 다르다.

- 필요한 만큼 충분히 저축할 수 없다고 생각하는 사람이 있는 반면, 아무리 돈이 많아도 부족하다고 생각하는 사람도 있다.
- 상속인에게 아무것도 남기지 않고자 하는 사람이 있는 반면, 상속인에게 모든 것을 남기고자 하는 사람도 있다.
- 현재의 재산을 제대로 유지하고 싶어 하는 사람이 있는 반면, '주사위를 던지듯' 더 많은 재산을 모으려고 모험을 원하는 사람도 있다.
- 가능한 빨리 은퇴하고자 하는 사람이 있는 반면, 결코 은퇴할 계획이 없는 사람도 있다.

만약 실제로 고객이 배우기를 원하면, 당신은 교사역할을 떠맡게 될 것이다. 이 역할을 하면서 당신은 가장 먼저 학생이 학습곡선의 어디에 위치해 있는지를 파악해야 한다. 이럴 땐 LIFE고객발굴 모델의 세 번째 질문이 도움이 될 것이다.

어떤 브로커는 "투자를 어떻게 배우셨습니까?"라고 묻곤 한다. 그러면 고객은 그들의 부모에 대해 이야기하면서 부모의 재무관리나 또는 주먹구구식 방법을 통해 조금씩 배운 긍정적인 교훈과 부정적인 교훈을 이야기하곤 했다.

65세 이상 투자자의 평균순자산은 48만 5,000달러이지만, 수백만 명의 이 연령대 사람이 사회보장제도와 빈약한 연금에 의지하여 겨우겨우 살아가고 있다. 많은 사람이 생존을 위해 인생의 황혼기를 파트타임이나 풀타임 일을 할 수밖에 없는 것이 현실이다. 당신 사무실을 찾은 고객은 그들의 부모가 처한 이런 딜레마에 대해 깊이 생각해봤을 것이다. 이런 고객 대부분은 자기 부모가 현재 처한 상황에서 아주 소중한 교훈을 배우고, 자신의 재무적 미래에 대해 명확한 결단을 내렸을 것이다.

이런 점에서 고객이 지금까지 지켜온 원칙을 안다는 것은 비할데 없이 이로운 것이다. 당신은 상품과 고객의 원칙을 일치시킬수 있으며, 그들이 여태까지 추종했던 잘못된 방법을 수정할 수있을 것이다.

> 주식투자는 항상 패가망신의 지름길이라고 믿는 노인 고객을 만난 적도 있으며, 주식시장은 그저 오르기만 할 것이라고 믿는 젊은 고객을 만난 적도 있습니다. 저는 투자에 대한 고객의 신념을 알고자 합니다. 만약 고객의 생각이 틀릴 경우에는 그것을 가르쳐드리고 그렇지 않으면 고객의 신념과 일치하는 투자대안을 제안할 수 있을 것입니다.
>
> 마릴린 W., 재무상담사

투자원칙을 물어보면 고객의 학습원천 ─ 부모, 친척, 친구, 투자

정보지, 잡지와 서적, 텔레비전, 라디오, 인터넷 등 — 이 무엇인가를 알 수 있다. 즉 고객이 어디에서 정보를 얻고 어떻게 투자원칙을 형성했는지 쉽게 알 수 있다.

금융에 대한 나홀로 하기 철학 — 이 중 몇몇은 베스트셀러가 되었다 — 이 점차적으로 확대됨에 따라, '역동적 투자 프로그램(dynamic investment vehicles)' 같은 투자 패키지 프로그램에 따라 투자선택을 하므로 투자자를 속이는 것은 결코 쉽지 않게 되었다.

예상치 못할 정도로 시장과 투자정보에 대한 접근이 쉬워지면서 많은 사람이 대부분의 투자결정을 스스로 할 수 있다고 생각한다. 그들이 하는 것이라고는 최근 ≪뉴욕타임스≫의 베스트셀러 도서에서 소개된 지침을 따르거나 친구가 소개해준 요즘 한창 뜨는 인기종목에 투자하는 것이 고작이다.

고객은 "책에서 읽은 것을 모두 믿어서는 안 된다"라는 오래된 격언을 너무도 자주 망각한다. 어떤 책은 위험한 옵션거래를 투자자에게 놓칠 수 없는 기회라고 서술하여 베스트셀러에 오르기도 했다. 이 책은 독자에게 수백만 달러를 잃는 방법을 전파함으로써 저자에게 수백만 달러를 안겨준 셈이다.

투자정보의 홍수로 상당수의 잠재고객이 때때로 혼란스러워하지만, 고객의 투자원칙과 일시적 유행을 분별해내도록 도울 수 있는 현명한 재무상담사로서는 더 많은 기회를 갖게 된다. 잘못된 투자결정을 피하도록 고객에게 정기적으로 투자의 기본원칙을 상기시켜줄 필요가 있다. 투자원칙은 닻과 같아서 고객이 유행에 휩쓸리는 것을 막아줄 수 있다. 고객에게 건전한 투자원칙을 적절하게 가르쳐주면, 그들이 탐욕으로 보험금선지급계약(viatica settle- ments),* 저가주(penny stock),** 옵션 등과 같이 유행을 타는 것에 흥미를 느끼며 경우에 따라 흔들려도 결국은 투자원칙이 지배하는 현실로 되돌아올 수 있을 것이다.

학습의 원천과 투자원칙에 대한 이런 질문은 당신을 교사이자 코치가 되게 할 것이다. "이봐, 이것이 축구공이야"라는 말을 하면서 모든 훈련캠프를 시작했던 빈스 롬바르디(Vince Lombardi)***처럼, 금융전문상담사로서 당신은 고객이 갖고 있는 투자에 대한 기본원칙에 항상 주의를 기울이고 있어야 한다. 심지어 어떤 재무상담사는 사무실 벽에 건전한 투자를 위한 원칙을 붙여놓거나, 고객에게 유인물로 배포하기도 한다.

고객은 재무상담사나 브로커인 당신이 오랜 기간 유효하다고 입증된 원칙에 근거해 판단한다는 것을 알고 나면 불안한 감정을 떨쳐버릴 수 있을 것이다. 고객에게 다음과 같은 기본적인 투자원칙을 상기시킬 필요가 있다.

- 수익과 위험의 관계
- 장기 저축과 복리의 힘
- 분산투자의 필요성
- 인내와 자신에 대한 믿음의 필요성

---

* 피보험자가 불치병이나 만성질환을 앓고 있는 경우 가입한 생명보험을 선지급회사에 양도하면 보험금의 60~80% 수준을 피보험자에게 지급하는 계약__역자
** 주당 가격이 1달러 이하의 주식, 경우에 따라서는 주당 10달러 이하의 주식까지 포함됨__역자
*** 20세기 최고의 미식축구 감독으로 약체팀 그린 베이 팩커스를 3년 후 최강의 미식축구팀으로 변화시켜 5번의 NFL 우승, 2번의 슈퍼볼 우승의 위업을 달성__역자

• 시장의 주기적인 동요에 초연해질 필요성

충동적인 재무적 행동에 이끌릴 때, 이 원칙과 여타 다른 원칙은 고객을 굳건히 지켜줄 태도와 행동의 기본지침이다. 현명한 재무상담사는 고객에게 이들 원칙의 필요성을 항상 상기시킨다.

지혜 있는 자는 듣고 학식이 더할 것이요.

잠언 1:5

여기서 알아야 할 것은 브로커와 재무상담사가 투자원칙에 관한 질문을 했기 때문에 이런 이야기를 들을 수 있다는 점이다. 질문을 했기 때문에 더 현명해질 수 있었고, 고객에게 잠재된 감정적 지뢰를 피할 수 있었으며, 고객의 돈과 가치관 사이에 조화로운 관계를 만들 수 있었다.

왜 계좌를 옮기려 하십니까?

많은 재무상담사가 고객의 과거 투자관계를 묻는다. 은퇴 전문가 스펜서 헌트는 "왜 은퇴계좌를 옮기려고 하십니까?"라는 질문을 통해 훌륭한 실적을 올릴 수 있었고 고객에 대해 잘 알 수 있었다.

헌트는 만약 고객이 401(k)계좌*를 옮기려 왔다면 실수가 있었

---

* 미국 내국세법 조항 401(k)에 따라 만들어진 가장 대표적인 확정기여형 퇴직연금제도. 원래 영리기업을 대상으로 만들어졌으나 요즘은 비영리단체에도 적용되고 있음__역자

좋은 질문은 상상력을 발휘하게 한다. 이 질문은 33년 이상 성공적으로 고객과 상담해왔으며 재무상담의 개척자이기도 한 존 세스티나가 사용했다. 그는 각 가망고객에게 이렇게 묻는다. "지금이 우리가 함께 일하기로 한 지 1년이 지난 시점이라고 가정해보죠. 지난 1년을 되돌아볼 때 제가 고객님을 위해 무엇을 했을까요?"

거나 아니면 원래 옮기려는 의도는 없지만 다른 불만이 있다는 것을 확실히 알 수 있었다. 그는 똑같은 실수를 반복하지 않으려고 노력했다.

그러나 고객이 옮겨야 할 이유를 분명히 언급하지 않으면 헌트는 "수수료가 너무 높아서 그렇습니까? 배당이 너무 적어서 그렇습니까? 아니면 대화에 무슨 문제가 있었습니까?"라고 물어본다.

그가 잇따라 질문을 하면 고객은 불만을 말하곤 했다. 헌트는 솔직하게 고객에게 말했다. "고객님께서 왜 이러시는지 아는 것이 저에게는 중요합니다. 왜냐하면 어떤 경우에는 고객님의 상황을 개선시키는 데 제가 도움이 되지 않을 수도 있기 때문입니다." 고객은 그의 성실함에 고마워했다.

다른 브로커나 재무상담사는 다른 방식으로 똑같은 질문을 했다. "여기 오시기 전에 다른 브로커나 재무상담사와 상담한 경험이 있습니까?" 어떻게 질문을 하든지 간에, 고객이 짊어지고 있을지도 모르는 과거 브로커에 대한 나쁜 경험이나 재무상담사에게 받은 상처를 안다는 것은 유용할 것이다.

저와의 관계를 통해 무엇을 원하십니까? 재무상담사인 저에게 무엇을 기대하십니까?

좋은 질문은 상상력을 발휘하게 한다. 이 질문은 33년 이상 성공적으로 고객과 상담해왔으며 재무상담의 개척자이기도 한 존 세스티나(John Sestina)*가 사용했다. 그는 각 가망고객에게 이렇게 묻는다. "지금이 우리가 함께 일하기로 한 지 1년이 지난 시점이라고 가정해보죠. 지난 1년을 되돌아볼 때 제가 고객님을 위해 무엇을 했을까요?"

얼마나 훌륭한 질문인가! 세스티나는 고객이 지나간 시간에 대해 어떤 기대를 말하든지 이 질문을 통해 진정으로 기대하는 것이 무엇인지 도출할 수 있다고 말한다. 세스티나의 질문을 사용하면 고객과의 상담을 훌륭하게 마무리할 수 있다. 고객이 원하는 것, 그리고 고객이 최선을 다해 표현하고자 하는 것이 무엇인지 이 재무상담사가 이제 다 알고 있다고 고객이 느끼면서 상담을 마친다면 이보다 더 좋은 일이 있을까?

판매를 하고 난 후는? 통찰력 있는 어느 재무상담사가 이런 글을 보내줬다.

상담을 한 지 이틀 후, 고객에게 전화를 걸어 여쭤봅니다. "우리의 결정에 대해 어떻게 느끼십니까? 그 결정에 대해 편안하게 생각하십니까?" 저는 무엇보다도 상담 이후 고객이 느끼는 사후적 감정에 대해 알고 싶어 합니다. 만약 아직 불안하고 불확실한 게 남아 있다면, 당장이라도 충분히 설명드리고자 합니다.

돈과 관련하여 내린 의사결정을 이해하고 의사결정에 대해 평온하고 안전하다고 느끼면 고객은 계속 만족한다. 앞에서 인용한 판매 후 질문은 이런 느낌을 확실하게 해줄 것이다.

---

* 순수업무수수료(Fee-only) 재무설계의 아버지라 일컬어지며, 순수업무수수료 재무설계사 단체인 NAPFA의 공동설립자__역자

이 책의 핵심주제는 금융전문가가 재무적인 이야기를 하면서 보다 많은 통찰력과 설득력을 가지도록 하는 데 있다. 스토리셀러의 대가는 아무리 역동적으로 판매를 제안하더라도 고객 스스로 자기 이야기를 하도록 하는 것 이상의 효과를 거둘 수 없다는 것을 이해하고 있다.

60초 시계를 반대로 맞추면 당신의 실적이 증가되는 것을 볼 수 있다! 존 세스티나는 자기 회사의 재무상담사에게 그들이 말하는 시간과 고객이 말하는 시간을 재는 데 초점을 맞춰 훈련을 시켰다. 그리고 "당신이 고객보다 말이 많으면 고객을 잃는다"라고 세스티나는 가르쳤다.

만약 혀가 귀에게 양보하도록 훈련하고 소크라테스적 접근방법을 차용하여 답변을 하는 대신 질문을 통해 고객을 지도할 수 있다면, 당신은 고객에게 신뢰를 얻을 것이다.

고객은 당신의 최고 관심사항이 고객과 고객의 니드를 파악하는 것이라고 느끼고 돌아갈 것이다. 재무상담사 짐 스타우트는 어느 날 45분 이상 상담을 하던 한 미망인이 갑자기 말을 멈추더니 "당신은 내가 얼마나 돈이 많은지 궁금하지 않나요?"라고 물었던 이야기를 했다(그녀의 재산은 800만 달러였다).

짐이 대답했다. "저의 최대관심은 여사께서 어떤 분인지 이해하고 여사께 적합한 것을 제대로 하는 것입니다."

홀아비인 짐 스타우트는 짝을 잃은 사람과 함께 하는 자기 일의 대부분이 인생에서 어려운 시기를 견디어 나가도록 그들을 돕는 것이라는 것을 알고 있다. 그는 말한다. "믿음은 상호관계의 처음이 아니라 끝에서 옵니다."

6
겸손과 재치를 배워라

나는 내 머리뿐 아니라 다른 사람에게서 빌릴 수 있는 머리도 활용한다.

우드로 윌슨

한 귀족이 저녁식사 때 리차드 벤트리(Richard Bentley)* 옆에 앉아 그를 계속 관찰한 후 말했다. "폐하, 이 사람은 폐하의 주교 중 가장 비범한 사람입니다." 그러자 왕이 동의하면서 덧붙이기를 "그가 만약 겸손의 미덕까지 갖추었다면 유럽에서 가장 비범한 사람이 되었을 걸세."

옥스퍼드 인용문

유머와 겸손(self-deprecation).** 이것은 성공적인 스토리셀러가 갖춰야 할 두 가지 기본역량이다. 고객에게 재무상담사의 개인적인 특징 중 싫어하는 것을 물어보면, 고객은 종종 지나친 열성과

---

* 1662~1742. 영국의 언어학자로 왕립도서관 관장, 트리니티대학 학장 역임_역자
** 자기를 낮추는 것을 말하며 타인 앞에서 자신을 가볍게 웃음거리로 만드는 것을 포함_역자

한 귀족이 저녁식사 때 리차드 벤트리 옆에 앉아 그를 계속 관찰한 후 말했다. "폐하, 이 사람은 폐하의 주교 중 가장 비범한 사람입니다." 그러자 왕이 동의하면서 덧붙이기를 "그가 만약 겸손의 미덕까지 갖추었다면 유럽에서 가장 비범한 사람이 되었을걸세."

오만함이라고 대답한다(빈번하게 언급되는 또 다른 불만은 제2장에서 말한 것처럼 혼란스럽고 지겨운 제안이다). 지나친 열성이나 지나친 진지함은 종종 유머가 부족하거나 아니면 결과만 너무 중시해 서로간의 상호관계를 무시하는 개인적 특성에 기인한다.

고객의 관점에서 보면, 접근방법이 지나치게 진지한 재무상담사는 세심한 사람이거나 또는 젠체하는 사람이거나 아니면 둘 다 해당하는 사람이다. 재무상담사가 사업을 잘하기 위해서는 유머와 겸손을 익혀야 한다. 이 장에서 우리가 논의하고자 하는 것은 다음과 같다.

- 고객과 브로커 간의 관계에서 긴장을 완화시킬 수 있는 겸손한 접근방법의 기능
- 고객이 전문용어를 잘 모르기 때문에 생기는 불안감을 극복하고 그들이 사려고 하는 것을 이해시키는 방법
- 최고의 영업전문가에게 유머와 겸손이 발휘하는 기능

유머는 들떠 있는 상태의 진실이다.

자신을 웃음거리로 만들 수 있는 사람은 가장 훌륭한 유머감각을 지니고 있는 사람이다. 과거 선임자와 기회주의적인 경쟁자 때문에 이미 황폐해진 영업구역을 맡은 한 영업사원을 만난 적이 있다. 이 구역은 지난 4년 동안 담당영업사원이 5번 바뀌었고, 실

적도 전국에서 꼴찌였다. 그의 상사는 만약 처음 6개월만 버틴다면 성공할 거라고 말하며, 어떤 잠재고객에게서도 따뜻한 환대를 받을 거라 기대하지 말라고 충고했다. 그러나 상사의 불길한 경고마저도 실상을 과소평가한 것으로 밝혀졌다.

그가 방문한 첫 번째 사업가는 거칠고 이기적이었다. 그 사람은 서서 이렇게 말했다. "지금 당장 돌아가시오. 당신 회사나 당신하고는 말하고 싶은 생각이 없소. 만약 당신이 현명하다면 다시는 오지 않을 거요."

이 풋내기 영업사원은 조용히 돌아서다 멈추고는 이렇게 말했다. "사장님. 떠나는 게 쉽지 않습니다. 사장님께서 여태까지 받은 것 중 가장 따뜻한 대접을 해주셔서……." 사업가는 그를 노려보면서 웃음을 참으려고 했다. 그러나 이내 웃음보가 터졌고, 사업가는 전혀 움츠러들지 않는 그에게 만족해 실컷 웃었다.

"그 말은 믿을 수 있지." 그가 말했다. "여보게, 자네 이름이 뭔가? 자네 명함 한 장 주게." 사업가는 부드러워져서 영업사원에게 자기 회사와 선임자 간의 지난 이야기를 짧게 들려줬다.

이 영업사원은 2년이 넘게 지나서야 그 사업가와 계약을 체결할 수 있었다. 겸손과 준비된 재치가 없었다면 기회조차 없었을 것이다. 유머는 실을 꿴 바늘과 같다. 솜씨 있게 사용하면 무엇이든 꿰맬 수 있다. 유머는 사업에서 생기는 갈등을 막고 상대로부터 호의를 이끌어내는 윤활유이기도 하다.

다른 사람은 아무도 그렇게 생각하지 않는데 자신만 스스로를 진지하게 여기는 사람을 지켜본 적이 있는가?

미치 앤소니

날카로운 재치와 겸손한 자세로 접근하는 방법은 무엇보다도 고객을 편안하게 해준다. 고객이 편안하게 느끼면 수용력이 생긴다. 고객이 긴장하면 방어자세를 취한다. 유머는 방어벽을 무너뜨리는 최고의 무기이다.

고객과 재무상담사의 상담을 관찰할 때 고객의 불안 정도나 수준을 조절하는 재무상담사의 역할에 주목해야 한다. 당신의 태도는 상담을 할 때 온도를 조절하는 자동온도조절기와 같다. 당신이 느긋하고 쾌활하며 잘 웃고 종종 미소를 띠면, 당신의 태도는 따뜻한 열대지방의 바람같이 고객의 긴장을 풀어줄 것이다. 반대로 당신이 엄격하고 지나치게 몰두하며 심각하다면, 당신의 고객은 더 긴장하게 될 것이다.

감성적 분위기 설정

진정한 전문가는 상담할 때 분위기를 설정해야 할 책임이 있다고 배워왔다. 당신은 긍정적 감성을 발산하고 부정적 감성을 억제함으로써 자신의 기분을 통제할 책임이 있다. 이것은 스스로를 낮추는 유머를 사용하고 고객이 방어적으로 되는 것을 막음으로써 이뤄질 수 있다.

다니엘 골만(Daniel Goleman)은 그의 저서 『감성지수로 일하기(Working with Emotional Intelligence)』에서 다음과 같이 말했다.

기분의 전달은 상당히 강력한 것이다. 세 사람의 낯선 사람—이들은 모두 기분에 대한 연구를 위해 자원한 사람이다—이 2분 동안 원탁

당신은 긍정적 감성을 발산하고 부정적 감성을 억제함으로써 자신의 기분을 통제할 책임이 있다. 이것은 스스로를 낮추는 유머를 사용하고 고객이 방어적으로 되는 것을 막음으로써 이뤄질 수 있다.

에 조용히 앉아 있을 때, 가장 감정표현을 잘하는 사람이 2분 내내 그의 기분을 다른 두 사람에게 전달했다. 여러 번의 실험을 통해, 가장 감정을 잘 표현하는 사람이 빠져드는 기분이, 그것이 행복감이든 지겨움이든 근심이든 분노이든 간에, 바로 다른 두 사람이 느끼는 기분이 되었다.

감정은 전염된다. 골만은 사람이 '감성 바이러스'를 가지고 다니며 그들이 만나는 모든 이에게 퍼뜨린다는 것을 증거를 통해 보여줬다.

당신이 설정하고자 하는 감성적인 분위기는 느긋하고 편안하며 심지어는 즐겁기까지 한 것이다. 유머와 겸손은 마치 마법과 같이 이런 분위기를 만들어낸다. 웃음과 긴장은 똑같은 장소에서 똑같은 시간에 공존할 수 없다. 당신이 무거운 물건을 나르면서 웃는다면, 아마 그 물건을 떨어뜨리거나 몸이 비틀거릴 것이다. 웃으면 긴장이 바로 풀어지기 때문이다. 제안할 때 최상의 분위기는 긴장이 없는 상태이다.

> 유머감각은 못생긴 것도 지켜보게 하며, 불쾌한 것도 참을 수 있게 하고, 예상하지 못한 일도 할 수 있게 하며, 견디기 힘든 것도 웃어넘기게 한다.
>
> 무명씨

나는 아주 보기 드문 겸손과 촌스러운 방식으로 나를 설득했던 어떤 변호사를 찾아간 적이 있다. 그는 첫인사 때 나에게 이렇게 말했다. "제가 만약 다니엘 웹스터(Daniel Webster)*조차 이해하지 못하는 수백만 달러짜리 변호사의 법률용어를 하나라도 무심코 내뱉는다면 언제든지 저를 멈추게 해도 됩니다. 저는 변호사라는 이유 하나만으로 높은 수임료를 챙기는 사람이 아니며, 제가 받는 보수에 걸맞게 일을 하고자 노력하고 있습니다. 제 책상이 좀 어질러져 있어도 양해해주십시오. 선생님께서 의뢰하신 일이 이 파일더미 안에 묻혀버릴 것이라고는 생각하지 마십시오. 저에게는 어디로 가야 하고 무엇을 해야 하는지 알려주는 훌륭한 조수가 있습니다. 제가 아마 세계 최고의 변호사는 아니지만, 옳고 그른 것이 무엇인지 분별할 수 있는 좋은 감각을 갖고 있으며, 또한 불도그처럼 잘 싸웁니다."

나는 이 사람처럼 자기존중이라고는 전혀 찾아볼 수 없는 전문가를 본 적이 없었다. 나는 자신의 강점과 약점에 대해 그렇게 솔직한 사람은 믿을 수 있다는 생각이 바로 들었다.

나단 T., 고객

재무상담을 받던 한 고객이 이렇게 말했다. "그것이 내 돈이고 심각한 일이라는 것을 알고 있습니다. 하지만 큰소리를 치기 전에 먼저 내게 따뜻한 미소를 보내는 등 인간적인 교류가 있어야 되지 않겠습니까? 재무상담사와 내 돈에 대해 이야기할 때마다 느끼던 불편함을 더는 느끼고 싶지 않습니다."

많은 사람이 분석가 또는 진지한 재무상담사처럼 보이려고 노력

---

* 1782~1852. 미국의 정치가, 변호사__역자

하는 과정에서, 공감과 연대감 같은 좀 더 부드러운 기술을 표출하는 것이 가능할까? 고객이 하는 말을 살펴보면, 고객은 재무상담사의 전문적인 기술보다는 대인관계의 기술에 더 많이 의존하고 끌리는 경향이 있음이 명백하다. 자신에 대한 겸손함과 융통성은 대인관계의 기술 중에서도 아주 중요한 것이다.

재무상담사는 이렇게 중요하게 생각되는 겸손의 미덕을 어떻게 적절하게 표출할 수 있을까? 이것은 태도에서 시작하여 말과 행동으로 나타난다. 다음과 같은 것을 기억하라.

- 방어적 자세를 피하라.
- 실수를 재빨리 인정하라.
- 모르는 것을 아는 체하지 마라.
- 자신의 실수에 대해 쉽게 웃음거리로 만들 수 있는 법을 배워라.
- 제안이 항상 완벽할 것이라고는 기대하지 마라.
- 고객에게 변명을 하는 대신, 자신의 실수로부터 배워라.

워런 버핏은 종종 자신의 잘못된 판단을 기꺼이 인정하고 겸손한 태도를 보임으로써 다른 사람을 즐겁게 하고 좋은 인상을 준다. 그는 그의 지주회사의 이름이 유래된 뉴잉글랜드 직물회사인 버크셔 해더웨이를 매입한 것을 비롯하여 수많은 투자상의 실수를 고백한다. 교만하지 않고 겸손한 태도는 다음과 같은 버핏의 말에서도 나타난다.

"제 실수에 대해 설명하고자 합니다. 이것도 제가 완전히 이해하고 있는 실수에 한정됩니다."

"한때는 머리로 투자하는 대신 충동적 감정으로 투자하기도 했고객은 전문적인 기술도 지니고 있는 '인간적인 사람'을 신뢰한다. 당신이 고객을 대하는 기술보다 분석적 기술과 지식을 더 신뢰할 때, 그날이 바로 고객과 문제가 생기는 때이다.

습니다."

버핏이 어떤 투자 실수에 대해 질문을 받았을 때, 그는 이렇게 대답했다고 한다. "그때 저는 어렸고, 제가 무엇을 하고 있는지도 몰랐죠"(그때 그의 나이는 53살이었다).

이런 성격을 '서민적이다' '평범하다' '솔직하다'고 한다. 흠잡기 좋아하는 사람은 이런 성격을 지나치게 단순하다고 할 것이다. 그러나 우리는 안다. 이런 성격이 판매를 할 수 있다는 것을!

고객이 겸손하고 유머 있는 브로커나 재무상담사를 만났을 때, 그들은 이렇게 말한다.

"그 사람은 정말 좋은 사람이야. 난 그 사람과 얘기할 수 있어."

"전혀 잘난 척하지 않아. 난 그를 믿을 수 있을 것 같아."

"그는 내가 이해할 수 있게 말해주지. 나는 내 돈이 어떻게 되고 있는지 알고 싶어."

"나는 꽤 많은 수익을 올렸어. 동시에 아주 재미도 있었지. 이게 바로 내가 원하는 방식이야."

겸손과 자기를 낮추는 유머에 대한 진짜 척도는 당신 스스로를 웃음거리로 만들 수 있는 능력이다. 당신은 자신의 결점, 실수, 그리고 특이한 성격 등에서 유머를 찾을 수 있는가? 당신은 자기 내부에 있는 '멍청이'와 지속적으로 접촉하고 있는가?

사람은 모두 실수를 한다. 때때로 잘못 판단하기도 한다. 그리고 다른 사람도 그럴 거라고 생각한다. 실수는 인간 조건의 한 부분이다. 실수를 한 것에 대해 조금의 겸손이나 유머도 찾아볼 수 없다면, 결국 그것은 변명을 하는 것이고 가식으로 꾸미는 것이다. 변명이나 가식은 궁극적으로 신뢰를 무너뜨린다.

고객은 전문적인 기술도 지니고 있는 '인간적인 사람'을 신뢰한다. 당신이 고객을 대하는 기술보다 분석적 기술과 지식을 더 신뢰할 때, 그날이 바로 고객과 문제가 생기는 때이다.

약간의 웃음은 오래간다

당신은 투자나 주식 같은 것에 대한 익살스러우면서도 훌륭한 이야기를 몇 가지나 알고 있는가? 분위기를 밝게 하고, 심각한 일을 가볍게 다루기 위해 그 이야기를 활용하라. 유머와 재치는 방어자세를 누그러뜨리고 공감대를 형성하기 위한 당신의 가장 강력한 도구라는 사실을 명심하라.

익살꾼 윌 로저스(Will Rogers)*가 말한 투자에 대한 전형적인 이야기를 한번 잘 생각해보라.

로저스는 주식을 사기 전에 시장을 주의 깊게 살펴보라고 말했다. 그리고 그는 "주가가 두 배가 되면 파세요"라고 말했다.

"그런데 주가가 두 배가 되지 않으면요?"라고 다른 사람이 묻자, 그가 대답했다. "두 배가 되지 않을 주식은 사지 마세요."

로저스는 투자상품을 판매하는 사람의 윤리에 대해 이렇게 말했다. "브루클린 다리를 팔기보다는 사겠습니다."**

---

* 1879~1935. 미국의 영화배우 겸 정치풍자가__역자
** "저라면 팥으로 메주를 쑨다고 거짓말을 하는 사람보다는 차라리 그 말을 곧이곧대로 믿는 사람이 되어 손해를 보겠습니다"라는 의미__역자

상상이란 사람이 갖지 못한 성품을 보충하기 위한 것이고, 유머감
각이란 사람이 가진 성품을 위로하기 위한 것이다.

무명씨

유머감각을 지닌 자는 삶을 하찮게 여기지 않는다. 단지 있는 그대
로의 것을 깨달을 뿐이다.

무명씨

제대로 말하기

결국 핵심은, 사람들이 같은 말을 하더라도 얼마나 그 말뜻을 이해
하고 사용하는가이다.

러셀 호반

브로커는 직업적인 전문용어에 대한 고객의 불안감을 극복하도
록 도울 수 있다.

저는 이 광고용 어휘개발 프로그램이 하버드대 수준의 어휘력을 구
사할 수 있도록 해줄 것이라는 말을 들었습니다. 글쎄요, 저는 하버드대
수준의 어휘력을 원치 않습니다. 저는 오하이오 주립대 수준의 어휘력
을 원하는지도 확실하게 말할 수 없습니다. 제가 원하는 건 제 고객 모
두가 이해할 수 있는 어휘로 말하는 것입니다.

존 세스티나

당신은 고객에게 어떤 말을 하고 있는가? 만약 당신의 말이 '브

로커의 말'로 얼룩져 있다면, 당장 멈추고서 다시 모국어로 말하는 것이 좋을 것이다. 전문용어의 사용은 고객을 쫓아버리고, 당신의 이익을 한정시킬 것이다. 사람들은 에둘러서 얘기하거나 경멸하는 투로 이야기하는 것을 싫어하며 혼란스러워한다. 만약 당신이 고객이 이해하는 언어로 말하지 않는다면, 고객은 그렇게 하는 브로커나 재무상담사를 찾아나설 것이다.

존 세스티나는 이런 식으로 표현한다. "재무상담사는 자신만의 언어, 투자용어, 약어 등을 사용해서 말합니다. 그러나 이런 버릇은 정말 짜증나는 것 그 이상입니다. 항상 파괴적이지요. 그것은 고객과 재무상담사의 상호관계를 파괴하는 주범입니다."

세스티나는 계속하여 많은 전문가(특히 의사, 변호사, 재무상담사 등)가 남이 알아듣기 어려운 말을 하는 이유를 분석하고 있다. 전문가 자신이 확신할 수 없는 상태에서 오히려 강한 인상을 남기려하거나 또는 그들이 통제할 수 있도록 의도적으로 고객을 무지 속에 가두기 위해서이다. 어떤 동기도 브로커와 고객 관계를 개선하고자 하는 노력은 아니다.

전문가가 인상을 남기기 위해 사용하는 전문용어는 농구 경기장에서 선수가 내지르는 상소리와 같은 것이다. 재무서비스 전문가는 뛰어난 선수처럼 게임의 결과를 통해 다른 사람의 칭찬을 받아야 한다.

고객이 알아듣지 못하게 말하는 전문가는 고객에게 불필요한 존재이다. 직업적 전문용어는 고객의 신뢰를 무너뜨리며 서로의 관계에 거리를 두게 한다. 존 세스티나는 단호하게 말한다. "만약 어떤 사람이 당신이 이해하지 못하는 단어로 당신에게 강한 인상을 심어주려고 한다면, 그 사람을 해고하십시오."

우리와 상담한 고객 중 상당수는 재무상담사를 해고했으며, 그들 중 몇몇은 계약을 체결하기도 전에 전문용어에 기가 질려 상담을 그만둬버렸다.

나는 바보가 된 느낌으로 재무상담사의 사무실을 나왔다. 나는 그가 무슨 말을 했는지, 나를 깔보듯이 한 말이 무슨 얘긴지 이해할 수가 없었다. 나는 "아니오. 됐습니다"라고 말하고는 집으로 돌아가서 아버지께 전화를 걸어 말씀드렸다. "아버님이 알아서 처리하세요."

셀리 B., 32세

전 소리를 지르고 싶었어요. "제발 천천히 좀 합시다. 이 일이 당신에게는 제2의 천성일지 모르지만, 나에겐 그렇지 않다고요." 저는 마치 시속 160킬로미터로 차를 몰면서 길가에 있는 모든 표지판을 다 기억해야 할 것 같은 강박관념에 사로잡혔습니다.

에디 Y., 41세

내가 중간에 뭔가를 물을 때마다, 내가 마치 그의 제안을 훼방놓고 있다는 느낌이 들더군. 내가 질문을 하는 동안 그 사람은 시계를 쳐다보고는 신경질적으로 안절부절못하는 것이었어. 난 속으로 생각했지. '세상에, 지금 우리가 여기서 이야기하고 있는 건 바로 내 돈이란 말이야.'

마타 B., 65세

그 브로커는 자기가 나보다 훨씬 영리하다는 인상을 심어주려고 했던 게 분명해요. 그가 '난 당신이 이해하지 못한다는 걸 알고 있지'라는 식의 학자 폼을 잡자마자, 내 감정은 벌써 그 제안으로부터 달아나버렸죠.

톰 T., 35세

전 이 재무상담사가 자신이 하고 있는 것을 알고나 있는지조차 모르겠어요. 그녀는 제가 모르는 용어를 정말 많이 사용했어요. 그래서 전 제가 정말 확신하지도 못하는 것을 해야 한다는 엄청난 압박감을 느꼈다고요.

브리젯 J. 44세

경우에 따라 전문용어의 사용이 재무상담사 입장에서 보면 무의식적인 것일 수 있다. 아마 그들이 투자용어나 전문용어를 말하는 데 너무나 익숙해져 있기 때문에 일상적인 말을 사용하는 것이 정말로 많은 신경을 써야 하는 일일 것이다. 또 다른 경우에 전문용어의 사용은 의식적이든 무의식적이든 무언가가 의도된 것으로 여겨진다. 브로커나 재무상담사의 경쟁력(edge)을 기르기 위해 사용되는 전문용어가 결국에는 고객을 초조하게 만든다(on edge).

워런 버핏은 연말보고서의 불명확한 주석내용에 대해 이렇게 말했다.

생명보험회사의 이연신계약비 또는 당신이 하고자 하는 것이 무엇이든 그것을 설명하기 위해 (회계)주석을 단다는 것은 불가능하진 않다. 당신이 주석을 달 수 있으면, 당신은 이해할 수 있다. 만약 주석을 달았는데도 이해할 수 없다면 뭔가 미심쩍은 구석이 있는 것이다. 내가 주석내용을 이해할 수 없다면, 이는 내가 이해하는 것을 그 회사가 원하지 않는 거라 생각하고, 난 그 회사에 투자하지 않을 것이다.

불명확한 용어는 의심을 불러일으킨다. 당신이 불명확한 용어를 사용할 때, 그것은 설명되는 상품에 대해서가 아니라 브로커나 재무상담사인 당신에 대해서 의심을 불러일으킨다. 당신이 당연하다고 생각하는 단순한 직업상의 말이 많은 고객에겐 비밀스러운 암호가 된다는 사실을 명심하라.

한 투자전문가가 '수익'이라는 단어를 이해하지 못하는 94세의 나이 드신 그의 어머니에게 이 단어를 설명해줬다. 그녀는 단순히 그를 멍하니 쳐다보기만 했다. 그러나 그가 "저에게 100달러를 주세요 그러면 어머니께 1년 후에 107달러를 돌려드릴게요"라고 말했더니 그녀는 비로소 이해를 했다. 이것이 직업적 전문용어를 피해 가는 최선의 방법이다. 전문용어 끝!

내가 현명하다고 느끼게 해주세요

사람들은 어리석게 보이길 원치 않는다. 따라서 사람들은 현재 다루고 있는 주제를 이해하고 있을 것이라고 다른 사람이 기대하고 있다는 것을 느낄 때, 질문을 하지 않으려고 할 것이다. 이것은 자연스럽고 일반적인 인간적 불안감이다. 재무상담사는 고객이 이해하고 있다고 가정하고 전문용어를 거침없이 사용하는 것보다는, 진행을 멈추고 어떤 직업적 용어이든 그 뜻을 말해주고 고객이 이제 이해했다고 말하도록 하는 것이 더 안전할 것이다. 다시 말해, 재무상담사는 교사처럼 행동해야 할 소명이 있다. 이런 측면에서 학생을 깨우쳐주게 되면 학생 스스로 교사에게 신뢰로 보답하는 상호관계가 형성된다.

저는 20년간 상담을 해오면서 직업적 전문용어나 긴 단어를 사용하지 말자고 항상 제 자신에게 다짐해왔습니다. 그러나 때때로 제 자신이 그런 용어를 사용하고 있다는 것을 깨닫기도 합니다. 저로서는 정말로 신경을 써서 노력해야 하는 일입니다. 고객이 돌아갈 때, 저는 그들의 얼굴에 나타난 걱정과 혼란의 순간을 기억합니다. 그때가 바로 제가 더 나은 대화를 했었다면 하고 생각하는 때입니다.

일레인 B., 브로커

케이 셜리는 고객이 현재 진행되고 있는 일이 무엇인지 정말로 알고자 한다는 사실을 재무상담사가 깨달을 때에 그들이 보다 나은 일을 할 수 있다고 생각한다. 그러나 그녀를 찾아온 고객으로부터 자신들의 돈이 어떻게 되고 있는지 전혀 모른다는 이야기를 아직도 너무도 많이 듣고 있다. 종종 고객의 과거 브로커가 의도적으로 고객을 어둠 속에 내버려뒀던 것이다.

케이는 그녀를 찾아온 백만 달러의 포트폴리오를 보유한 고객에 대해 말했다. 고객의 과거 브로커는 매년 1.25%의 관리수수료를 부과하고 있으면서도, 고객의 돈이 어떻게 투자되고 수수료가 어떻게 산출되는지에 대해 시간을 내어 구체적인 설명을 하지 않았다. 고객이 브로커에게 그것에 대해 물었을 때, 고객이 이해하지 못하는 말로 대답하는 것만 가끔 들었을 뿐이다. 이 같은 경우는 전문용어의 사용이 좌절을 불러일으킬 뿐 아니라 브로커나 재무상담사가 효과적으로 대화하는 데 실패하면 신뢰마저 잃게 된다는 것을 말해준다. 그 백만 달러의 포트폴리오는 현재 대화 기술의 중요성을 이해하고 있는 재무상담사가 관리하고 있다.

스토리셀링 접근방법의 좋은 점은 직업적 전문용어를 사실상 쓸모없게 만든다는 것이다. 모든 유용한 용어나 개념에 대해 스토리셀러는 예시를 들고 비유를 하거나 주제를 쉽게 이해할 수 있도록 흥미롭게 설명한다. 제12장과 제13장에서는 재무서비스 분야의 노련한 스토리셀러에게서 수집한 몇 가지 훌륭한 예시, 은유, 일화가 소개될 것이다.

재치의 힘

한 보험회사가 최고 업적달성자의 역량을 다른 영업사원과 비교하는 연구를 실시했다. 이들이 추구했던 역량은 훈련된 기술(판매기술, 시간관리 등)이 아니라 자연스러운 인간적 역량이었다. 상사에게 최고의 업적달성자가 그들의 성공에 결정적인 요소로서 어떤 인간적 특성을 지니고 있는지에 대한 질문을 했다. 네 가지 핵심능력에서 최고의 업적달성자와 그 아래 수준의 업적달성자가 구분되었다. 업적이 낮은 사람으로 내려갈수록 이 차이는 확실히 분명해졌다.

이 회사의 영업분야에서 성공하기 위해 반드시 필요한 핵심적인 네 가지 역량은 다음과 같다.

- **경쟁심** 최고의 업적달성자는 자기 스스로와 경쟁했다. 그들은 이기는 것을 좋아했고 잠재력을 시험해보는 것을 즐겼다. 그들은 자신의 경쟁력을 연구했고 자신의 약한 부분은 강점을 개발해 보완했다.
- **성취의욕** 이것은 "다음은 뭐지?"라고 항상 물어보는 마음가짐을 말한다. 이런 마음가짐을 지닌 사람은 성공했다고 자기자신을 다독거리는 데 시간을 허비하지 않았다. 그들은 보상(수입이

나 소득)보다는 일의 달성 여부에 더 많은 관심이 있었다. 그들은 비록 쉽지 않아도 성취할 필요가 있는 것이라면 했다.

- **학습능력** 최고의 업적달성자는 배움에 대한 끝없는 욕심과 호기심을 지니고 있었다. 그들은 학습수용력이 뛰어났으며 개방적이었다. 한 부사장이 이렇게 말했다. "정말로 대단한 것은 경쟁심이 높은 사람이 경청도 잘한다는 것입니다."

- **재치** 이것은 자신의 현실에 바탕을 두고 생각하는 능력을 지닌 민첩한 사색가를 말한다. 이것은 긴장을 완화하는 유머를 사용하여 우애와 공감대를 형성하는 능력을 포함한다. 최고의 업적달성자 모두가 비록 자긍심은 높다고 할지언정, 재치를 지닌 사람으로서 자신을 낮추고 겸손하다. 최고의 업적달성자 모두는 고객이 좋아할 만한 행실을 보인다.

이 회사가 발견한 아이러니는 이런 역량이 아주 중요하다는 것을 알았지만, 채용과정에서는 이것을 거의 확인할 수가 없다는 것이다.

이 장에서는 성공에 대한 마지막 두 가지 역량, 학습능력과 재치를 언급했다. 성공적인 브로커나 재무상담사는 스스로를 낮추고 잘 배우고자 하는 특성을 지니고 있다. 이것은 마치 그들의 높은 자긍심과 비교할 때 역설적인 것처럼 보이지만 전혀 그렇지 않다. 이것이 실질적으로 그들에게는 자긍심의 원천이다.

겸손, 재치, 유머, 친화력 등은 최고 업적달성자에게서 분명하게 나타난다. 그들은 자기 내부의 '멍청이'를 다루면서 편안한 삶을 살아간다. 그들은 유머란 단지 들떠 있는 상태의 진실이라는 것을 알고 있다.

7
고객과 함께 직관적으로 도약하기

영혼은 형상 없이 결코 생각할 수 없다.

아리스토텔레스

톰 롤리는 다양한 기업고객의 종업원에게 회사가 제공하는 401(k) 플랜에 가입하게 하는 업무를 맡고 있다. 톰은 성공적으로 가입시키는 데 방해가 되는 것이 두 가지 즉 상황적 요소와 지적 요소라는 것을 금방 알게 되었다. 톰은 다음과 같이 말했다.

저는 사업장에서 점심시간을 이용해 종업원에게 가입을 권유하기 때문에 항상 시간에 쪼들렸습니다. 고객은 주로 투자를 잘 모르는 현장 노동자였습니다. 저는 그들이 이해하지 못하는 프로그램에 가입시키려고 노력하는 중이었습니다. 그들은 일단 관심을 갖다가도 그들이 이해할 수 없는 자산배분 선택사항을 말하면 혼란스러워했습니다. 저는 10~15분 내에 이 모든 것을 해내야 했습니다. 사람들이 떼를 지어 멀리 떨어져 있는 듯이 보였습니다.

톰의 딜레마가 특별한 것은 아니다. 고객은 상품이 꼭 필요한 상황이어도 상품을 이해하지 못하면 구입하려고 하지 않는다. 고객은 자신이 이해하지 못하면 자신에게 필요한 해결책조차 수용하지 않는다. 이는 마치 배고픈 사람에게 음식을 찾기 위해 복잡한 미로를 통과하도록 요구하는 것과 같다. 그 사람에게는 배고픈 고통보다 복잡한 미로가 더 힘든 것이다.

톰 롤리는 하나의 직관적인 생각을 떠올린 후 타고난 스토리셀링 능력을 발휘했다. 그 결과 주목할 만한 반응과 성과를 얻어 톰 자신도 놀랐다. 가입인원이 증가했을 뿐 아니라 가입금액도 급격히 증가했다. 톰의 이야기를 다시 들어보자.

저는 이 상황에 무척 당황했습니다. 고객이 이해하지 못한다면 어떤 것도 판매할 수 없습니다. 이것은 마치 고객을 바보취급하면서 도우려는 것과 같습니다. 이 사람들은 분명히 제가 제공하는 상품 때문에 혼란스러워했습니다. 모든 사람이 이해할 수 있게 자산배분 선택사항(고위험 성장형, 중위험 혼합형, 저위험 원금보장형 등)을 설명하려면 어떤 예를 이용해야 하는지 제 스스로에게 묻기 시작했습니다. 모든 사람이 운전을 할 줄 안다는 생각이 떠올랐습니다. 모든 종업원은 집에서 작업장까지, 다시 작업장에서 집까지 운전을 합니다. 그래서 저는 종업원에게 물었습니다. "선생님은 속도제한이 시속 80킬로미터일 때 어떤 속도로 운전하십니까? 정확하게 80킬로미터 이하로 운전하십니까? 또는 속도제한이 시속 80킬로미터라도 딱지를 떼이는 것은 실제로 시속 100킬로미터 이상이기 때문에 시속 100킬로미터로 운전하십니까? 아니면 계기판에 예수, 마리아 또는 요셉상을 붙여놓고 속도제한에 상관없이 마음껏 질주하십니까?"

종업원은 큰 소리로 웃고 나서 바로 자신은 시속 100킬로미터로 운전한다고 말했다. 저는 시속 100킬로미터의 경우에는 대개 중간적 위험보유 성향을 가진 사람이라는 상관관계를 설정해뒀기 때문에, 그 고객의 위험 보유성향에 가장 적합한 자산배분 선택사항을 소개했습니다. 그는 즉시 서명했으며, 만면에 웃음을 띠면서 돌아갔습니다. 저는 이런 유추를 계속 활용함에 따라, 계약 과정이 얼마나 빠르고 효율적으로 되는지 보고 놀랐습니다. 마치 혼란스러움에서 완전히 벗어나 곧바로 계약을 체결하는 것 같았습니다. 가입건수뿐 아니라 종업원당 투자금액도 상승했습니다.

직관적 도약(intuitive leap)이라는 방법을 이용하면서 톰의 401(k) 영업실적은 빠르게 상승했다. 개념은 간단하다. 즉 고객이 이해하지 못하는 개념을 설명하려면 고객이 이해하는 개념을 사용해야 하는 것이다.

당신이 고객과 함께 직관적 도약을 하기 위해 은유를 사용하는 방법을 일단 발견한다면, 통계에 근거한 제안같이 느린 접근방법은 포기할 것이다. 작가 네드 헤르만은 이렇게 말했다. 비유는 하나의 정신적 언어에서 또 다른 정신적 언어로, 문자적 언어에서 유추적 언어로의 전환이다. 비유의 힘은 번역을 통해 사람들이 곧 바로 이해한다는 데 있다.

보험회사가 고객에게 판매하는 '엄브렐러' 보장(umbrella of cov-erage)*도 은유의 한 예이다. 어느 누구도 우산 없이 폭풍우 속에 있지 않으려는 것과 마찬가지로, 모든 사람은 예측할 수 없는 인생

---

* 미국의 보험상품으로 화재보험이나 자동차보험과 같은 개별 보험상품의 보험가입금액 이상의 손해발생 시 그 부족분을 보험금으로 지급하는 상품. 여기에서는 이런 보장을 우산으로 표현함__역자

> 대화의 목적은 사람들에게 어떤 것을 보고 느끼도록 하는 것이다. 오늘날 브로커나 재무상담사가 사용하는 대부분의 제안은 이런 목적을 수행하지 못하고 있다. 그런데 은유를 통해서 고객의 이해를 넓힐 수 있다. 세계의 가장 위대한 대화자가 은유의 대가였다는 것은 단지 우연일까?

의 폭풍과 재앙에 노출되기를 바라지 않는다. 보험회사는 은유적 폭풍우로부터 고객을 보호하기 위해 특정한 보장 우산을 제공하고 있다. 모든 보험회사가 보장 우산이라는 약관 용어를 사용함에 따라 글자 그대로 하나의 상품이 되어버린 은유의 한 예이다.

적절한 은유를 사용하면 고객은 당신의 제안을 즉시 이해한다. 제안을 즉시 이해하게 되면, 고객은 더 신속하고 신뢰할 만한 의사결정을 내릴 것이다.

톰 롤리가 경험한 바처럼 은유를 사용하면 고객은 단지 생각만 하는 수준에서 생각하고 느끼는 존재로 변한다. 그가 은유를 사용하자마자 고객은 곧바로 다른 것과 연관 지을 수 있었던 것이다.

대화의 목적은 사람들에게 어떤 것을 보고 느끼도록 하는 것이다. 오늘날 브로커나 재무상담사가 사용하는 대부분의 제안은 이런 목적을 수행하지 못하고 있다. 그런데 은유를 통해서 고객의 이해를 넓힐 수 있다. 세계의 가장 위대한 대화자가 은유의 대가였다는 것은 단지 우연일까? 고객이 새로운 원칙과 개념을 모두 배울 수 있다고 기대하기는 어렵다. 당신은 오래되고 이미 이해하고 있는 것을 활용해 새로운 것을 가르칠 수 있다.

대부분의 사람이 투자업계의 전문용어에 능통하고 싶어 하지도 않고 또 그럴 필요도 없다. 그러나 대다수는 혼란스러운 용어와 상품설명서의 이면에 있는 원칙과 개념을 배우고 싶어 하며 배울 필요가 있다. 톰이 발견한 바와 같이 은퇴상품을 판매할 때는 특히 이런 필요성이 뚜렷해진다.

투자 안내서와 상품설명서는 일반적인 투자자에게 혼란을 일으킨다. 은퇴상품 안내서와 상품설명서는 혼란스러운 약관과 많은 양의 정보를 제공한다는 면에서 단연 으뜸이다. 수많은 정보공시를 요구하는 금융산업 관련규정에 따라 두껍고 읽기 어려운 판매자료가 만들어졌다. 이 자료를 조금만 보아도 사람들이 겁나서 도망갈 정도이다. 약관이 야기하는 스트레스, 혼동, 불신 때문에 브로커나 재무상담사는 은퇴투자의 원칙과 개념을 좀 더 단순화하고 명확하게 할 필요가 있다. 스토리셀러는 고객이 직관적 도약을 할 수 있도록 설득력 있는 예시와 은유를 현명하게 적용함으로써 이 목적을 달성할 수 있다.

당신은 고객에게 적절한 감정을 느낄 수 있도록 하는 직관적 도약을 통해 계약을 제안하거나 체결할 수 있다. 즐거움이나 두려움, 불안이나 마음의 평화이든 간에 목적은 고객의 결정능력을 즉각적으로 자극할 감정의 씨를 뿌리는 것이다.

당신 속에 숨어 있는 창조력을 발견하라

우리는 즉석유추연습(instant analogy exercise)을 통해 수백 명의 브로커와 재무상담사가 은유적 사고기법에 능숙해지도록 훈련시켰다. 이 연습이 어떻게 실행되었는지 여기에 소개한다.

특정상품(예를 들면 가치투자펀드, 연금)의 판매 안내서를 살펴보라. 당신이 할 일은 단지 방안이나 테이블 위에 있는 물건(탁상시계, 물컵, 펜, 사탕, 손목시계, 의자)만을 사용해 상품을 판매하는 것이다.

우리의 문제 중 하나는 모든 것에는 하나의 정답만 있다고 교육시킨 학교에서 성장해왔다는 것이다. 그래서 무의식적으로 어떤 일을 하는 데 올바른 방법은 오직 하나만 있다고 믿게 되었다. 그러나 판매에서는 수백만 가지 올바른 방법이 있다.

그리고 당신의 제안을 다른 재무상담사의 피드백을 통해 확인해보라. 이것은 '분석에 의한 마비'라는 최초 반응을 일으키는 자유연상연습이다. 당신이 리퍼 사와 모닝스타 사를 벗어나 생각하고 말할 수 있다는 것을 깨달을 때까지 약 30~60초 정도 걸린다.

이 연습의 이점은 브로커와 재무상담사가 아직 개발하지 않은 창조적 사고잠재력을 깨닫도록 하는 데 있다. 사람들은 자신의 뇌가 상품과 외관상 관련이 없는 물건 사이를 신속하고 창조적으로 연결시키는 것을 보고 자주 놀라곤 한다. 우리는 참가자가 즉석유추연습에서 제안한 내용의 단순성과 심오함에 자주 경탄을 금치 못했다. 고객이 모르는 어떤 것(펀드)을 그들이 이해하는 어떤 대상의 언어로 바꾼다는 것이 이 접근방법의 장점이라고 할 수 있다.

자신이 특별히 창조적인 사람은 아니라고 생각하는 어느 브로커의 사례를 소개한다. 그는 시계를 들고 말하기 시작했다.

저! 있잖습니까? 10달러짜리 시계나 만 달러짜리 시계나 모두 당신에게 같은 시간을 알려줄 것입니다. 정보가 부족하거나 모양에 쉽게 현혹되는 사람은 두 종류의 시계에 대한 가치를 평가하기가 어려울 것입니다. 즉 싼 시계를 비싸게 사거나, 비싼 시계가 값싼 시계와 똑같은 성능을 발휘하는 것으로 생각해서 비싼 시계를 과소평가하게 될 것입니다. 이 비싼 시계를 보면 충분한 정보를 가진 사람은 이해하고 가치를 평가할 만한 수공예품, 부품, 브랜드가치 등이 있음을 알 수 있습니다. 가치펀드가 운영되는 방법도 이와 같습니다. 펀드 매니저는 피상적인 것과 실속 있는 것을 구분하기 위해 무엇을 찾아야 할지 알고 있습니다. 그들은 사람들이 가치가 낮은 회사에 대해서는 지나치게 높은 가격을 지불하는 반면 가치가 높은 회사에 대해서는 그 가치만큼 충분히 지불하지 않고 있다는 사실을 알고 있습니다.

이 재무상담사가 그의 유추를 참가자에게 발표했을 때 참가자로부터 뜨거운 박수갈채를 받았다. 이 연습을 시작할 때 재무상담사의 얼굴에 나타난 당혹감은 하나의 아이러니였다.

사람들은 구속에서 벗어나려고 대기하고 있는 자유로운 연상 및 은유적 사고체계를 가지고 있다. 우리의 문제 중 하나는 모든 것에는 하나의 정답만 있다고 교육시킨 학교에서 성장해왔다는 것이다. 그래서 무의식적으로 어떤 일을 하는 데 올바른 방법은 오직 하나만 있다고 믿게 되었다. 그러나 판매에서는 수백만 가지 올바른 방법이 있다. 어떤 방법이 효과가 있으면 그 방법으로 하라. 어떤 방법으로 돈을 벌 수 있으면 그 방법을 사용하라.

수많은 성공한 브로커와 재무상담사가 상품을 판매하고 개념을 설명하는데 고도의 개인적인 유추를 사용하는 것처럼, 훈련을 받은 수백 명의 브로커나 재무상담사는 투자펀드와 물컵을 비교하는 데 제각각 독특한 방법을 찾아냈다.

우리는 당신이 이 책에서 값지고 유용한 유추와 사례를 얻기를 바란다. 그러나 더 중요한 목표는 당신이 가진 창조적 자원을 자유롭게 하여 스토리셀러처럼 생각하는 것이다. 자유자재로 대화를 할 수 있게 되어 판매보조수단으로 메모장과 펜만 사용하는 사람을 본 적 있다. 당신은 오로지 상상력에 의해서만 제약받을 뿐이다.

힘든 판매를 유추를 사용해 해결한 유머러스하고 대담한 사례를 보험중개사인 폴에게서 듣게 되었다.

저는 보장내용, 상품특징 등에 대해 전혀 듣고 싶어 하지 않는 대기업 오너와 보험계약을 체결하려고 했습니다. 그 사람은 기간 대비 가장 낮은 보험료를 원했습니다. 그에게 가장 낮은 보험료를 제시하는 사람이라면 누구든지 계약을 체결할 수 있었을 것입니다. 저는 그의 근시안적 접근방법을 보고 놀랐습니다. 그가 보험구매의 동기에 대해 거의 이해하지 못하고 있음을 알았기 때문에, 저는 아무것도 잃을 것이 없다는 결론을 내리고 창조적 접근방법을 시도해보기로 결심했습니다.

저는 다음 상담을 위해 두 가지 제안을 준비했습니다. 첫 번째 제안은 보장이 하나도 없으며 매년 1달러의 보험료만 내는 것입니다. 두 번째 제안은 필요한 보장금액에 따라 보험료를 내는 것입니다. 그의 사무실로 가는 길에 변기압축기를 하나 샀습니다.

제가 사무실에 들어가자 그는 제 손에 있는 변기압축기를 보면서 물었습니다. "그것을 왜 갖고 왔나?"

"잠시 뒤에 말씀드리겠습니다"라고 말한 후 "먼저 제안서를 검토해주시겠습니까?"라고 말했다.

"그래." 그는 신경질적으로 웃었고, 저는 자리에 앉았습니다.

"회장님, 가격이 유일한 고려사항이라고 말씀하셨는데, 맞습니까?"라고 제가 물었습니다.

"그렇지."

저는 첫 번째 제안을 건넸습니다. "가격 하나만 보면 이것보다 더

싼 보험상품은 없을 것이라 확신합니다."

"그래? 폴, 자네 지금 내 앞에서 잘난 척하려는 건가 뭔가?"라면서 불쾌해했습니다.

저는 변기압축기를 들어 회장의 책상 위에 올려놓았습니다. "변기압축기 때문에 여기에 올 수 있었습니다. 오늘 여기에 오는 도중에 보험을 구입해야 한다는 것이 얼마나 불쾌한 일인가 하는 생각이 들었습니다. 회장님은 결코 보험을 이용할 필요가 없기를 바라면서 보험을 구입합니다. 보험은 제가 여기에 오는 도중에 산 이 변기압축기와 같이 끔찍한 것입니다. 회장님은 변기압축기를 사용하기를 바라면서 구입하지는 않으십니다. 그러나 변기압축기가 필요한 사태가 발생했는데 변기압축기를 가지고 있지 않다면, 회장님은 무릎을 꿇고 열심히 변기통과 씨름하는 자신을 볼 것이고, 그러면 결코 행복하지는 않을 것입니다."

그가 나와 변기압축기를 노려보면서 상황을 파악하는 동안 나는 초조한 침묵의 시간을 보냈습니다. 드디어 그의 입가에 웃음이 살짝 터지면서 저에게 물었습니다. "진짜 제안서를 보여주게."

저는 그제야 두 번째 제안서를 건넸고, 또 그의 질문에 하나하나 답변을 했습니다. 놀랍게도 그는 계약을 체결하겠다고 말했습니다.

내가 가려고 하자, 그가 악수를 청하면서 말했습니다. "내게 이렇게 제안하다니 자넨 정말 대단하네. 덕분에 자넨 계약을 성사시킬 수 있었네."

"회장님께서는 제가 제시하려는 고보장 고보험료의 논리를 듣지 않으실 것을 이미 알고 있었습니다. 이와 같은 하나의 드라마를 통해 회장님이 제가 바보이거나 아니면 똑똑한 사람이라고 생각하셨을 것이고, 진실을 말씀드렸다는 것을 회장님이 알아주시길 바랐습니다."

성공적인 스토리셀러가 되기 위해서 이렇게 허세나 쇼맨십을 보일 필요는 없지만, 폴의 이야기에서 합리적인 설명으로 이끌어낼 수 없는 의사결정을 유추를 통해 해결할 수 있다는 사실을 확인할 수 있다. 합리적인 설명은 방어적 태도를 불러일으킨다. 유추는 호기심을 자극한다. 당신이 제안을 할 때 직관적 도약을 사용하는 법을 배운다면, 고객은 더 편한 시간을 갖게 될 것이다. 이것은 설명하는 시간을 줄이는 한편, 궁극적으로 당신이 관리하는 고객의 자산을 증가시킬 것이다.

적게 말하면서 더 많은 것을 성취하는 방법

하나의 예시는 설명, 논리, 정당성, 비교 및 분석 등을 하는 데 소요되는 60분의 시간을 절약할 수 있다. 최고의 영업사원은 고객이 실제 구매행동 이전에 감정적으로 그 개념을 먼저 구매한다는 것을 알고 있다. 날카로운 예시야말로 개념을 구매하는 데 가장 효율적인 수단이다. 전통적인 논리중심의 판매방법을 보면 <그림 7-1>과 같이 즉석에서 결점이 발견된다.

전형적인 판매방법은 직선방향을 따라간다. 명확한 설명을 위해 A, B, C, D를 다음과 같이 정의하기로 한다.

A = 우리가 정답이라고 인식하는 상품

〈그림 7-1〉 직선형 판매 과정

B = 다른 사람이 우리 상품을 구매해야 하는 이유
C = 구매에 대한 흥미로운 이유를 추가
D = 의사결정을 내린다

당신은 고객의 니드에 부응할 상품(A)을 제시한다. 그리고 평가등급, 순위, 성과, 역사 등과 같은 특징(B)에 대해 이야기하기 시작한다. 전통적으로 이 시점에서 고객의 반대의견이 나오길 기다렸다가 흥미로운 논리(C)로 반대의견을 처리하려고 한다. 최종적으로 당신의 설득력과 논리가 먹혀 들어가기를 바라면서 의사결정을 내리도록 유도한다.

오로지 직선형 논리에만 의존하는 제안과정은 태생적인 결점을 가지고 있다. 첫째, 고객의 감성과 상상력을 자극하지 못하기 때문에 실패한다. IBM의 최고경영자인 로 거스트너는 "당신은 사람의 감성에 호소해야 합니다. 고객은 단지 머리만이 아니라 온몸으로 구매합니다"라고 말했다. 둘째, 논리에 기초한 제안은 반대를 불러온다. 셋째, 단계적인 논리적 설명으로 인해 고객의 말을 경청할 수 있는 귀중한 시간을 빼앗기게 된다.

당신이 의사결정을 얻어내고자 할 때 또 다른 문제가 발생한다. 고객이 반대의견을 제기하면 당신은 더 많은 증거로 입증해야 한다. 대부분의 고객은 반대의견을 말하지 않고 가슴속에 묻어두고

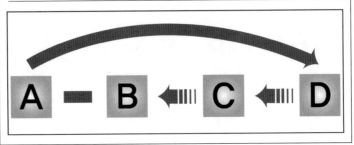

〈그림 7-2〉 직관적 도약

있다. 게다가 당신은 고객의 가슴속에 있는 반대의견을 덮으려
하고 있다. 이것이 아마도 세 명 중 한 명의 고객이 자신이 확신하
지 않는 어떤 것을 구매하도록 강요를 받았다고 말하는 이유이다.
논리는 과대평가되고 있다. 성공적인 영업사원이 발견한 바와 같
이 약 80%는 감성이고 20%는 논리이다(<그림 7-1> 참조).

당신이 고객에게 이 상품은 5개 별 중에서 4개의 별을 받았고,
189개 동종 펀드 중에서 29위를 차지했다고 말하면, 상대적인 반
대의견이 제기될 수 있다. 예를 들어 "어떤 상품이 첫 번째이고
다섯 개의 별을 받았나요?" 비록 고객이 이렇게 말하지 않아도
속으로는 그렇게 생각하고 있을 것이다. 직관적 도약은 반대의견
에 대해 설명하기보다는 의사결정을 내리도록 영향을 미치는 감성
이나 상상력을 발휘시키려 바로 제일 오른쪽으로 이동한다(<그림
7-2> 참조). 최고의 스토리셀러는 감성의 정곡을 찌름으로써 설명,
논리, 정당성, 비교, 논리를 최소화할 수 있는 이야기를 하거나
유추 또는 예시를 해줄 수 있는 능력을 갖고 있다.

효율적인 판매방법은 (충분한 발굴을 전제로) 상품이 무엇인지 공
유하고, 상품이 운영되는 방법에 대해 명확하고 쉽게 이해할 수

있는 예시를 제시하고(A), 상품이 고객의 니드에 적합한지 물어봄으로써(D) 완성되는 것이다. 이 시점에서 고객이 특별한 특징이나 분석에 대해 질문한다면 뒤로 돌아가(B) 대답하면 된다. 왜 필요하지도 않은 상세한 내용을 설명하는 데 많은 시간을 낭비해야 하는가(C)? 고객이 일단 상품과 서비스에 감성적으로 안정과 평온을 찾게 되면 문제는 해결된다. 고객은 원한다면 상품설명서를 집으로 가지고 가서 볼 것이다. 당신이 고객을 제대로 아는 것이야말로 당신의 시간을 가장 훌륭하게 사용하는 길이다(<그림 7-2> 참조).

이 장과 다음 장에서 다룬 예시, 유추 및 은유는 고객의 이성적 니드뿐 아니라, 감성적 니드를 충족시키는 데 도움이 되도록 설정되었다. 고객이 당신이 선전하고 있는 아이디어에 대해 좋은 감정을 가지고 있지 않다면, 이 세상의 어떤 논리적인 것도 그 감정을 바꾸지는 못할 것이다. 고객을 깨우치기 위해 시의적절하면서 목표가 분명하게 설정된 예시와 유추를 사용하면 당신의 시간은 절약되고 실망하는 경우도 줄어들 것이다.

이 기술을 숙달한 브로커와 재무상담사는 틀림없이 세부적인 내용을 설명하고 반대를 극복하는 데 훨씬 더 적은 시간을 소비할 것이다. 이들은 직관적 도약을 활용하는 방법을 알고 있다.

고객이 진정 원하는 것

고객과 함께 직관적으로 도약하기를 활용할 때, 그 효과는 부분적으로 고객이 가장 필요로 하는 무형의 니드에 감정이입을 할 수 있는 능력에 좌우된다. 성능이 좋은 사회적 레이더(감정이입)를

당신이 이런 특별한 니드를 파악하려면 사회적 레이더를 개발해야 한다. 이 레이더는 당신이 소유할 수 있는 가장 효과적인 기술일 것이다. 이 기술은 고객의 자산이 아니라 고객의 감정에 전심전력으로 귀를 기울이는 경청자가 됨으로써 개발할 수 있다.

가진 브로커나 재무상담사는 고객의 무형적 니드가 어떤 것인지 잘 파악해낸다. 고객은 단지 주식, 채권, 뮤추얼펀드 또는 연금을 사고 싶다고 해서 당신을 찾아오는 것은 아니다. 고객은 오히려 재무적 문제에 대한 희망, 자유, 지위, 독립, 안전, 마음의 평화, 안정 그리고 단순성, 또는 그외 수많은 무형의 니드를 바라기 때문에 찾아오는 것이다. 이런 니드가 고객 내부에서 요동치고 있고, 당신이 이런 니드를 파악해서 설명해주기를 바라고 있다.

당신이 이런 특별한 니드를 파악하려면 사회적 레이더를 개발해야 한다. 이 레이더는 당신이 소유할 수 있는 가장 효과적인 기술일 것이다. 이 기술은 고객의 자산이 아니라 고객의 감정에 전심전력으로 귀를 기울이는 경청자가 됨으로써 개발할 수 있다.

다른 사람이 말을 하기 전에 다른 사람이 어떻게 느끼는지 알 수 있어야 한다. 고객은 보통 말로 감정을 드러내지 않는다. 그들은 목소리, 얼굴표정, 신체언어 등으로 말한다. 바로 이것이 고객이 당신에게 말하는 것이다. 그들은 어떤 중요한 희망이나 두려움을 지니고 당신 사무실을 방문한다. 그 희망과 두려움이 어떤 것인지 파악한 후 그 희망과 두려움을 충족시켜주거나 해결해주는 것이 당신의 목표가 된다.

우리는 투자자에게 이런 질문을 했다. "마음속에 어떤 니드를 느끼기 때문에 재무상담사나 브로커를 만나고 싶어 합니까?" 다음이 우리가 들었던 몇 가지 대답이다.

- 돈을 제대로 투자하고 있는지 의심스럽다.
- 세부적인 것을 알고 싶지 않다.
- 늙은 부모님처럼 노후에 근근이 살아갈까 두렵다.
- 모든 투자를 단순화시키고 싶다. 이 모든 것에 신경을 쓰기가 너무 힘들다.
- 내 가족의 삶이 확실히 보호받기를 원한다.
- 지금부터 10년 후에 원하는 것을 마음껏 할 수 있는 자유를 바란다.
- 필요한 만큼 돈을 충분히 가질 수 있다고 생각하지 않는다.
- 현재의 재산과 라이프스타일을 유지하고 싶다.
- 무슨 말을 하는지 제대로 아는 사람과 대화하고 싶다.

고객이 느끼는 두려움, 불확실성, 의심

모든 고객의 내부에는 두려움, 불확실성 및 의심의 느낌이 분명히 있다. 고객은 희망을 가지고 있다고 말하지만, 고객이 진정 가지고 있는 것은 자신의 희망이 실현되지 않을 것이라는 두려움이다. 직관적이고 감정이입적인 재무상담사는 사회적 레이더로 이 무형의 두려움, 불확실성, 의심을 파악하는 것을 배웠고 두려움을 완화시킬 수 있다. 두 가지 요소가 투자자에게 동기를 부여한다. 이 두 가지는 (1) 얻는 것(탐욕)과 (2) 잃는 것(두려움)이다.

연구에 의하면 결과에 대한 두려움이 훨씬 큰 동기부여 요소(3 : 1비율)로 밝혀졌다. 당신은 목표와 미래에 대해 이야기할 수 있고 이야기해야 한다. 그러나 많은 사람은 미래목표를 형상화하는 데 어려움이 있으며, 미래목표를 향해 지속적으로 나아가는 자기절제력이 부족하다. 그들은 과거를 형상화하는 데는 어려움이 없으며, 되돌아가고 싶지 않다는 것도 확실히 알고 있다. 이럴 때는 고객에게 가장 잠재력이 큰 두려움을 해결해주는 상품과 서비스에 초점을 둘 것을 제안한다. 모든 사람은 돈과 관련해 어떤 두려움을 가지고 있다. 어떤 사람은 충분히 많이 벌지 못할까 두려워하며, 다른 사람은 축적한 재산을 제대로 관리하지 못할까 두려워한다.

한 남성이 방문해서, 45세에 은퇴하여 전 세계를 여행하려는 큰 계획을 가지고 있다고 말했습니다. 그 고객은 상당한 낙관주의자였고 늘 웃음을 지었습니다. 그는 37세의 나이로 돈을 많이 벌고 많이 썼습니다. 이 사람이 어떤 사람인가 살펴보니, 많은 재능을 가졌는데도 자기절제력이 부족한 사람이었습니다. 그는 입 밖에 내어 말하지 않았습니다만 조기 은퇴를 할 만큼 충분한 자기절제력이 없다는 사실을 두려워하고 있음을 느꼈습니다. 저는 이 부분에 이미 숙달되어 있었기 때문에 그에게 은퇴에 대한 체계적 접근방법을 설명해줬습니다. 제가 세운 계획을 따르면 고객의 목표를 달성할 수 있을 것이라고 말했습니다. 제가 많은 고객에게서 발견해왔던, 그리고 그도 지니고 있는 충동이나 기벽을 억제시킬 수 있음을 알고, 그는 평온하고 안정된 마음으로 사무실을 떠났습니다.

게리 K., 재무상담사

이 경우에는 충동적 행동에 대한 두려움 때문에 고객이 재무상담사를 찾게 된 것이다. 사람들은 저마다 고유의 두려움과 불확실성을 가지고 있다. 지금까지 성공한 브로커와 재무상담사가 사회적 레이더를 충분히 개발함으로써 다른 사람의 무형의 감정적 니드를 해독할 수 있다는 것을 지켜보았다. 너무나 많은 브로커와 재무상담사는 특정상품의 판매에 열중한 나머지 고객으로부터 나오는 두려움과 불확실성의 메시지에 주의를 기울이지 않거나 무시해버린다. 그들은 자기가 준비한 것만 적극적으로 밀어붙이고 고객의 모든 감정적 신호를 무시한다. 그들은 판매에만 너무 열중한 나머지 판매를 못하고 만다.

무형의 니드에 관해 당신이 할 일은 간단하다. 즉 그것을 발굴하고 그것을 충족시키는 것이다. 감정이입이란 고객이 당신에게 말하는 것을 경청하는 것만을 의미하지 않는다. 감정이입은 행간에 숨은 뜻을 읽어내는 능력이다. 상품을 판매할 때 당신은 실제로 감정 — 무형상품을 판매하는 본질 — 을 판매하는 것이다. 고객의 무형적 니드를 읽을 수 있는 사람에게 유형적 성공이 뒤따라오게 된다.

고객이 직접 느끼도록 하라

고객이 어떤 것을 느끼도록 한다는 논리는 자동차 판매원이 잠재구매자에게 관심을 갖고 있는 자동차를 시운전해보도록 하는 이유에서 찾을 수 있다. 판매원은 고객이 편안함, 새 차에서 풍기는 매력적인 냄새, 코너를 돌 때 타이어의 변속 및 제어상태 등을 느껴보기를 바라고 그렇게 한다. 잠재구매고객이 한번 운전대를 잡고 다감각적인 경험을 하면, 이 특정차량을 소유할 니드를 점점 합리화시키게 된다.

예시, 유추 그리고 은유에 의한 직관적 도약은 고객 두뇌의 시각적 측면에 영향을 미친다. 일단 어떤 것을 '보면' 고객은 이해할 수 있다. 사실, 통계, 주장은 '보기'가 어렵다.

승용차 시승경험을 안내장을 보는 것과 어떻게 비교할 수 있을까? 비슷한 수준이 결코 아니다. 자료를 통해 상상력과 감성을 자극하는 것은 아주 한정적일 수밖에 없다. 당신은 고객이 무엇인가 느끼도록 할 필요가 있다.

고객으로 하여금 시용해보게 하라

모든 분야에서 최고의 세일즈맨은 실제로 고객에게 상품을 시용(試用)해보게 한다. 물론 승용차나 비싼 손목시계와 같은 고가의 유형상품에 적용하는 것이 훨씬 쉽지만, 숙련된 스토리셀러는 일상적으로 투자와 같은 무형상품을 판매할 때도 같은 기법을 활용한다. 당신이 직접 다음과 같은 말의 차이를 한번 느껴보라. "이 투자는 6%의 수익률을 올릴 것입니다"와 "여기에 투자하면 매월 286달러를 받을 수 있습니다. 어떠십니까?" 자, 이것이 투자에 대해 고객이 시용하는 것이다. 무미건조한 수학적 거래에서 투자를 통해 지급받을 수 있는 수입으로 형상화함으로써 당신은 제안을 고객이 느낄 수 있는 수준으로 높일 수 있다.

사람의 뇌는 불가항력적이고 자동적인 정형화된 시스템으로 작동한다. 결혼이라는 단어를 들으면 신경논리회로가 자동적으로 사람의 기억은행에 영향을 미치게 되어, 특정한 그림과 감정이 동시에 떠오른다. 삶의 경험과 관련된 어떤 단어를 들을 경우에도 마찬가지로 정형화된 시스템으로 작동한다. 색깔, 이름, 장소, 목표 또는 직업이 언급될 경우, 사람의 뇌는 처음에 그림과 감정을 상기시키고 나중에 정보를 생각한다.

나는 다락방이 있는 푸른색 2층집을 볼 때마다 아이들이 어렸을 때 살던 집을 회상하게 된다. 그리고 바로 감정과 단편적인 이미지가 넘쳐흐르게 된다. 사람은 이성적인 동물일 뿐 아니라 시각적이고 감정적인 동물이다. 모든 스토리셀링은 이 사실을 인식하고 판매과정에 활용하는 것이다.

예시, 유추 그리고 은유에 의한 직관적 도약은 고객 두뇌의 시각적 측면에 영향을 미친다. 일단 어떤 것을 '보면' 고객은 이해할 수 있다. 사실, 통계, 주장은 '보기'가 어렵다.

당신이 은퇴, 목표 및 희망 등과 같은 단어를 언급할 때, 단순히 고객이 무엇을 말하는지가 아니라 고객의 말 속에 있는 감정에 귀 기울이도록 하라. 고객이 무슨 말을 하는지 전체 그림을 파악하고, 당신이 고객의 목표에 도달하는 데 필요한 길과 지도를 볼 수 있다는 것을 알려줘라.

고객과 함께 직관적 도약을 하면 시간을 절약할 수 있고 성과를 거둘 수 있다. 직관적 도약은 고객에게 집중해야 할 이미지를 제공하게 되어 결과적으로 당신이 관리하는 투자자산은 더욱 증가하게 될 것이다. 또한 투자의사결정을 내리는 데 반드시 필요한 감정적 니드를 충족시켜줄 수 있다. 성공적인 브로커와 재무상담사가 이런 방법으로 제안하는 이유가 바로 여기에 있다. 직관적 도약을 사용할 때 사업은 비약적으로 성장한다. 401(k) 전문가 톰은 이렇게 말했다. "일단 '이해가 되면' 돈지갑은 열린다."

8
고객과 상품에 감동을 주는
유추와 은유 사용하기

단연코 가장 위대한 것은 은유의 대가가 되는 것이다.

아리스토텔레스

커미션에 의존해 돈을 버는 모든 브로커나 재무상담사는 계약체결기법이 성공적인 판매에 얼마나 불가결한 요소인지 알고 있다. 계약을 체결하지 못하면 역량 있는 발굴이나 역동적인 제안은 모두 허사가 되어버린다. 은퇴전문 재무상담사로 일한 적이 있는 사람이 이렇게 말했다.

제게는 훌륭한 대인관계기술이 있었고 사람들은 저를 좋아했습니다. 저는 사람들로 하여금 이야기를 하도록 할 수 있었습니다. 저의 상품제안은 정열적이면서 흥미로웠으나, 결정적인 계기를 만들어 계약을 체결할 수 없었습니다. 제가 고객의 생각보다 너무 앞서가고 있지 않나 늘 걱정했습니다. 저는 6개월 만에 파산하고 다시 가르치는 일을 시작했습니다.

톰 롤리가 발견한 것과 같이 올바른 유추를 사용하면 고객은 직관적 도약을 통해 계약체결단계에 도달한다. 시속 80킬로미터로 운전하는 것과 같은 유추는 의지적 과정을 열어주기 위해 필요한 감정을 자극한다. 간단히 말하면 정확한 감정을 자극하면 결정은 쉽게 이뤄진다.

많은 사람이 계약체결이 어렵다고 하는 이유는 결정하기 위해 자극되어야 할 적절한 감정이 아직 자극되지 않았다고 느끼기 때문이다. 통계자료나 정보자료는 고객과 감정적으로 아무 연관이 없고, 고객에게 무관심하고 혼란스럽고 적대적인 상태에서 의사결정을 내리도록 강요하기 때문에 계약체결을 어렵게 한다. 고객이 이런 상태에 있을 때 판매자가 계약을 체결하려는 사실 자체만으로도 고객의 감정상태에 대한 감정이입이 절대적으로 부족하다는 것을 단적으로 보여준다. 고객의 관점에서 볼 때, 어설픈 계약체결 시도는 또한 판매자의 진정한 동기가 무엇인지 알고자 하는 계기가 되기도 한다. 고객의 저항적이고 불확실한 감정에 귀를 기울이지 않는다면, 고객은 그 브로커의 최우선 관심사가 본인의 이익에만 있다고 암암리에 간주할 것이다. 스토리셀러는 계약을 유도하거나 계약을 체결하기 전에 감정적인 혼란을 해결한다.

이 장에서는 당신의 사업을 발전시키기 위해 직관적 도약을 어떻게 활용할 것인가에 대해 살펴보기로 한다. 구체적으로 다음과 같은 것을 고찰할 것이다.

- 직관적 도약(예시, 유추, 은유)에 사용되는 설득수단
- 자극적인 직관적 도약이 실적과 수입의 증대, 판매주기의 단축, 반대의 무력화, 관리자산의 증대 등에 영향을 미치는 정도

- 고객의 무형의 니드를 읽고 충족시키는 방법(사람들은 내부의 무형의 니드를 충족시키거나 달래기 위해 구매한다. 가장 성공적인 브로커와 재무상담사는 행간의 숨은 뜻을 파악해내고 무형의 니드에 대응해 판매한다)

설득수단

- **예시** 특정 사물이나 사안을 분명하게 이해하도록 돕는 예나 보기
- **유추** 서로 다른 사물 간에 일부 특별히 닮은 점, 유사성
- **은유** 어떤 것을 마치 다른 것처럼 빗대어 언급하는 언어형태

예시

예시를 사용하면 당신의 판매제안에 역동성을 더할 수 있다. 간단한 예시는 고객의 눈과 관심을 집중시킨다. 예술가적 재능이 부족한 사람에게는 막대 그림*만으로도 괜찮다. 예시를 현명하게 사용하면 브로커나 재무상담사가 풀어나갈 수수께끼 같은 역할을 할 수 있다. 사실 예시된 수수께끼는 때로는 재무상담사가 내린 처방과 똑같다.

저명한 스토리셀러 케이 셜리는 분산투자의 중요성을 잘 이해하

---

* 어린이가 사물을 그릴 때 중요한 부분만 주로 직선과 동그라미를 통해 형상화하는 것을 의미함__역자

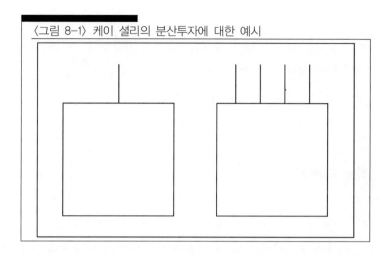
〈그림 8-1〉 케이 셜리의 분산투자에 대한 예시

지 못하는 고객을 만나면 이런 예시를 사용한다. 그녀는 종이 위에 두 개의 네모를 그리고(<그림 8-1> 참조) "이것이 무엇입니까?"라고 고객에게 묻는다. 그들은 "생일 케이크"이라고 대답하기도 하지만, 대부분의 사람은 간단히 "모르겠습니다"라고 대답한다. 그러면 케이가 대답한다. "이것은 엘리베이터입니다. 이제 지진이 발생했다고 가정할 때 고객님은 어느 것을 타시겠습니까?"

간단한 예시를 통해서 케이는 대부분의 사람이 한 시간 동안 설명해도 해낼 수 없던 것을 고객에게 설명하고 확신시킬 수 있다. 이것은 직관적 도약의 한 예이다. 이런 예시를 사용하고 고객의 반응을 관찰해보라. 고객이 고개를 끄덕이거나 웃음을 터뜨리거나 능글맞게 웃는 것을 당신은 보게 될 것이다. 또는 "그것 마음에 드네!" 또는 "이제야 알았다" 또는 "그것 멋지군. 정말 멋져" 하고 말할 것이다.

케이의 예시는 다음과 같은 수많은 스토리셀링 요소를 활용하고 있다.

- 개념을 예시했다.
- 대부분의 사람이 연상할 수 있는 유추를 사용했다.
- 직관적인 질문을 던졌다(대부분의 사람은 위급한 시기에 어느 엘리베이터가 좋은가 알기 위해 오랫동안 생각할 필요가 없다).
- 고객을 감정(안전성)으로 설득했다.

집을 지어라

재무상담사가 수행하는 역할을 설명할 때 폴 배사벨리는 집 그림 그리기를 좋아한다. 그는 단순한 막대 그림만으로도 충분하다고 한다(<그림 8-2> 참조). 폴은 고객에게 말한다.

저는 고객님이 꿈꾸는 집이 어떤 것인지 모릅니다(이 그림과 같지는 않을 겁니다). 아마도 고객님은 이미 집을 지었거나 아니면 언젠가 집을 지으려고 하실 겁니다. 저는 재무계획을 수립할 때 진정 고객님이 그 집의 건축가이기 때문에 이것을 그린 겁니다. 고객님은 미래에 어떻게 살고 싶은지 알고 계십니다. 고객님은 마음속에 그 그림을 가지고 계십니다. 저는 집을 짓는 데 최고의 숙련된 일꾼만을 고용한다는 것을 보장받기 위해 고객님이 고용한 종합건설업자와 같은 역할을 수행하고 있습니다. 세금문제가 있다면 우리는 세무사를 필요로 할 것입니다. 유언장이나 신탁문제가 있으면 변호사가 필요할 것입니다. 주식, 채권 및 연금 등이 고객님이 꿈꾸는 집의 일부일 수도 있습니다. 이런 모든 특징에 적합한 가장 훌륭한 사람과 회사를 찾아내서 고객님이 꿈꾸는 집을 짓도록 하는 것이 저의 역할입니다. 이 일을 잘해내기 위해서 저는 고객님이 꿈꾸는 집이 어떠한 모습을 하고 있는지 잘 파악해야만 합니

〈그림 8-2〉 폴 배사벨리의 집

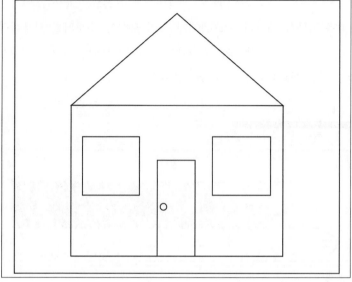

다. 고객님이 꿈꾸는 집에는 어떤 방, 어떤 설비, 어떤 창문 및 특징이
있습니까?

　폴은 고객의 희망, 목표 및 현실을 확인하는 발굴과정을 이렇게
시작한다. 고객은 항상 이 예시로 편안해지는 것 같다고 폴은 말한
다. 대부분의 사람은 희망하는 집에 대한 생각을 갖고 있으며 이것
을 관련주제와 연결시키는 것이 재무계획을 짜는 것보다 쉽다는
것을 알고 있다.

자신감 측정기

은퇴전문가 샌드라는 고객에게 소위 자신감 측정기를 사용한다. 그녀는 '0'으로 시작되어, 중간에는 5, 마지막에는 10으로 끝나는 수평선을 그린다(<그림 8-3> 참조).

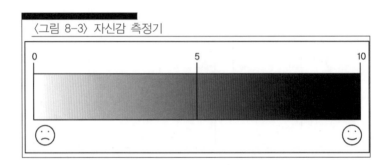

〈그림 8-3〉 자신감 측정기

그리고 나서 샌드라는 고객에게 묻는다. "존스 선생님, 사모님, 이것은 일명 은퇴 자신감 측정기라는 것입니다. 0이 가장 낮고 10이 가장 높습니다. 선생님과 사모님은 원하는 생활수준으로 원하는 시기에 은퇴할 수 있다고 지금 현재 얼마나 자신하고 계십니까?" 그녀가 펜을 고객에게 건네주면, 고객은 수평선 어느 부분에 표시한다.

고객은 가끔 상대적으로 낮은 숫자를 표시할 것이다. 상담이 끝날 무렵 샌드라는 고객이 표시했던 자신감 측정기를 다시 꺼내면서 말한다. "조금 전에 했던 은퇴 자신감 측정기를 다시 한번 해보고 싶습니다. 이제까지 논의한 아이디어를 기초로 하여, 선생님과 사모님은 원하는 시기에 원하는 생활수준에 필요한 자금을 확보해서 은퇴할 수 있다고 얼마나 자신하고 계십니까?"

어떤 사람은 약간 증가할 것이고, 또 다른 사람은 상당히 많이 증가할 것이다. 어떠한 증가도 발전이다. 고객은 자신이 만들어낸 발전을 실제로 느낄 수 있는 시각적이고 주관적인 결과물을 갖게 된다.

샌드라는 성공적인 은퇴에 대한 스트레스를 받지 않고 살아갈 수 있도록, 즉 고객을 10점까지 도달하도록 하는 것이 자신의 목표라고 고객에게 말한다.

10점까지 도달하는 데 시간이 걸리더라도 고객이 목표지점에 도달할 때까지 함께 일할 것이며, 그 후에도 계속 그 상태에 있을 수 있도록 하겠다고 고객에게 보증한다.

스토리셀러는 결정하는데 필요한 적절한 감정을 자극하는 역할을 한다. 이 자심감 측정기는 고객에게 맨 처음 은퇴전문가를 왜 방문했는지를 상기시킬 것이다. 제13장에서는 더 많은 이야기를 심층적으로 다룰 것이다.

검증된 은유

브로커와 재무상담사가 시장변동과 가치투자원칙을 효과적으로 설명하기 위해 사용하고 있는 검증된 그리고 매우 효과적인 은유가 있는데, 그것은 바로 벤자민 그레이엄(Benjamin Graham)이 언급한 시장 아저씨(Mr. Market)이다.

우리가 성공하기를 바란다면 가장 성공한 투자가를 찾아서 그가 하고 있는 것을 그대로 하라고 고객에게 말하곤 합니다. 워런 버핏이 가장 좋은 사례가 될 것이며, 대부분의 사람은 그를 알고 있습니다. 저는 버핏을 연구했고, 버핏이 자신의 성공을 상당 부분 두 사람의 공으로 돌린다고 고객에게 말합니다. 첫 번째 사람은 버핏에게 '10가지 가치투자원칙'을 가르쳐준 대학교수이자 스승인 벤자민 그레이엄입니다. 두 번째 사람은 그레이엄이 버핏에게 시장 아저씨라고 소개한 사람입니다. 시장 아저씨는 일반시장, 특히 주식시장의 정신분열적이고 비논리적인 행위에 대한 완벽한 은유입니다. 지속적인 변동에 대한 시장 아저씨 비유는 고객을 진정시키고 침체된 마음상태를 극복하도록 하는 것 같습니다.

카일 D., 브로커

벤 그레이엄은 매우 가까이서 시장 아저씨를 지켜보고 그가 실수할 때 이익을 창출하라고 워런 버핏에게 가르쳤다. 다음은 벤 그레이엄이 시장 아저씨에 대해 쓴 글이다.

당신은 주식시세가 당신의 개인사업의 파트너이자 시장 아저씨라고 하는 매우 친절한 사람으로부터 나온다고 상상해야만 한다. 어떤 실

모든 고객은 시장변동을 어리석고 조울증이 있는 사람으로 생각할 수 있다. 모든 훌륭한 은유와 마찬가지로 시장 아저씨 은유는 고객에게 새로운 이해를 갖게 해준다. 이제까지 스트레스로 고객을 잠 못 이루게 한 바로 그 요소가 이제는 기대감으로 잠 못 이루게 한다.

패가 없다면 시장 아저씨는 매일 나타나서 당신의 지분을 사거나 그가 팔려는 지분의 가격을 말한다.

비록 당신과 시장 아저씨가 공동소유한 사업이 안정적인 경제적 특성을 가졌다 해도, 시장 아저씨의 가격이 모든 것을 좌우한다. 안타깝게도 이 불쌍한 시장 아저씨는 불치의 감정적 문제를 가지고 있다.

무도회에 참석한 신데렐라처럼 한 가지 경고에 유의하지 않으면 당신의 모든 것이 호박과 쥐로 변해버린다. 시장 아저씨는 당신을 안내하는 것이 아니라 지원해주는 역할을 한다. 당신이 유용하다고 생각할 것은 그의 지혜가 아니라 그의 돈지갑이다. 그가 특히 어리석은 감정으로 어느 날 나타나면 그를 그냥 무시하거나 이용해도 좋지만, 그에게 영향을 받게 되면 비참해질 것이다.

그는 때로는 행복감에 도취되어 사업에 유리한 영향을 주는 요인만 볼 수 있다. 그런 감정상태에 있으면, 당신이 그의 지분을 인수하여 눈앞의 이익을 챙길까봐 그는 매우 높은 가격을 부른다.

또 어느 때에는 그는 우울해져서, 사업과 세계에 닥칠 문젯거리만 본다. 이런 경우에는 당신의 지분을 그에게 대량 매각할까 두려워하기 때문에 매우 낮은 가격을 부른다. 이런 상황에서 그의 행동이 더욱 조울증 증세를 보이면 보일수록 당신은 더욱 유리해진다.

여기에서 언급하고자 하는 또 한 사람은 시장 아저씨의 가장 친한 친구인 대중매체 아저씨(Mr. Media)이다. 대중매체 아저씨는 시장 아저씨에게 정보를 받아 거리나 공중파로 그 정보를 떠드는 것을 좋아한다.

어느 날은 "시장이 100포인트 상승했다. 전부 매입하라!" 바로 그 다음날에 대중매체 아저씨는 외친다. "시장이 100포인트 하락했다. 다 팔고 나와라!"

《USA투데이》는 최근 기사에 이와 동일한 내용을 보도했다. 머리기사는 '시장이 하락할 때 대중매체는 투자자의 두려움을 증대시킨다'였다.

시장 아저씨와 같이 효과적인 은유는 주식 또는 주식과 관련된 상품을 구매할 때 고객에게 필요한 직관적 도약 — 시장변동을 적이 아닌 아군으로 보는 법 — 을 하는 데 도움이 될 수 있다.

모든 고객은 시장변동을 어리석고 조울증이 있는 사람으로 생각할 수 있다. 모든 훌륭한 은유와 마찬가지로 시장 아저씨 은유는 고객에게 새로운 이해를 갖게 해준다. 이제까지 스트레스로 고객을 잠 못 이루게 한 바로 그 요소가 이제는 기대감으로 잠 못 이루게 한다. 어리석은 투자자의 행동은 지능적인 문제가 아니라 감정적 문제이다. 은유는 뇌의 감정적 측면에 호소한다. 훌륭한 은유는 이전에 불안을 느끼던 감정에 이미지와 그림을 제공해주고

실제로 그 감정을 변화시킨다. 아리스토텔레스가 영혼은 형상 없이 결코 생각할 수 없다고 말한 것이 바로 이런 의미이다.

당신이 은유나 유추를 생각해냈다면 그것이 제대로 먹히는지 확인하는 방법은 제안에서 실제로 사용해보는 것이다. 그러나 당신이 생각한 아이디어를 사용하기 전에 다음의 은유 점검표로 확인해보는 것이 좋다.

은유 점검표

1. 누구라도 연관시킬 수 있는 자연스럽고 평범한 유추인가? 예를 들면 "이것은 나무와 같다"와 "이것은 컴퓨터와 같다"는 말을 비교해보면 자연을 사용한 유추가 기술적 유추보다 더 효과적이라는 것을 알 수 있다.

> 시골에서 자랐다는 사실이 제가 재무상담사로 일하는 데 도움이 되었습니다. 농부로서 배운 자연법칙을 여러 가지 투자 아이디어에 연관시킬 수 있었습니다. 또한 농부였기 때문에 위험과 변동에 대해 깊게 이해를 할 수 있었습니다.
>
> 폴 B., 재무상담사

하버드 대학에서 실시한 은유적 사고를 할 때의 정신적 기민성에 대한 연구결과에 의하면 자연과 가까이 산 사람이 은유적 사고를 할 때 정신적 기민성이 높다는 것이 밝혀졌다. 또한 자연을 활용한 은유가 도시환경을 활용한 것보다 더욱 생생하고 흥미롭다는 것이 밝혀졌다. 사례: 피실험자가 "그는 ~만큼 느리다"라는 문장을 완성하는 것이다. 도시에서 자란 피실험자는 다음과 같이 썼다. "1기통짜리 고물차만큼이나 느리다." 시골에서 자란 피실험자는 다음과 같았다. "설사하는 새끼 밴 암소만큼 느리다." 교훈. 가능하다면 자연을 대상으로 하는 유추를 하라.

2. 너무 쉽거나 너무 어렵지 않은가?　훌륭한 유추는 너무 명백하거나 너무 난해해서는 안 된다.

3. **목표감정을 겨냥하고 있는가?**　당신이 목표로 하는 감정(인내, 안전, 균형, 성장 등)을 전달할 수 있는 은유와 유추를 발견하라.

4. **"아하"라는 감탄사를 이끌어내는가?**　은유는 사물을 보는 구식 방식에 새로운 시각을 제시할 때 가장 효과적이다. 훌륭한 은유는 순간적으로 이해하고 납득하도록 한다. 고객에게 시험해보라. 고객이 긍정적인 의견과 확신에 찬 신체언어를 표출하는가?

영혼은 형상 없이 생각할 수 없다. 이것이 바로 현명한 재무상담사가 '형상(그림)'을 만들어내는 단어를 사용하는 이유이다. 이 '형상'을 만들어내는 단어는 당신이 고객을 감동시키고 당신의 상품에 감동받게 하는 감정을 불러일으킨다.

제 3 부

스토리셀링의 목표시장

9

부자를 공략하는 스토리셀링

지금까지 최고의 재무상담사가 어떻게 활동하는지를 설명했다. 성공적인 재무상담사는 진정으로 고객의 말을 경청하고 고객을 이해해야 한다는 것을 알고 있다. 그리고 이해하기 쉬운 은유와 이야기로 재무적 이야기를 하는 데도 능숙하다. 이제는 최고의 재무상담사가 이런 기술을 어디에서 실행하고 있는지 살펴보자. 제3부에서는 부가 가장 많이 증가하는 3개의 사회시장에 초점을 맞출 것이다. 이 3개 분야는 부자시장(투자자산 25만 달러 이상), 노인시장(60세 이상)과 여성시장이다.

현명한 재무상담사는 이 시장이 고성장시장이라는 것을 잘 알고 있지만, 이 시장에 침투하거나 여기서 성공하는 것은 쉬운 일이 아니다. 당신은 스토리셀러 접근방법을 이 시장에 적용함으로써 다른 재무상담사와 당신을 분명 차별화할 수 있을 것이다. 재무상담사라면 그 누구라도 수익률을 예상하고 자산배분을 추천할 수 있다. 그러나 고객의 이야기를 진심으로 경청하고 고객의 핵심성격에 맞춰, 고객이 이해하는 언어를 사용하여 재무적 문제를 이야기할 수 있는 재무상담사는 아주 적다. 노인시장과 여성시장을 살펴보는 제10장과 제11장에서는 고도 성장하는 이 집단과 더 나은 관계를 형성하는 데 도움이 될 감성의 청사진을 제시할 것이다.

돈으로 어떤 것을 바꿀 수 있지만, 어떤 것은 바뀔 수 없다. 돈이 있다고 해서 핵심적인 감정적 태도와 사람의 성격이 바뀌지는 않는다. 당신의 고객이 투자자산으로 60만 달러 또는 600만 달러를 갖고 있다고 해서 그들 자신의 본질이 변하지 않기 때문이다. 이들 부유한 고객도 사람이다. 단지 이야기나 감정적 관심사항이 독특할 뿐 여느 사람과 동일한 사람이다. 이 고객이 구매의사결정을 내릴 때 다른 사람이나 다른 부자와 마찬가지로 '본능적 느낌'에 따른다. 구매결정에서 부자의 우뇌는 보통 다른 사람과 똑같이 작용한다는 것을 기억할 필요가 있다. 이 책의 9, 10, 11장을 공부함으로써 당신은 성장하는 이 사회의 부유층과 관계를 형성하는 방법에 대한 아주 귀중한 통찰력을 얻게 될 것이다.

부자 투자자를 찾는 일

부자 투자자를 찾는 일이 점점 더 치열해짐에 따라 투자대리인에게는 새로운 과제가 생겼다. 신규고객을 확보하는 것뿐 아니라 기존 고객을 유지하는 것이 더욱 힘들어졌다. 부자 투자자는 투자자산이 25만 달러 이상인 사람으로 정의된다. 조사결과에 의하면 고객과 양질의 관계가 형성되는 한, 부자 투자자는 지속적인 관계를 유지함으로써 투자대리인에게 보상한다고 한다.

부유층 시장의 투자자산총액은 실로 엄청나다. 프린스 앤 어소시에이츠(Prince & Associates) 사에 따르면 미국에서 23조 달러를 개인이 보유하고 있다. 그 절반인 11조 5,000억 달러가 총인구의

단지 4%의 인구가
전체 부의 반을 소유
(23조 달러 중에서
11조 5천억 달러를 차지)

4%인 부자 투자자에게 집중되어 있다(<그림 9-1> 참조). 당신이 이 시장에서 어떻게 하면 더 효과적으로 상품을 판매하고, 고객을 유지하며, 소개고객을 받아내느냐가 관건이다.

하나의 해결책은 '부자의 9가지 삶(the nine lives of the affluent)'이라는 프로그램이다. 이 프로그램은 부자 투자자에 대한 선도적인 권위자인 러스 앨랜 프린스(Russ Alan Prince)의 자료를 포함한 몇몇 자료를 참고하여 밴 캠펜 펀드 사가 개발했다. 이 프로그램은 프린스 앤 어소시에이츠 사가 거의 900명의 부자 투자자를 대상으로 실시한 심층면접을 기초로 하여 개발된 것이다. '부자의 9가지 삶'은 당신이 부자 투자자의 동기, 관심사, 니드를 잘 이해할 수 있도록 실증적으로 9개의 인물유형 또는 심리적 형태로 구분했다. 9개의 인물유형을 통해 더 큰 고객만족을 위한 판매접근방법을 각 유형에 따라 어떻게 맞춰 제공해야 하는지, 각 유형은 어떤 상품과 서비스를 더 많이 알고 싶어 하고, 어떤 특징을 가진 투자대리인을 찾고 있는지 등을 아는 데 도움이 될 것이다. 궁극적으로 부유층

> 부유한 고객이 투자대리인을 해고한 이유 중에서 87%는 재무상담사와의 관계관리 때문이라고 한다. 반면에 13%는 투자성과 때문이라고 한다. 사실 고객은 투자성과가 높다 해도 떠났을 것이다.
>
> 고객은 당신이 자신의 투자스타일을 이해하고 있다고 판단하면 더 많은 자산을 위탁하고 그들의 부자친구를 소개시켜줌으로써 당신을 신뢰할 것이다. 부자라 하더라도 다른 사람으로부터 이해받

고 싶어 하는 사람의 니드는 동일하다. 오히려 이런 니드가 더 클 것이다.

고객이 투자성과와 서비스에 따라 당신을 판단한다는 사실은 그리 크게 놀랄 일은 아니다. 그러나 놀라운 것은 바로 이 두 가지에 대한 중요성 정도이다. 조사결과에 의하면 고객은 전체 만족도 측면에서 재무상담사와의 관계가 투자성과보다 4배 더 중요하다고 생각하는 것으로 나타났다. 따라서 투자성과만으로는 승리하지 못할 것이다. 한 가지 희망적인 것은 고품질의 고객 서비스와 더불어 확실한 투자성과를 낼 수 있는 투자대리인은 기존고객으로부터 신규고객을 소개받고 부자고객 1인당 투자자산을 증가시키는 데 유리한 고지를 차지하게 될 것이라는 점이다.

스스로 해고당하는 방법

부유한 고객이 투자대리인을 해고한 이유 중에서 87%는 재무상담사와의 관계관리 때문이라고 한다. 반면에 13%는 투자성과 때문이라고 한다(<그림 9-2> 참조). 사실 고객은 투자성과가 높다 해도 떠났을 것이다. 관계관리 때문에 투자대리인을 해고한 96%

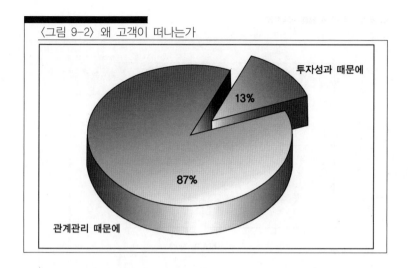

<그림 9-2> 왜 고객이 떠나는가

투자성과 때문에

13%

87%

관계관리 때문에

의 고객은 투자성과에 '매우 흡족해했다.' 그러나 관계관리가 잘되면 당신의 사업 역시 잘될 것이다. 매우 만족한 4명의 부자고객 중 1명은 매년 관리자산을 증대시켜 나갈 것이다. 더 좋은 일은 매우 만족한 10명의 고객 중에서 9명은 최소한 고객이 될 수 있는 1명의 사람을 소개시켜준다는 것이다. 단지 소개가 아니라 고객이 된다는 말은 중요한 의미를 갖고 있다.

인식지도 워크시트: 부자 투자자는 재무서비스 제공자를 어떻게 평가하는가

부자고객을 상담할 때 부자의 사고과정과 인식 즉 부자가 무엇을 생각하고 당신을 어떻게 생각하는가를 이해하는 것은 중요하다. 인식지도(perceptual map, <그림 9-3> 참조)는 다음과 같은 내용을 파악하는 데 도움을 준다. 서비스 질과 투자 전문성에 따라 부자가

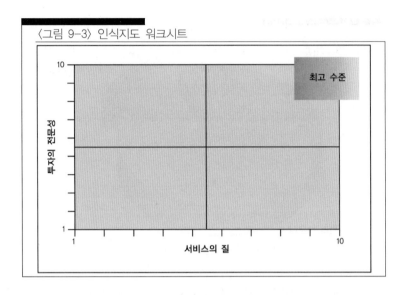

당신을 어떻게 인식하고 있는지, 또한 당신의 경쟁력을 어떻게 인식하고 있는지를 알 수 있다. 이것을 금융산업의 안내도라고 생각하라. 부자에게 도달하기 위해서는 부자의 인식 속에서 당신의 현재 위치가 어디인지 이해할 필요가 있다.

다음과 같은 9개 금융서비스 제공자에 대한 당신의 인식이 조사 내용과 얼마나 비슷한가? 서비스의 질과 투자의 전문성 수준에 따라 당신이 생각하는 금융서비스 제공자를 〈그림 9-3〉에 표시하라(10이 가장 높은 점수이다).

1. 뮤추얼펀드 회사
2. 디스카운트 브로커*

---

* 증권거래에서 아주 저렴한 수수료를 받고 거래를 성사시켜주는 업체로서,

3. 독립 머니 매니저(independent money manager)*

4. 파이낸셜 컨설턴트**

5. 풀 서비스 브로커***

6. 가족 사무소(family offices)****

7. 파이낸셜 플래너*****

8. 프라이빗 뱅크

9. 보험회사

러스 프린스의 심층면접 결과 부자의 금융서비스 제공자에 대한 인식이 다음과 같이 밝혀졌다(<그림 9-4> 참조).

• 풀 서비스 브로커는 투자의 전문성과 서비스의 질에서 중간에 위치한다.

직원의 투자상담이나 권유에 의존하지 않고 자신의 판단 아래 주식투자를 하는 사람을 주고객으로 함__역자

* 회사에 소속되지 않고 독립된 자격으로 개인의 자산 및 투자를 관리해주는 펀드매니저__역자

** 고객에게 재무적 조언 또는 컨설팅을 하는 보험설계사, 증권브로커 등으로 CFP, ChFC와 같은 전문자격증이 없는 사람을 총칭하며 주로 투자에 강점을 갖고 있음__역자

*** 투자자에게 증권거래, 투자종목의 선정 및 상담, 시장분석, 재무설계와 절세전략 등 광범위한 서비스를 제공해주는 증권회사__역자

**** 아주 부유한 가족에 전속되어 그 가족의 재산관리, 투자관리, 세금 및 사업관리 등을 할 뿐 아니라, 가족의 핵심적 가치관의 유지, 후손의 교육, 상속 등을 수행__역자

***** 주로 개인을 대상으로 생애설계에 기초한 종합재무설계 및 재산운용의 조언을 하는 전문가로 CFP, ChFC와 같은 전문자격증을 보유하고 있음__역자

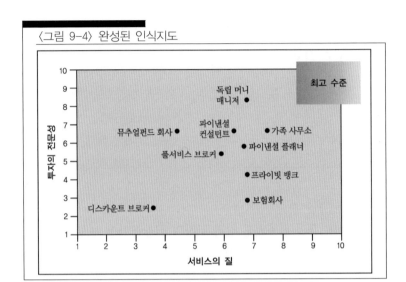

〈그림 9-4〉 완성된 인식지도

- 파이낸셜 플래너는 부유층의 인식에 있어 두 부문 모두 다소 높은 곳에 위치한다.
- 독립 머니 매니저는 투자의 전문성에서 가장 높은 점수를 받았고 서비스의 질에서는 두 번째 높은 점수를 받았다.

부자의 인식에서 더 높은 위치를 얻는 가장 빠르고 효과적인 방법은 무엇인가? 그것은 당신이 각 고객마다 독특한 투자동기와 투자스타일이 있음을 잘 알고 있다는 것을 각 부자 투자자에게 보여주는 것이다. 이와 관련하여 다음의 '부자의 9가지 삶'은 당신에게 도움이 될 것이다.

부자의 9가지 삶

다음과 같은 9가지 인물유형은 수백 명의 부자와 심층면접을 통해 만들어낸 부자 투자자의 심리적 유형이다. 이런 인물유형을 철저히 이해함으로써 부자 투자자를 효과적으로 관리하는 데 도움이 될 수 있다. 다시 말해 개별화된 양질의 서비스를 요구하는 투자자의 니드 및 유익하고 장기적인 관계를 형성하려는 당신의 니드를 모두 만족시킬 것이다.

인물유형 1 **집사형 "훌륭한 투자 때문에 가족을 잘 돌볼 수 있다."**

집사형에게 투자의 주요목표는 그들 가족을 돌보는 것이다. 투자대리인은 상품을 강조하지 말고 오히려 가족의 생애 니드(교육, 은퇴, 여행 등)를 충족시키기 위해 어떻게 자산이 관리되는지에 대해 이야기해야 한다.

초점

- 집사형은 9개의 인물유형 중 가장 많은 유형이며, 고액순자산 집단에서 20.7%를 차지한다.
- 고객당 평균투자자산은 450만 달러이다.
- 집사형은 성공적인 투자를 통해서 가족을 부양하고 돌본다.

동기

- 장기적인 성과를 추구한다.
- 최대의 수익보다 높은 안전성을 선호한다.
- 자녀 및 자녀의 활동, 스포츠에 대해 이야기한다.
- 대학자금과 상속계획에 관심을 표현한다.

인물유형 2 **투자공포형 "투자야말로 가장 이야기하고 싶지 않은 것이다."**

투자공포형은 개인재무 분야를 좋아하지 않는다. 사실 그들은 이 분야를 두려워한다. 그들은 투자에 대해 잘 모르며 말하고 싶어 하지도 않는다. 투자공포형에게 말할 때는 투자대리인은 최근 개발된 상품(파생상품, 헤지펀드 등)을 피하고, 투자에 관한 자질구레한 내용을 상세히 설명하지 않도록 해야 한다.

초점

- 고액순자산 집단의 17%
- 고객당 평균 400만 달러의 투자자산
- 투자에 대해 논의하는 것을 싫어한다.
- 시장과 투자에 대해 모른다.

동기

- 그들은 투자대리인과의 개인적인 공감대에 초점을 맞춘다.
- 그들은 스스로 투자라는 주제를 결코 입 밖에 내지 않는다.
- 투자대리인은 개념을 단순화시키는 한편, 지원과 평온함을 제공해야 한다.

인물유형 3 **독립가형 "나에게 성공적인 투자란 자유를 의미한다."**

독립가형은 항상 투자에 관심을 갖고 있는 것은 아니며, 오히려 필요악으로 간주할지도 모른다. 그러나 그들이 과정상·필요하다고 생각하면 관여하기도 하며, 어떤 때는 심하게 간섭하기도 한다. 독립가형에게 성공적인 투자란 개인적인 자유와 안락함을 제공할 뿐 아니라 재무적 걱정으로부터 해방되는 것을 의미한다.

초점

- 고액순자산 집단의 12.9%

- 고객당 평균 280만 달러의 투자자산
- 투자에 집중하는 것을 필요악으로 생각한다.
- 개인적 안정성을 부의 혜택으로 생각한다.

동기

- 독립가형에게 성공적인 투자는 개인적 자유를 창출해준다.
- 그들은 투자를 단지 더 큰 목표에 이르는 수단으로 간주한다.
- 그들은 조기 은퇴와 안정된 미래라는 관점에서 투자에 대해 논의한다.

인물유형 4 **익명형 "내 돈은 남의 일이 아닌 바로 내 일이다."**

익명형은 무엇보다 비밀을 소중히 여긴다. 그들은 모든 재무적 거래에 관한 비밀을 간직하고 있다. 그들은 투자성공을 개인적인 안락함의 주요항목으로 간주하고 돈을 잃을까 매우 걱정한다. 이 집단에게 제안을 할 때 모든 거래에서 투자대리인이 완벽한 결정권을 갖고 있음을 강조해야 한다.

초점

- 고액순자산 보유집단의 11.8%
- 고객당 평균 560만 달러의 투자자산
- 투자에 관한 비밀유지가 가장 중요
- 모든 재무적 거래에 관한 비밀유지

동기

- 투자대리인은 완전한 비밀유지의 필요성을 이해하고 있다는 것을 보여 줄 필요가 있다.
- 그들은 충성심을 갖고 이해해주는 브로커에게 보상한다.
- 위험을 매우 싫어하고 투자에 대해 잘 모른다.

인물유형 5 **권력자형 "부는 권력을 의미한다."**

권력자형은 투자를 점수획득의 한 방법으로 생각한다. 더 정확히 말하자면 그들은 성공적인 성과를 특정 사회집단 내에서 권력과 영향력을 획득하는 수단으로 간주한다. 권력자형과 대화하는 투자대리인은 이런 특별한 인물유형에게 제안이 중요한 요소가 됨을 명심해야 한다.

초점

- 고액순자산 집단의 10.1%
- 고객당 평균 300만 달러의 투자자산
- 투자는 돈이며, 돈은 권력이다.
- 투자를 점수획득의 수단으로 본다.

동기

- 그들은 은근히 정치적 또는 사회적 권력자의 이름을 말한다.
- 통제와 영향력은 권력자형에게 중요하다.
- 권력자형에게 성공적으로 판매하려면 전략적 의사결정과 통제니드에 대한 그들의 역할을 인식해야만 한다.

인물유형 6 **VIP형 "사람들로부터 존경을 얻을 수 있는 많은 방법이 있으며, 훌륭한 투자는 그중 하나이다."**

VIP형은 성공적인 투자로부터 얻을 수 있는 사회적 인정과 명성을 원한다. 그들 역시 그것을 점수획득의 한 방법으로 생각한다. 9개의 인물유형 중에서 다른 사람에게 지지 않으려고 허세를 부리는 것이 이 집단의 가장 중요한 특징이다.

초점

- 고액순자산 집단의 8.4%
- 고객당 평균 430만 달러의 투자자산

- 매우 물질주의적이며 지위를 의식한다.
- 성공적인 투자는 소문이 날 것이라고 생각한다.

동기

- 명성과 존경이 중요하다.
- VIP가 소유한 모든 것은 값비싸 보인다: 자동차, 시계, 의복 등
- 권력자형과 마찬가지로 돈을 점수기록표로 생각하나, VIP형은 권력 대신에 사회적 지위를 추구한다.

인물유형 7 축재자형 "어떤 사람도 너무 부자이거나 너무 가난할 수 없다. 가난한 것은 상관없지만, 얼마나 큰 부자가 되는냐가 내 문제이다."

축재자형은 단지 부자가 되고 싶어 한다. 그들에게 돈은 점수를 획득하는 아주 좋은 방법이다. 그러나 그들은 목적으로서 돈을 원하며, 돈이 많으면 많을수록 좋다고 생각한다. 그들은 더 많은 것을 가질수록 더 좋다고 느끼기 때문에, 그들의 유일한 목적은 더 많이 돈을 버는 것이다.

초점

- 고액순자산 집단의 7.6%
- 고객당 평균 330만 달러의 투자자산
- 돈을 벌기 위해 투자하고, 투자가 증가하는 것을 보고 즐긴다.
- 사람은 아무리 부유해도 지나치지 않다고 믿는다.

동기

- 종종 최고수익률을 추구한다.
- 9개의 인물유형 중 투자성과에 가장 많은 관심을 가지고 있다.
- 겉치레가 없으며 검소하게 생활한다.

인물유형 8 **도박사형 "당신은 라스베거스보다 (투기를 하면) 더 나은 확률로 딸 수 있다."**

도박사형은 투자과정을 즐기고 그것을 취미라고 생각한다. 그들은 투기를 좋아한다. 그들은 실시간거래를 선호하는 경향이 있다. 투자대리인은 도박사형의 관심을 끌기 위해 투자에 관한 상세한 내용까지도 정확히 알고 있어야 한다.

초점

- 고액순자산 집단의 6%
- 고객당 평균 380만 달러의 투자자산
- 투자과정을 즐긴다.
- 투자를 취미로 여긴다.

동기

- 투자를 하는 데서 즐거움을 찾는다.
- 투자결정을 내릴 때 브로커와 함께 일하고 싶어 한다.
- 투자에 대해 다소 자기중심적이나 전문가의 가치를 인정한다.

인물유형 9 **혁신가형 "파생상품은 투자자가 우연히 알게 된 최고의 것이다."**

혁신가형은 투자를 지적인 도전이라고 생각한다. 이것은 그들이 투자에 관한 최신의 가장 세련된 접근방법을 알고 싶어 한다는 것을 의미한다. 그들은 금융시장의 흐름을 파악하고 있고 새로운 투자기회가 무엇인지 배운다. 본질적으로 그들은 투자공포형과 정반대의 사람이다.

초점

- 고액순자산 집단의 5.5%
- 고객당 평균 620만 달러의 투자자산(9개의 인물유형 중에서 가장

높다)

- 투자를 지적인 도전으로 여긴다.
- 금융시장에 영향을 미치는 변화에 친숙하다.

동기

- 투자에서 최고가 되고자 한다.
- 항상 새로운 기술, 수단 및 투자형태를 추구한다.
- 높은 지식수준 때문에 가장 상대하기 어려운 집단이나 잠재적으로 가장 많은 보상을 한다.

어떤 인물유형의 고객을 원하는가?

브로커나 재무상담사 일을 처음 시작했을 때 당신은 9가지 부자의 인물유형 중에서 어떤 것은 거꾸로 보거나 잘못 봤을지도 모른다. 그러나 당신의 고객기반이 넓어지고 사업이 궤도에 오름에 따라, 이익보다는 고통을 가져다주는 어떤 부자의 인물유형을 스스로 제거했을 것이다. 어떤 인물유형은 당신 스타일에 딱 맞아 함께 일할 수 있다는 것이 즐거움이었다. 그러나 어떤 인물유형은 당신 생애에서 최악의 악몽이었을 수도 있다. 당신이 어떤 유형의 고객을 기반으로 사업을 추진해나갈지 지금 당장 결정하라. 당신은 다재다능한 재능을 가진 사람이라 이들 9개의 인물유형에 요구되는 어떤 역할도 수행해낼 수 있을지도 모른다. 또는 당신은 어떤 특정 인물유형을 상대하게 되면 마음에 동요가 일어, 그들을 오히려 피하게 될지도 모른다.

저의 고객 중에는 저를 화나게 하는 몇몇 부자 유형이 있습니다. 값

비싼 보석으로 치장하고, 최신형 자동차를 갖고 있으며, 자신의 지위를 상징할 수 있는 최신명품을 구입한 것에 대해 자랑하는 화려한 VIP유형이 있습니다. 저는 그 사람들을 집어던지고 싶었습니다. 저는 그 사람들을 집어던진다는 생각으로 기분을 달래려고 했으나, 그들의 이기심에 화가 솟구치는 것을 참을 수가 없었습니다. 저는 집사형, 독립가형과 같은 사람으로 고객기반을 다시 구축하기로 했습니다. 제가 피해야 했던 또 다른 유형은 모든 것을 다 알고 있다고 생각하면서 조금 후엔 사소한 것으로 괴롭히는 권력중독자 즉, 권력자형이었습니다.

스티븐 J., 브로커

고객을 9가지 인물유형으로 분류하는 시스템

많은 투자상담사가 누가 집사형이고, 누가 투자공포형인지 등을 파악하기 위한 인물유형 점검표를 요구했다. 최고의 영업사원들이 개발하여 현장에서 검증받은 것으로 인물유형 진단시스템(PDS: profile diagnostic system)이라고 하는 방법이 있다. 인물유형 진단시스템은 기본적으로 고객에게 일련의 개방형 질문을 하면서 지워가는 과정을 통해 고객의 정확한 인물유형이 무엇인지 파악하는 것이다.

인물유형 진단시스템은 4개의 개방형질문과 확인질문 항목으로 구성되어 있다. 당신은 아마도 고객에게 이런 종류의 질문을 했을 것이다. 그러나 당신이 한 질문과의 차이는 9가지 인물유형에 따라 경청해야 할 사항이 완전히 다르다는 것이다. 이 시스템의 작동원리는 질문 자체가 아니라, 고객의 답변을 경청함으로써 9가지 인물유형 중에서 어느 하나의 확실한 특성을 찾아내어 고객의 인물유형을 판단하는 것이다. 그렇다고 인물유형 진단시스템에 있는 모든 질문을 할 필요는 없으며 당신이 필요한 정도만 하면 된다. 어느 고객의 인물유형을 파악하는 데 단지 하나의 질문만 필요하거나 또는 4개의 개방형질문과 확인질문이 필요할 수도 있다. 그것은 고객에 따라 다르다. 질문을 하고 각각의 질문에서 귀를 기울여야 하는 것이 무엇인지 확인하라.

인물유형 진단시스템 질문

- "투자를 통해 무엇을 성취하고 싶습니까?" **확인질문** 그것은 고객님 가족을 돌보는 것입니까? 아니면 고객님 자신이 더욱 독립적으로 되는 것을 의미합니까?
- "돈에 대해 생각할 때 어떤 걱정, 니드 또는 느낌이 떠오릅니까?" **확인질문** 선생님은 돈을 모으는 데 관심이 있습니까? 아니면 돈을 통해 할 수 있는 것에 관심이 있습니까? 그리고 돈을 통해 무엇을 할 수 있겠습니까?
- "투자과정에 어느 정도 관여하고 싶으십니까?" **확인질문** 투자는 하고 싶어서하는 것입니까 아니면 해야만 하는 것입니까?
- "재무적 문제에 대한 비밀유지가 고객님께 얼마나 중요합니까?" **확인질문** 투자계획에서 결정을 내릴 때 포함시켜야 할 사람이 더 있습니까?

- "투자를 통해 무엇을 성취하고 싶습니까?" 이 질문은 곧 바로 두 가지 유형, 즉 집사형과 독립가형임을 보여준다.

집사형은 부유한 투자자로 주요동기는 재무적인 사항을 포함해서 가능한 모든 측면에서 자신의 가족을 보호하는 데 있다. 집사형은 보통 사업주이며 사업에 많은 재산을 투자하는 경향이 있기 때문에, 기업체를 통해 가족구성원에게 일자리와 장래를 제공할 수 있다. 집사형은 먼 장래를 내다보고 있기 때문에 손자녀의 교육에도 많은 걱정을 하고 있어 자녀의 주택대출금을 상환해줌으로써 자녀의 부담을 덜어주고 있다. 그러므로 당신이 집사형에게 이런 질문을 하면 가족을 위해서 돈을 어떻게 사용했으면 좋을지에 대해 많은 것을 듣게 될 것이다.

독립가형은 집사형과 정반대편에 서서 이 질문에 대답할 것이다. 독립가형은 자신의 인물유형이 의미하는 바와 같이 개인적인 독립만을 추구한다. 독립가형은 일상사에서 탈출하여 저녁노을을 향해 항해하는 꿈을 꾼다. 그들이 무엇보다 소중히 하는 것, 즉 개인적 자율성을 그들의 투자 포트폴리오로 획득할 것이라 생각한다. 당신이 어떤 독립가형에게 이런 질문을 하면 그들 가족에 대해 거의 또는 전혀 듣지 못할 것이다. 당신은 유명 골프장 근처에 있는 그림 같은 집이나, 세계일주 항해를 하거나 55세에 은퇴하는 것에 대해서 들을 것이다. 그러나 보트, 별장 등과 같은 물질적 소유물이 아니라, 자유나 독립과 같은 주제에 대해 주의 깊게 경청해야 한다.

• "돈에 대해 생각할 때 어떤 걱정, 니드 또는 느낌이 떠오릅니까?" 이 질문을 통해 축재자형, 권력자형 및 VIP형을 확인할 수 있다.

축적한다는 키워드가 축재자형을 잘 설명해준다. 그들은 대부분

〈표 9-1〉 인물유형 진단시스템 사례

질문 : "투자를 통해 무엇을 성취하고 싶습니까?"

대답 : "글쎄, 내 재산이 증가되기만을 바라네."

1. 집사형	6. VIP형
2. ~~투자공포형~~	7. 축재자형
3. 독립가형	8. ~~도박사형~~
4. ~~익명형~~	9. ~~혁신가형~~
5. 권력자형	

(설명: 고객은 증가를 원한다. 이것을 볼 때 2, 4, 8과 9번을 지운다. 그러나 "왜 자산이 증가되기를 원할까? 그들의 가족, 지위, 권력, 요트 또는 단지 돈을 모으기 위해? 동기 및 인물유형을 명확하게 하기 위해 확인질문이 필요하다.)

질문 : "돈을 모으는 데 관심이 있습니까? 아니면 돈을 통해 할 수 있는 것에 관심이 있습니까?"

대답 : "나는 상당히 검소하고 과소비하지 않네. 나는 증가되기만을 바라네."

~~1. 집사형~~	~~6. VIP형~~
~~2. 투자공포형~~	(7. 축재자형)
~~3. 독립가형~~	~~8. 도박사형~~
~~4. 익명형~~	~~9. 혁신가형~~
~~5. 권력자형~~	

(설명: 고객 자신이 검소하다고 말해 VIP형을 지운다. 고객은 가족, 권력, 또는 자유를 언급하지 않았기 때문에 축재자형을 제외하고 모두 지운다. 고객은 돈이 증가하는 것을 보고 즐긴다고 말했다. 이것을 보면 그가 확실히 축재자형임을 알 수 있다.)

다른 집단보다 재무적인 측면에서 더 현명하다. 그들은 오로지 단 하나의 목표 즉 더 많은 재산의 축적에 초점을 맞추고 있다. 축재자형은 돈으로 할 수 있는 것에 특별한 관심이 없고 돈을 축적하는 데 관심이 있다. 따라서 그들의 대답은 다음과 같을 것이다. "내 재산이 가능한 빠르고 안전하게 늘어나기를 바라네."

권력자형과 VIP형은 돈이 그들에게 해줄 수 있는 것 때문에 돈에 관심을 가지고 있다. 권력자형은 돈이 주는 권력 때문에 돈을 중요시한다. 그들은 사람과 환경을 지배하고 싶어 한다. 권력자형은 돈이 많을수록 자신의 뜻대로 움직일 수 있는 것을 더 많이 가질 수 있다고 생각한다. 그들은 유명할 필요까지 없지만 유력한 정치가와 같은 권력자와의 친분과 우정에 대한 이야기를 한다. 또한 권력자형은 자신을 권력자 또는 가정, 사업 및 지역사회에 상당한 권위를 가진 저명인사로 생각한다. 권력자형으로부터는 이런 일반적인 주제에 대해 경청하도록 하라.

VIP형은 지위지향적이다. 그들은 사람들에게 인식되고 인정받고 싶어 한다. 그들은 지위를 나타낼 수 있는 부속물이나 트로피 같은 것을 좋아한다. 그들은 유명인사와의 만남에 대해 이야기하고 가끔 그들과 함께 찍은 사진이 벽에 걸려 있다. VIP형은 돈으로 무엇을 할 수 있는지에 대해 관심이 많지만, 그들의 전형적인 모습은 물질적 소유(예를 들면 근사한 새집, 화려한 여행 또는 새 보트)에 초점을 두고 있다. VIP형은 돈으로 구입할 수 있는 것과 돈으로 할 수 있는 라이프스타일에 투자한다.

- "투자과정에 어느 정도 관여하고 싶으십니까?" 이 질문은 투자 공포형, 도박사형, 혁신가형을 식별하는 데 상당히 효과적이다.

투자공포형은 투자를 싫어한다. 그들은 투자에 겁을 먹고 매우 두려워한다. 당신이 이런 질문을 하면 그들이 얼마나 투자를 싫어하고, 어떤 부담을 갖고 있는지, 투자가 그들이 해야만 하고 걱정해야 하는 또 하나의 일이라는 것에 대해 상세히 듣게 될 것이다. 또는 주제를 완전히 바꾸려고 할 것이다.

이 질문을 도박사형 또는 혁신가형에게 하면 열정과 헌신에 대한 이야기를 들을 것이다. 그들은 투자를 좋아하고 심지어 투자를 사랑할 정도다. 도박사형과 혁신가형은 가장 지식이 많고 모든 분야에서 전문가이다. 이런 지식은 그들의 대답에서 쉽게 묻어나온다. 도박사형과 혁신가형의 차이를 구별하기 위해 주의 깊게 경청하라. 도박사형은 대부분의 시간을 투자하면서 즐긴다. 투자는 그들의 취미이자 때로는 삶 그 자체이다. 도박사형은 시장의 변동성에 대해서도 전율로 생각하여 즐긴다. 혁신가형은 투자로 인해 흥분하지 않고 투자에 대한 지적 도전에 흥분한다. 그들은 기술적으로 고도로 세련되어 있으며 투자세계의 개척자나 선도적인 역할을 하고 싶어 한다.

- "재무적 문제에 대한 비밀유지가 고객님께 얼마나 중요합니까?

이 질문은 하나의 특정집단, 즉 익명형을 식별하기 위한 것이다.

익명형은 개인의 안전과 비밀유지에 대해 두려워하고 걱정한다. 그들은 당신이 그들의 투자와 그들에 대한 정보를 보호해준다는 식의 확인을 지속적으로 필요로 한다. 그들은 투자를 어느 정도 이해할 만한 지식을 가지고 있다. 다른 인물유형에게 앞의 질문을 하면 충분한 대답을 얻지 못할 것이다. 확실히 다른 인물유형도 거래의 비밀이 지켜지기를 바라고 있으나, 이 문제에 대해서 맹목적이지는 않다. 그러나 익명형은 다른 집단과 현저히 다르다. 그들은 이것이 얼마나 중요한 문제이고 재무상담사와의 관계에서도 얼마나 핵심적인지 설명할 것이다(<표 9-1> 인물유형 진단시스템 사례 참조).

검증용 화법

고객이 어떤 인물유형인지 안다고 생각되면 제대로 맞혔는지 알아보기 위해 검증용 화법의 사용을 고려하라. 이 방법을 통해 당신의 예상을 확인할 수 있고 그에 따라 계속 진행할 수 있다. 만약 처음 예상이 틀렸다면 잘못된 판단을 정정해야 한다.

검증용 화법을 만드는 것은 비교적 쉽다. 단순히 순서도에 있는 과정을 따르기만 하면 된다(<표 9-2> 검증용 화법에 대한 아이디어 참조).

사례: 당신이 누군가를 축재자형이라고 생각했다면 이렇게 말했을 것이다. "고객님을 처음 뵌 순간부터 돈에 대해 매우 빈틈없는 분 같았습니다. 고객님은 돈을 저축하고 재산을 불리는 방법을 알고 계십니다. 저는 고객님 같은 분을 모시고 일하는 것이 즐겁습니다. 저는 확실히 최대한의 돈을 벌기 위한 투자전략을 수립하는 데 최선을 다하겠습니다."

표준 검증용 화법

집사형 "가족의 풍요로움이 고객님의 제일 중요한 관심인 것 같습니다. 저는 고객님의 가족에 초점을 둔 포트폴리오를 만들

<表 9-2> 검증용 화법에 대한 아이디어

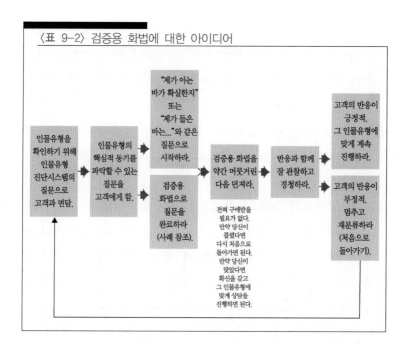

려고 합니다. 이것을 통해 장기간에 걸쳐 가족을 잘 돌볼 수 있을 것입니다."

투자공포형 "저는 고객님께서 투자에 대해 불안해하시는 것을 느꼈습니다. 그러나 문제없습니다. 고객님이 걱정하실 필요가 없게 목표가 성취되도록 확실히 최선을 다하고 있으며 다할 생각입니다."

독립가형 "고객님께서 원하는 것을 할 수 있는 자유를 보장하는 차원에서 은행에 투자자산을 적립해둔다는 것은 고객님께 정말 중요합니다. 아마 55세쯤 은퇴해 세계일주 항해를 하시겠지요. 고객님께서 그런 자유를 누리도록 돕는 것이 저의 일입니다."

익명형 "제가 고객과 일하는 방식이랑 똑같이 생각하고 계시는군요. 주요정보에 대해 비밀을 유지하는 것이 저의 첫 번째 관심거리입니다. 우리가 함께 일하게 되면 고객님께서는 비밀유지가 저의 가장 우선순위가 높은 일이라는 것을 확인하고 안심할 수 있으실 것입니다."

권력자형 "저는 고객님께서 모든 걸 통제할 수 있어야 한다고 생각합니다. 중요한 의사결정을 내리실 때 가장 좋은 조언과 정보를 드리는 것이 저의 일입니다."

VIP형 "우리가 투자관리업계의 가장 중요한 몇몇 인물 즉 고객님과 비슷한 수준의 사람과 함께 일하고 있다는 것을 아시는 것이 중요합니다. 그것은 고객님께 적절한 투자가 무엇인지 알고 이해할 수 있는 사람은 바로 고객님과 같은 위치에 있는 사람이기 때문입니다."

축재자형 "고객님은 돈에 관해 매우 빈틈없는 분으로 보입니다. 그리고 돈을 저축하고 재산을 증식시키는 방법을 알고 계십니다. 저는 고객님 같은 분을 모시고 일하는 것이 즐겁습니다. 가능한 최대한의 수익을 올릴 수 있는 투자전략을 수립하는 데 확실히 최선을 다하겠습니다."

도박사형 "투자는 저도 마찬가지지만 고객님께도 흥미로운 일입니다. 저는 투자에 관한 모든 것을 좋아합니다. 거기에는 우량주를 발견하거나, CNBC방송에서 CEO를 보거나, 재무관련자료를 조사하는 것 등이 모두 포함됩니다. 고객님과 함께라면 모든 것에 최신 정보를 가지고 투자할 수 있을 거라고 확신할 수 있습니다."

혁신가형 "고객님께서는 투자에 관해 엄청난 지식을 가지고 계십니다. 최신 투자기법을 사용하는 것은 고객님께 매우 중요합니다. 이것이야말로 바로 우리 회사와 제가 특히 전문화된 분야라고 말씀드릴 수 있습니다."

관계정립 요소가 고객을 만족시키고 당신 사업을 궁극적으로 성공으로 이끄는 데 매우 중요하다는 사실은 틀림없다. 그러나 그 관계정립 요소를 어떻게 개선시킬 수 있을까? '부자의 9가지 삶'에서 그 단서를 찾을 수 있다. 9가지의 각 인물유형은 고객의 동기와 목적에 대한 기본적 통찰력을 제공해준다. 인물유형을 보다 잘 이해함으로써 당신은 서비스 핵심부분을 쉽게 확인할 수 있고 더욱더 일관성 있게 서비스를 제공할 수 있다.

투자의 주요동기

- **집사형**　내 가족 돌보기
- **투자공포형**　내가 가장 이야기하고 싶지 않은 것
- **독립가형**　자유를 의미
- **익명형**　어느 누구의 일도 아닌 나만의 일
- **권력자형**　권력을 의미
- **VIP형**　나에게 놀거리, 지위, 존경을 제공
- **축재자형**　부자가 되고 더욱 부유해지는 것
- **도박사형**　흥분을 일으키며 취미를 제공
- **혁신가형**　기술적이고 정신적인 도전

인물유형에 따라 조정하기

집사형은 가족의 미래를 보장할 목적으로 투자하려는 동기를 갖고 있다. 당신은 고객 오리엔테이션 때 집사형에게 어떻게 도움을 줄 수 있는가에 대해 생각해볼 필요가 있다. 이 고객에게 도움을 주기 위해 다음과 같은 접근방법이 구체적인 아이디어로 제시될 수 있다.

고객 오리엔테이션의 첫 번째 요소는 시간관리이다. 딸의 배구 시합이라든가 가족모임 같은 가정 내 주요행사와 겹치지 않는 시간에 고객과 만나는 것이 좋다. "가족과 함께 보내는 시간 외에 따로 시간을 내줄 수 있으십니까?"라고 고객에게 단순히 물어보라. 그렇게 함으로써 당신은 고객의 우선순위를 이해하고 그들을 기꺼이 배려하고 있다는 것을 보여주게 되며, 그렇게 함으로써 고객의 만족도를 한층 증대시킬 수 있다.

인물유형 1 **집사형**

고객 오리엔테이션

- 주요 가족구성원을 포함한다.
- 가족행사를 기억한다.

상담 핵심 내용

- 가족문제와 관련된 일을 한 경험을 강조한다.
- 성과를 이야기할 때, 안전에 중점을 둔다.

상담방법

- 정기적인 대면상담 일정을 잡는다.
- 정기적이고 예상 가능한 형태로 면담일정을 정한다.

가치공유

- 인생에서 가족의 중요성을 공유한다.
- 절제라는 가치가 가족에게 얼마나 이로운지 보여준다.

집사형과 관계를 강화시키고자 할 때 당신의 활동과 일, 그리고 대화를 가족적인 동기와 연계시키는 것이 중요하다. 브로커나 재무상담사는 다양하고 창조적인 방법으로 이것을 해낼 수 있다. 한 브로커는 가족 지향적인 고객을 위해 야구장에서 가족의 날을 개최했다. 가족의 날에 아이들에게 많은 특전(모자 제공, 이벤트 등)을 베풀었다. 또 다른 재무상담사는 스포츠와 과외활동에 대한 고객 자녀의 기록 또는 기사를 모으기 위해 날마다 지방신문기사를 상세히 찾아보곤 한다. 그는 기사를 오려서 축하의 메모를 담아 그의 고객에게 보낸다. 다른 브로커는 고객 자녀에게 고객을 영웅처럼 보이게 하도록 하기 위해 루이스빌 슬러거(Louisville Sluggar)사*에 연락해서 고객 자녀의 이름이 새겨진 야구방망이(35달러)를 고객에게 선사한다.

인물유형 2 **투자공포형**

고객 오리엔테이션

- 기술적인 토론은 피한다.
- 투자 외 고객의 관심사항에 대해 많이 알아둔다.

상담 핵심 내용

- 완벽주의를 이야기하면서 고객의 신뢰를 얻는다.

---

* 메이저리그 공식 야구방망이 공급업체_역자

- 고객에게 훌륭한 성과에 대해 자주 알려주나 많은 시간을 허비하지는 않는다.

상담방법

- 면담회수를 적게 한다.
- 면담은 라이프스타일 문제(재무적 문제가 아니라)에 중점을 둔다.

가치공유

- 고객의 생활에 관심을 보인다.
- 투자는 필요하나 모든 사람이 전문가가 되어야 하는 건 아니라는 당신의 믿음에 대해 이야기해준다.

투자공포형은 투자와 투자옵션에 대해 이야기하는 데 거의 관심이 없다. 그들은 당신의 완벽성과 전문적 지식을 확인하고자 하며 계획대로 진행되고 있음을 보장받고자 한다. 투자공포형과의 관계를 돈독히 하려면 그들의 관심사와 라이프스타일을 배우고 어떤 변화나 활동이 일어나고 있는가를 엄밀히 파악하는 데 더욱 중점을 둬야 한다. 그들은 단지 돈이 아니라 그들의 삶에 매우 관심이 있다는 확신을 필요로 한다. 당신은 간단하면서 비전문적인 용어를 사용해 투자성과에 대한 전체 내용을 알려줘야 하며, 당신이 고객의 신뢰에 부응하기 위해 노력하고 있다는 느낌을 전달하도록 해야 한다. 투자공포형에겐 재무적 문제를 생각하는 것 자체가 스트레스이다. 이런 스트레스를 경감시키고 스트레스로부터 고객을 보호하기 위해 일해야 한다.

인물유형 3 **독립가형**
고객 오리엔테이션

- 고객의 목표에 중점을 둔다.
- 고객의 목표와 관련이 없는 기술적 토론을 피한다.

상담 핵심 내용

- 항상 고객의 주요목표인 재무적 자유라는 맥락에서 투자성과에 대해 이야기한다
- 유사한 고객과 성공적으로 일한 경험에 대해 이야기한다

상담방법

- 재무적 독립이라는 목표의 진척상황에 대해 최신정보를 자주 제 공한다.
- 재무적 목표에 대해 정기적인 검토를 한다.

가치공유

- 꿈을 실현시킨 다른 고객에 대해 이야기한다.
- 재무적 독립이라는 것이 얼마나 매력적인가 이야기한다.

독립가형은 목표지향적이며 스스로 동기부여하는 사람이다. 독립가형은 경력, 목표, 그들의 궁극적 목표 즉 시간에 구애받지 않고 원하는 것을 할 수 있는 자유에 어느 정도 도달했는지에 대해 이야기하고 싶어 한다. 목표지향적 성격 때문에 강력한 추진력이 있다. 독립가형은 성공에 대해 자기와 비슷한 추진력을 보이는 재무상담사와 일하고 싶어 한다. 그들은 독립을 추구하도록 당신이 도와준 사람들에 관한 이야기를 듣고 싶어 한다. 그들의 궁극적 목표에 대한 달성 정도를 끊임없이 보여줘야 함을 명심해야 한다. 독립가형은 조기은퇴까지 하루, 한 분기, 일 년 정도 점점 더 가까워진다고 감정적으로 확인하고자 한다.

인물유형 4 **익명형**

고객 오리엔테이션

- 고객의 프라이버시 니드에 많은 관심을 기울여야 한다.
- 고객의 비밀에 대한 절대 보장을 이야기한다.

상담 핵심 내용

- 프라이버시를 유지하기 위해 고객이 선호하는 방법을 찾아낸다.
- 고객에게 회사의 보안지침에 대해 이야기한다.

상담방법

- 다른 고객보다 면담회수를 적게 해야 한다.
- 시간제약상 짧은 의제를 계획한다.

가치공유

- 프라이버시가 점점 중요해지고 있다고 동의한다.
- 비밀보장의 필요성을 이해하고 있는 고객과 일하는 것이 좋다고 말한다.

프라이버시는 익명형 투자자에게 선전문구와 같다. 익명형은 당신과 당신 회사가 고객정보에 대해 신중하며 안전하다고 계속해서 확인시켜줄 필요가 있다. 익명형 투자자는 다른 인물유형보다 더 적은 시간과 관심이 요구된다. 면담 때 전문성과 세련됨을 보여주고 고객의 어떤 질문에도 대답할 수 있다는 점을 강조해야 한다. 익명형은 위험회피형이며 투자에 대해 특히 잘 모른다는 사실을 명심해야 한다. 익명형은 평균 560만 달러의 투자자산을 갖고 있어 평균순자산 기준으로 혁신가형 바로 다음이다. 익명형은 높은 수익률보다 손실을 입는 것을 더 걱정한다. 모든 문제에서 부, 보전 그리고 비밀유지에 대한 확인이 당신의 감정적 열쇠가 될 것이다.

인물유형 5 **권력자형**

고객 오리엔테이션

- 모든 부문에서 고객이 통제하고 있다는 인식을 강화한다.
- 고객에게 의사결정을 할 수 있는 부분을 제공한다(몇 가지 대안 중에서 의사결정을 할 수 있는 기회).

상담 핵심 내용

- 각 고객을 최고의 고객처럼 느끼도록 한다.
- 투자성과와 서비스 측면에서 최고의 회사와 함께 일하고 있다는 것처럼 느끼도록 한다.

상담방법

- 고객이 의사결정을 내려야 할 때 상담을 한다.
- 이전에 내린 고객의 의사결정을 강화한다.

가치공유

- 고객의 성과를 중요하게 생각하고 있다는 것을 보여준다.
- 고객에게 선택사항을 제공한다. 그리고 그들의 의사결정에 대해 왈가왈부하지 않는다.

권력자형 성격에는 **통제와 자기도취**라는 단어가 있음을 기억하라. 관심과 인정을 간절히 바라는 VIP형과 다르게, 권력자형은 통제와 복종을 열망하고 있다. 그들은 문제를 추론하고 결정하는 자신의 능력을 높게 평가한다. 권력자형은 때로는 투자를 포함해 모든 분야에서 자신이 전문가라고 생각한다. 권력자형은 자신을 막후인물이라고 생각하고 투자를 점수를 획득하는 하나의 수단으로 간주한다. 권력자형은 성공적인 투자가 더 큰 지렛대 효과를 발생시켜 지역사회에 대한 영향력을 높일 수 있다고 믿는다. 권력자형을 고객으로 둔 브로커와 재무상담사는 대안을 찾아내고 투자 가능성을 발굴해야 한다. 브로커와 재무상담사는 권력자형에게 이런 대안을 제시하고 그들의 판단을 기다린다.

사회적 또는 정치적으로 유명인사와 연줄을 가지고 있으며 통제하고 싶어 하는 그들의 니드에 부응해주는 것이 감정의 핵심요소이다. 한 브로커는 권력자형 고객이 속한 정당의 저명한 기금모금자들을 잘 알고 있어, 행사 티켓을 사주거나 때로는 행사에서 저명한 인물에게 소개시켜줄 자리를 미리 주선했다. 이것은 영향력을 가진 것처럼 보이고 싶은 권력자형 고객에게는 매우 큰 효과가 있다.

인물유형 6 VIP형

고객 오리엔테이션

- 최고의 대우를 해준다(회의실, 최고급 레스토랑).
- 그들을 위해 많은 사람이 관여하고 있다는 느낌을 준다.

상담 핵심 내용

- 그들이 저명인사와 동급인 것처럼 느끼도록 한다.
- 품위 있는 회사 이미지를 강조한다.

상담방법

- 그들의 자아도취적 니드를 충족시키기 위해 자주 상담일정을 가진다.
- 상담내용이 너무 어렵지 않게 한다.

가치공유

- 회사 고객 중 저명인사 이름을 말한다.
- 지역사회에서 아주 주목받는 사람들에 대해 이야기한다.

VIP형은 주목받고 싶어 하고, 주목받기 위해 많은 돈을 소비할 것이다. 그들의 자가용과 옷 그리고 손목시계에 관심을 보이고 그들이 구입한 물건에 대해 질문하라. 그들은 보이스카우트 대원이 배지를 주렁주렁 매단 것처럼 구입물품을 착용하고 있다.

VIP형은 명성과 존경을 원하며 물질적인 허식을 통해 이런 존경을 끌어내고자 한다. 당신은 이런 허영심을 활용해 관계를 강화시킬 수 있다. 그들을 최고급 레스토랑이나 골프클럽에 데려가서 다른 '저명한' 사람을 소개시켜주도록 하라. VIP형을 저명인사처럼 대접하고 당신의 고객 중 몇 사람의 유명한 고객 이름을 기꺼이 말해주라. 그들의 이미지 또는 자기도취심을 문제삼는 어떠한 행위나 말도 하지 않도록 하라. 업적과 지위, 최고 수준의 제안과 대우에 주목하고, 당신 회사의 모든 사람이 그들을 위해 일하고 있다고 확인시키는 것이야말로 감정의 핵심요소이다.

어느 브로커가 고객의 자기도취적 니드를 인식하지 못해서 VIP형인 부자고객을 잃었다고 말했다. 그 고객은 변변치 않은 소도시 출신으로 소위 2류학교를 졸업했다. 브로커는 고객의 감정이 얼마나 상하는지 깨닫지 못한 채 농담삼아 고객의 배경에 대해 말하곤 했다. 이 VIP고객은 이미 과거의 불리한 배경을 극복하고 성공했는데 …… 고객이 신형 포르세를 타고 골프장에 왔을 때 그 브로커가 그 차에 대해 아무 말도 하지 않은 것이 결정적인 계기가 되었다. 고객은 화를 내면서 곧바로 계좌를 다른 곳으로 옮겨버렸다. 유치한가? 그렇다. 허세인가? 그렇다. 천박한가? 그렇다. 그러나 많은 투자전문가는 VIP형과 좋은 관계를 유지하길 원한다면 고객의 자기도취심을 건드리지 말고 과시욕을 인정해야 한다는 것을 알고 있다.

인물유형 7 **축재자형**

고객오리엔테이션

- 재무적 성과에 대해 절박감을 갖고 이야기한다.

- 고객의 다른 전문가(변호사, 공인회계사 등)와 연계하도록 한다.

상담 핵심 내용

- 선택된 기준과 비교하여 탁월한 성과를 자주 보고한다.

- 모든 교류시 투자의 전문성을 강조하라.

상담방법

- 자주 상담을 실시한다.

- 모든 상담의 중점을 포트폴리오 결과에 둔다.

가치공유

- 부를 축적하는 데 높은 가치를 부여하라.

- 개인적인 부는 국가를 위대하게 만드는 요소라는 당신의 믿음을
  보여준다.

축재자형을 결코 채워지지 않는 돈지갑이나 결코 만족할 수 없는 고객으로 간주하라. 아직 충분히 소유하지 못했다는 두려움, 또는 과거보다 더 많이 가져야 한다는 탐욕이 감정유발 요인이다. 축재자형은 절박감을 느낀다. 그들은 성장하고 싶어 한다. 그들은 자신의 포트폴리오가 성장하고 있다는 증거를 확인하고 싶어 한다. 당신이 그들의 부가 성장하도록 모든 가능한 방법(법률, 세제)을 다 동원하고 있다는 것을 항상 확신시켜주도록 하라. 축재자형은 자주 대화를 하고 싶어 하는데 대화 시 성과의 우수성을 이야기하고 결과에 대한 최신정보에 중점을 둘 필요가 있다. 축재자형의 '행복'은 부가 성장하는 것을 보는 것이다. 당신은 시장과 비교해

좋은 결과나 뛰어난 성과를 올릴 수 있다는 가능성으로 이런 열망을 충족시켜줄 필요가 있다.

인물유형 8 **도박사형**

고객 오리엔테이션

- 투자에 대한 흥분과 열정을 이야기한다.
- 포트폴리오 관리자와 가능한 최고 수준의 교류를 보장한다.

상담 핵심 내용

- 시장의 변화와 변동성을 활용할 수 있는 전문지식을 강조한다.
- 단타거래 및 장기보유 전략에 대해 이야기한다.

상담방법

- 상담 중에도 여러 차례 전화를 건다.
- 고객의 전화에 신속히 응답한다.

가치공유

- 그들의 감정적 격렬함을 반영한다
- 고객의 신속성, 위험감수 및 실행 등에 고마워하고 있음을 알려준다.

도박사형은 실행, 에너지 및 흥분을 좋아한다. 그들은 돈으로 '놀고' 싶어 한다. 투자는 매일 아드레날린을 분출시키는 세련된 방법이다. 도박사형은 분석적인 기반이 아니라 본능적 기반, 다시 말해 대박이나 일정 수익을 얻을 기회나 시장의 과도한 반응이나 무지를 활용할 수 있는 기회를 기반으로 해서 많은 투자결정을 내린다. 도박사형은 실제 행동을 통해 많은 즐거움을 찾아내고 거래기회를 발굴할 수 있는 브로커와 함께 일하고 싶어 한다. 투자에 대해 이야기할 때의 흥분과 열정, 시장에 대한 기민한 대응, 도박사형 고객에 대한 빠르고 빈번한 전화통화 등이 감정적 핵심 요소가 될 것이다. 당신이 그들의 격렬함을 맞출 수 없다면 그들은 그것을 해낼 수 있는 누군가를 찾을 것이다.

인물유형 9 **혁신가형**

고객 오리엔테이션

- 그들은 최고의 기술적 전문지식에 접근하고 싶어 한다.
- 당신 자신을 교육의 원천으로 자리매김하라.

상담 핵심 내용

- 이 고객에게 선도적인 투자기회를 제공하라.
- 기술적 전문용어로 이야기하라.

상담방법

- 잦은 접촉기회를 마련한다(단지 상담만이 아니라).
- 금융동향과 신상품에 초점을 둔다.

가치공유

- 혁신적이고 선도적인 투자는 올바른 방향이라는 믿음을 공유한다.
- 기술지향성을 반영한다.

혁신가형은 매우 숙련되고 경험이 풍부하며 지식이 많은 브로커나 재무상담사를 제외하고는 모든 사람에게 버거운 존재이다. 혁신가형은 많은 시간을 시장과 투자전략을 공부하는 데 바친다. 그리고 이것을 입증해주는 부를 소유하고 있다. 비록 9가지 부자 인물유형 중에서 가장 소수(5.5%)이지만, 평균 투자자산이 620만 달러로 제일 많다.

혁신가형은 전문적 지식과 정보 그리고 선도적인 기회를 얻으려고 브로커나 재무상담사를 활용하고 싶어 한다. 혁신가형과 일할 때 감정적 핵심요소는 전향적이고, 투자에 관해 끊임없이 이야기하고, 새로운 경향에 뒤떨어지지 않고 자주 대화하는 것이다. 도박사형이 당신의 정력수준을 높일 것을 요구하는 것과 마찬가지로 혁신가형은 당신의 지식과 숙련정도를 높일 것을 요구할 것이다.

당신이 고객의 의사결정을 움직이게 하는 감정적 핵심요소를 발견해야 한다는 관점에서 본다면 부자고객은 다른 고객과 차이가 없다. 여기에서 개략적으로 살펴본 인물유형은 당신이 부자고객과 관계를 형성하고 핵심 감정적 수준에서 연결될 수 있는 방법이 된다. 당신이 부자고객을 움직이게 하는 근본적인 요소와 연결할 수 있기 때문에 이런 접근방법을 통해 고객과 더 밀접한 관계를 형성할 수 있다.

당신은 이런 부자의 인물유형을 어디에서 활용할 수 있을까? 당신의 핵심적인 동기는 무엇인가? 다른 사람이 당신에게 어떤 상품을 팔려고 할 때, 그들이 당신의 심리적 감정적 특성을 알고 있는 것이 도움이 될까? 물론 그럴 것이다. 부자의 9가지 삶과 같은 사이코그래픽(psychographic)* 정보는 고객을 움직이는 동기에 적합한 서비스를 제공할 수 있는 쉬운 방법을 제시해준다. 『부자의 9가지 삶』의 저자 러스 프린스는 이렇게 말했다. "각 인물유형이 재산을 축적한 감정적 동기요인을 발견하면 당신은 그들의 부를 관리하는 데 도움을 줄 열쇠를 발견한 것이 된다."

---

* 마케팅에서 시장을 분류할 때 쓰이는 소비자 생활양식 측정기술__역자

10
65세 이상의 노인을 공략하는 스토리셀링

사람들은 그들의 부모를 닮기보다는 그들의 시대를 닮는다.

고대 속담

여러 해 전까지 저는 노인고객에 대해 전혀 잘못된 생각을 했습니다. "노인은 고집이 세고, 성격이 까다롭고 간섭하기 좋아할 것이다. 그들은 건강문제로 재산을 다 날릴 것이다. 돈 버는 시기는 이미 지났고, 어쨌든 간에 몇 년 후에는 죽을 것이다." 저는 고수입에 멋진 투자를 꿈꾸는 야심에 찬 35~50세까지의 고객을 원했습니다. 그런 제가 어떻게 변했는지 아십니까? 지금은 거대한 포트폴리오를 갖고 있고 앞으로도 오랫동안 장수할 은퇴자가 저의 고객이 되었습니다. 만약 오늘 사업을 다시 시작한다면 저는 60세 이상의 고객에게 초점을 둘 것이고 그러면 지금보다 더 성공할 것입니다.

랠프 L., 브로커

노인시장이 성장하고 있을 뿐 아니라 이 집단이 보유한 재산도 증가하고 있다. 투자서비스 업계에서 미래 성공요인의 상당 부분은 얼마나 많이 이 노인고객을 확보할 수 있는가라는 개인적 능력에 달려 있다.

- 오늘날 미국인구 중 65세 이상은 3,100만 명이다. 이것은 대략 캘리포니아주의 인구와 거의 같다. 인구조사국은 2025년도에는 그 숫자가 6,300만 명으로 증가할 것이며, 이는 캘리포니아주, 뉴욕 그리고 텍사스주의 인구를 합친 것과 같을 것이라 추정한다.
- 현재 7명의 미국인 중 1명은 65세 이상이다. 2025년도에는 그 숫자는 4명 중 1명으로 증가할 것이다.
- 노인인구는 유년층보다 26배나 빨리 증가하고 있다.

오늘날 은퇴자는 더 오래 살 것으로 기대된다. 1960년대에 보통의 미국인은 3년간의 은퇴생활을 누렸다. 그러나 오늘날의 은퇴자는 20년 이상의 은퇴기간이 예상되며 이것은 당신이 그들의 재무적 니드를 충족시킬 기간이 20년 이상이 된다는 것을 의미한다.

65세 이상의 투자자가 얼마나 부유할까? 그들이 55~64세의 보통 투자자보다 4배 이상 부유하고, 45~54세의 보통 투자자보다 9배 이상 부유하다는 사실을 믿을 수 있을까?

<그림 10-1>에는 세대 간의 부의 불균형이 표시되어 있다. 세대별 평균순자산은 55~64세는 12만 1,000달러, 45~54세는 5만 4,900달러임에 비해, 65세 이상의 투자자는 48만 5,000달러로 젊은 세대에 비해 훨씬 많다. 실제로 노인세대의 순자산 중앙값은 다른 모든 세대의 순자산 중앙값을 합친 것보다 크다. 노인고객은 집을 소유하고 있으며 재화와 서비스에 대한 국내 총수요의 40%를 차지한다.

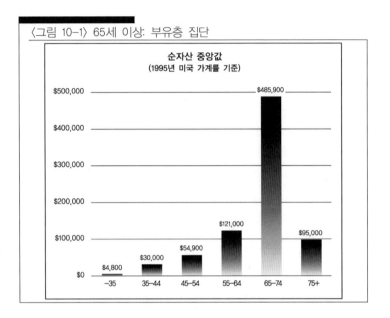

〈그림 10-1〉 65세 이상: 부유층 집단

순자산 중앙값
(1995년 미국 가계를 기준)

노인고객을 발굴하고 유지하기 위해서는 어느 정도 많은 노력을 해야 하지만, 55세 이상의 고객 4명이나 45세 이상의 고객 9명을 발굴하고 유지하는 노력만큼은 아닐 것이다. 이는 한 명의 노인고객이 보유한 자산과 같으려면 다른 세대에서는 평균 몇 명의 고객이 필요한가를 보여준다. 당신이 사업을 하려면 노인층을 대상으로 하는 게 더 낫다는 사실을 단순한 계산에 의해서도 알 수가 있다. 또 하나 고려해야 할 것은 노인층의 평균 보유자산 48만 5,000달러가 10년, 15년, 20년 후에 얼마만큼의 가치가 있는가이다(<표 10-1> 참조).

당신이 70세 이상의 고객에게 제안을 할 때 40세 고객과 비교하여 어떻게 대화방법을 변화시켜야 할까? 여기서는 당신이 제공하는 투자전략이나 판매하려는 상품이 아니라 오히려 당신이 초점을 두어야 할 가치와 감정적 핵심 요소, 즉 감정적 시금석에 대해 살펴보고자 한다.

〈표 10-1〉 48만 5,000달러 포트폴리오의 가치

48만 5,000달러를 연 8% 수익률로 투자하면 얼마가 될까?
- 10년 후: 1,047,079달러
- 15년 후: 1,538,502달러
- 20년 후: 2,260,564달러

48만 5,000달러를 연 10% 수익률로 투자하면 다음과 같이 증가할 것이다.
- 10년 후: 1,257,965달러
- 15년 후: 2,025,965달러
- 20년 후: 3,262,837달러

48만 5,000달러를 연 12% 수익률로 투자하면 다음과 같이 증가할 것이다.
- 10년 후: 1,506,336달러
- 15년 후: 2,654,679달러
- 20년 후: 4,678,452달러

당신이 70세 이상의 고객에게 제안을 할 때 40세 고객과 비교하여 어떻게 대화방법을 변화시켜야 할까? 여기서는 당신이 제공하는 투자전략이나 판매하려는 상품이 아니라 오히려 당신이 초점을 두어야 할 가치와 감정적 핵심요소, 즉 감정적 시금석에 대해 살펴보고자 한다.

2001년에 55세인 사람에게 1991년에 55세인 사람과 동일한 도덕적·감정적 기준으로 조언할 수 있을까? 절대로 그렇지 않을 것이다. 2001년에 55세인 사람은 베이비부머(1946~1964년 사이에 태어남)의 첫 세대로, 나이가 드는 것이나 다가오는 은퇴에 대한 그들의 태도는 1991년에 55세인 사람과는 심리적 관점에서 엄청난 차이가 있다.

노인세대, 베이비붐 세대, 그리고 X세대까지를 포함해 모든 세대는 그들이 자란 세계와 그 세계 속의 돈의 움직임에 관한 다양한 신념, 태도 및 경험 때문에 독특한 이해와 접근방법이 필요하다. 특정세대의 사람은 성장기의 동일한 인생경험으로 연계되어 있다. 정치, 경제, 재난, 승리, 기술적 진보, 문화적 발전 등은 각각의 세대를 구분하는 세대 간 공유물 중 몇 가지 사례이다.

마케팅 담당자가 모든 세대에 공통된 일반적인 접근방법이나 초점을 가지고 상품을 판매할 수 있다고 믿는다면 중대한 실수를 저지르게 된다. 브로커나 재무상담사로서 당신이 직면한 주요 핵심문제는 투자상품이 잘 팔리도록 하는 것이 아니라 65세, 50세, 35세가 지닌 어떤 태도나 가치를 상품과 연계할 수 있는가 여부이다.

이 장의 목적은 노인세대가 다른 세대와 어떻게 다른지와 관련해 당신이 노인세대의 명확한 가치와 태도를 규명할 수 있고 당신의 상품과 서비스를 세대적 기풍에 연결시키는 '세대 간 이야기'를 할 수 있도록 하는 데 있다. 오늘날 65세 이상의 투자자는 역사상 가장 부유한 사람들이다(평균자산 48만 5,000달러).

얀켈로비치 파트너즈 사(Yankelovich Partners, Inc.)의 워커 스미스 (J. Walker Smith)와 앤 클러맨(Ann Clurman)이 쓴 『흔들리는 노년 (Rocking the Ages)』에서 인용한 다음 표는 한눈에 3개 세대 간의

〈표 10-2〉 세대 조망

구분	노인	베이비부머	X세대
아이디어 정의	의무	개인성	다양성
축하할 일	승리	젊음	현명함
성공요인	열심히 일해서 성취	태어났으므로 승리자이어야 함	두 개의 직업보유
스타일	팀 플레이어	자기도취적	기업가적 정신
보상이유	일을 했기 때문에	받을 가치가 있기 때문에	필요로 하기 때문에
일이란	불가피한 의무	흥미로운 모험	어려운 도전과제
예상치 못한 일	때론 좋고 때론 나쁘고	모두 좋고	모두 나쁘기 때문에 피해야 함
여가란	열심히 일한 보상	인생의 중요한 부분	구원
교육이란	꿈	생득권	앞서가는 방법
미래	일하기 힘든 시기	현재가 더 중요함	불확실하나 관리할 수 있음
돈 관리	저축한다	소비한다	헤지(hedge)한다
프로그램	사회 프로그램	컬트 문화에 눈뜸	소프트웨어 프로그램
세대의 영화	우리 생애 최고의 해	새로운 탄생(the big chill)	청춘 스케치(reality bites)

출처: 『흔들리는 노년』

차이점을 보여주고 있다(<표 10-2> 참조). 세대마다 가치가 다양할 뿐 아니라 돈에 대한 동기, 목표 및 습관이 다르다. 성공적인 브로커는 제안서 또는 상품을 제시하기 전에 고객을 먼저 알고자 노력했다. 이런 3개 세대집단에 동일하게 적용될 수 있는 판매방법이 있다고 믿는 과오를 저질러서는 안 된다.

예를 들면 3개 세대집단은 모두 삶에 있어서 단순성을 바란다고 말하지만 각 집단이 정의하는 단순성은 각각 독특한 차이가 있다. 노인고객에게 단순성은 접근하기 쉽다는 측면이 강하다. 그들이 원하는 재무상담사는 그들을 위해 존재하며 질문에 언제든지 대답할 수 있고 응답할 준비가 되어 있는 사람이다.

베이비부머에게 단순성은 효율성에 기반을 두고 있다. 그들은 최소한의 노력으로 가장 좋은 결과를 낳기를 원한다. 그들의 생활은 늘 바쁘고 스트레스로 가득 차 있다. 그들은 목표를 달성하기 위해 체계적이고 신속한 모델을 원한다.

X세대에게 단순성이란 실용성으로 정의된다. 그들은 실용적이고 유용한 상품과 서비스를 원한다. 그들은 기본에 충실하고, 강매를 싫어하고 판매나 마케팅의 조작에 대해 아주 잘 알고 있다. 그들은 브로커의 서비스를 이용하는 것이 자신이 직접 투자하는 것보다 더 나은 실질적인 이유가 있어야 한다고 생각한다. 여기에서 우리의 목표는 다음과 같다.

• 당신이 신뢰를 얻기 위해서 연계해야 할 노인시장의 주요가치를 확인한다.
• 투자습관과 태도를 형성한 생활 및 문화적 경험을 검토한다.
• 노인시장에서 경쟁력 확보를 위해 필요한 세대조정(age-justments)을 알아본다.

세대조정이란 무엇인가?

사람은 나이가 들면서 변화한다. 이런 사실 때문에 당신은 앞에 있는 고객세대에게 의식적으로 접근방법을 맞춰가야 한다. 고객은 당신의 사무실, 스타일, 제안, 관계적 역량을 마음속에 새긴다. 노인, 베이비부머 및 X세대는 브로커나 재무상담사에게서 각각 다른 특징을 찾고 있다. 똑똑한 재무상담사는 노인고객에게 긍정적인 인상을 주기 위해 필요한 미묘한 '세대조정'을 인식하고, 자기의 말이나 접근방법에 이런 세대조정을 잘 반영한다.

세대조정은 차 한 잔을 대접하는 사소한 것에서부터 사후 고객관리전략에 이르기까지 모든 것에 영향을 미칠 수 있다. 여기에서 부각된 각 세대의 특징에 따라 당신은 인쇄물, 발굴과정 및 명함까지도 다시 검토해볼 필요가 있다. 이 장을 통해 당신은 사업에 바로 이용할 수 있는 실제적이고 사용 가능한 세대조정을 배울 수 있을 것이다.

당신은 더 나이든 소비자처럼 세상을 보는 방법을 배워야 한다.

켄 다이트월드(Ken Dychtwald)*

플로리다에서 은퇴자에게 서비스를 제공하고 있는 매우 성공한 브로커는 노인고객과 일하는 것은 강도가 높은 힘든 일로 과소평가해서는 안 된다고 말했다. 실제로 시속 160킬로미터로 자동차를 운전하는 것과 같기 때문에 운전대를 한번 잘못 돌리면 전복될 수 있는 상황이라고 그는 말했다. 실수는 일체 용납되지 않는다. 경험 많은 한 브로커는 70세 노인과 상담하는 것을 공원에서 산책

---

* 노인학자, 심리학자, 미래학자로 특히 노인 및 베이비부머 세대의 전문가로 『건강한 노화』라는 책이 번역 소개됨__역자

하는 것처럼 여기는 대부분의 젊은 브로커에게 노인고객에 대한 상담준비를 진지하게 생각하라고 경고한다. 만약 노인고객의 가치, 니드 또는 동기에 대한 언급을 제대로 하지 못하면, 브로커는 사실상 자동차를 전복시킨 것이 된다.

노인고객을 상대로 성공하기 위한 세 가지 기본원칙은 다음과 같다.

1. 노인의 육체적 변화를 포용할 준비
2. 노인의 심리적 변화를 포용할 제안
3. 사회적 변화를 포용하는 관계형성

준비 전체 사업 즉 당신의 판매용 자료, 사무실, 질문, 제안스타일 및 사후서비스에 대한 세대감사(age audit)를 실시해야 한다.

제안 65세 이상의 노인에게 판매하는 과정에서 고객이 전혀 모르겠다는 식의 얼굴 표정을 짓는 것을 얼마나 많이 봤던가? 65세 이상의 사람은 변하고 있고 당신이 노인으로부터 주목을 받고 관심을 유지하고 싶다면 당신의 제안도 변해야 한다.

관계형성 노인고객 시장에서 효과적으로 경쟁하려면 자산을 형성하는 것만큼 관계를 형성하는 데 중점을 두어야 한다. 사람이 나이가 들면 상품엔 관심이 적고 그 상품을 판매하는 사람에게 더 많은 관심을 가지게 된다는 연구결과가 있다. 35세 고객에게는 성과를 판매하지만, 70세 고객에게는 당신 자신을 판매해야 한다.

준비: 당신 사업의 세대조정

시장에 따라 세대조정을 해야 한다는 하나의 간단한 사실을 받아들이면 당신은 어떤 시장에서도 성공을 거둘 것이다. 사람은 나이에 따라 변한다(<그림 10-2> 참조).

20년 전에 당신은 어떤 모습이었는가? 지금부터 20년 후엔 어떤 모습이 될까? 지금 안경이나 콘택트렌즈를 끼고 있는가? 20년 전에도 안경이나 콘택트렌즈를 끼고 있었는가? 당신은 경험, 자녀, 수입 등으로 인해 자신의 이념이 변한 적이 있는가? 당신은 식생활습관이 변한 적이 있는가? 당신은 20세에는 햄버거와 피자를 먹고 맥주를 마셨다. 40세엔 치킨을 먹고 쌉쌀한 백포도주 샤르도네를 마셨다. 60세에 당신은 밀기울 플레이크를 먹고 자두주스를 먹고 있을지도 모른다.

20세 때는 고물차를 운전하면서, 제발 시동이 걸려 A지점에서 B지점까지 잘 굴러가기를 빌었다. 40세에는 가죽시트의 미니밴을 운전하고 있었다. 65세에 당신의 주요 운송수단은 골프카트가 될 수도 있다.

나이가 들면서 모든 것은 변한다. 당신의 상담사업은 이런 연령과 관련된 변화에 주목하면서 변화에 발맞춰가고 있는가? 물론 대부분의 대답은 '아니오'일 것이다. 경쟁력이 없는 브로커나 재무상담사는 고객에 대한 근시안적 시각을 지닌 채 나이에 관계없이 모든 고객에게 상품 중심의 단조로운 제안을 한다. 다른 한편, 성공적인 브로커나 재무상담사는 나이와 관련된 문제, 관심사, 가치 및 세계관 등이 주목받아야 하며, 존중되어야 하고, 또한 이에 걸맞은 서비스와 상품이 제공되어야 한다는 것을 알고 있다. 노인고

객에게 이렇게 하지 않고 무슨 다른 방법이 있겠는가!

65세 이상의 고객을 이해하기 위해서는 다음 3가지 기본적인 변화, 즉 육체적·심리적·사회학적 변화가 있다는 것을 알아야 한다. 당신이 사용하는 도구와 사무실은 육체적 변화에 적합해야 한다. 그리고 제안은 심리적 변화와 연계하는 데 적합해야 하고, 서비스 수준과 부수적으로 발생하는 신규고객 소개는 사회학적 변화와 밀접하게 연결되어야 한다. 조지 번스(George Burns)*는 언젠가 나이를 먹는 것이 아니라 늙어가고 있음을 느낄 때 사람들이 어떻게 말할까라는 질문을 받았다. 그는 이렇게 대답했다. "늙었다는 것은 모든 것에 속상해하고, 속상하지 않은 일은 시덥지 않은 일임을 알 때이다. 가장 좋아하는 신문기사가 '25년 전 오늘'일 때, 친구들이 생일을 축하하기 위해 생일케이크 앞에 빙 둘러서

---

* 1896~1996. 미국의 배우, 코미디언__역자

있을 때, 신발끈을 매려고 몸을 구부릴 때, 당신 자신에게 질문해 보라. '내가 이승에 살아 있는 동안 이 일 외에 무슨 일을 할 수 있을까?'"

늙어감에 따라 새로운 육체적 현상이 나타난다. 이런 변화를 이해할 수 있는 가장 간단한 방법은 65세가 되어 당신의 행동 및 감각반경이 제한되고 있음을 깨닫는 것이다.

- 옛날처럼 멀리 볼 수 없게 된다.
- 옛날처럼 잘 들을 수 없게 된다.
- 옛날처럼 (어려움 없이) 멀리 갈 수 없게 된다.

시야 60세 정도 되면 미국사람의 93%는 교정렌즈를 착용할 것이다. 물론 이것은 당신이 인쇄물을 통해 대화하는 방법에 영향을 주게 되며, 나이든 고객을 위한 시각보조자료나 전단지의 선택에 영향을 미칠 것이다. 인쇄물을 통해 대화를 할 때 다음과 같은 점에 유의하라.

- 큰 글자형태(적어도 12포인트)를 사용하고 글자체도 모양보다는 읽기 쉬운 글자형태를 선택하라. **이것이 12포인트 견명조체이다.** 이것은 10포인트 고딕체이다.
- 인쇄물의 흰 여백을 넉넉히 하라.
- 검은 배경의 흰 글자체를 피하라.
- 광택 있고 반질반질한 종이보다는 결로 되어 있고 광택 없는 종이를 사용하라.
- 흐린 글자나 이탤릭체를 최소화하라. *이것이 이탤릭체이다.*

- 되도록 간단하고 쉬운 차트와 그래프를 사용하라.

큰 소리로 말하기 65세 이상 되는 많은 사람은 대화 도중에 주위 소음과 당신의 목소리를 구분하는 것을 힘들어한다. 그들은 낮은 음조 또는 높은 음조의 목소리를 듣는 것도 힘들어한다. 말로 할 경우 다음과 같은 점에 유의하라.

- 제안을 진행하는 동안 주위 소음을 없앤다.
- 노인고객에게 전화할 때, 전화를 받을 수 있도록 전화벨이 8~10회 울릴 때까지 충분히 기다린다(대다수의 노인고객은 자동응답기를 사용하는 방법을 모른다).
- 더 크고 천천히 말하되 목소리의 음높이는 낮춘다.
- 대면상담을 할 때에는 고객 바로 옆 오른쪽에 앉는다. 노인고객이 큰 책상 또는 회의용 탁자 건너편에 앉지 않도록 한다.

한 브로커는 노인고객에게 창의력 있는 청각진단을 실시하고 있다. 그는 처음 말할 때 목소리를 약간 낮춘다. 고객 중 누군가 앞으로 몸을 기울이거나 양손을 귀에 대면 그 고객이 청각에 문제가 있다는 것을 알 수 있다. "고객님, 제 말이 들리십니까?"라고 소리치는 것보다 이것이 더 효과적이라고 그는 생각한다.

이동성 노인 소비자에 관한 연구결과에 따르면 외향성과 내향성의 요소로 분류된 노인 소비자에게는 4가지 기본적 유형이 있다고 한다. 『인구노령화(An Aging Population)』의 저자 조지 모치스(George Mochis)는 젊은 노인, 늙은 노인에 대해 말했다. 늙은 노인

〈그림 10-3〉 젊은 노인, 늙은 노인

	외향적	내성적
건강하다:	건강 향유자 (13%)	건강한 은둔자 (38%)
건강하지 않다:	병든 활동가 (34%) 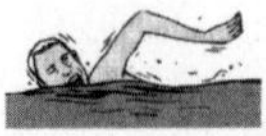	허약한 은둔자 (15%) 

은 그들이 노화되기 오래 전부터 나이보다 늙게 행동하기 시작한 사람이다.

모치스는 외향적인 노인인구 중에서 건강 향유자(13%)와 병든 활동가(34%)에 대해 묘사하고 있다(〈그림 10-3〉 참조). 이것은 점점 더 많은 노인이 자신이 느끼는 만큼 젊다는 철학을 추구함에 따라 앞으로 성장할 것으로 기대할 수 있는 고령인구 범주이다. 그들은 새첼 페이지(Satchel Paige)*가 "당신의 실제 나이를 모른다면 몇 살이 되고 싶은가?"라고 표현한 감정에 이끌리고 있다. 존 글렌(2000년 78세)은 우주에 가고, 조지 부시(2000년 73세)는 낙하산 점프를 하는 것과 같이, 노령인구는 동료가 나이를 문제삼지 않고 용감하고 대담하게 살아가는 것을 지켜보고 있다. 이 노령인구는 이제까지 어느 노령인구도 가본 적이 없는 곳까지 감히 갈 용기를

---

* 미국의 투수로, 마지막으로 마운드에 올라선 것은 1965년 그의 나이 59살 때였음. 나이는 마음의 문제라는 말로 유명함__역자

가지고 있다. 이렇게 모험과 여행을 자신 있게 추구하기 위해서는 건전한 재무적 조언이 필요하다.

건강상태가 좋지 않은 노인층은 건강관리 및 의약비용이 상승할 위험 때문에 지속적으로 재무상태가 악화될 것으로 보인다. 이런 비용으로 노인고객은 은퇴수입의 대부분을 지출한다. 사회보험제도는 의료비용의 반만 보조하기 때문에 나머지 반은 스스로 감당해야 할 것이다.

노인고객의 이동성 감소에 대응하기 위해 당신 사무실에서 실행해볼 만한 몇 가지 실용적인 세대조정 방법이 있다. 많은 노인은 관절염, 고관절 교체 및 무릎과 발목 통증을 앓고 있다. 그래서 노인고객에게서 다음과 같은 몇 가지 불평을 들을 수 있다.

- 손잡이를 돌리는 문 대신에 밀어서 열 수 있는 문을 원한다.
- 관절염으로 손잡이를 돌릴 수 없다.
- 의자가 너무 푹신해서 일어나기가 힘들다.

당신 사무실이 노인고객에게 감명 깊은 인상을 주고 편안한 느낌을 주기 위한 시도는 노인에게 편리한 문손잡이, 의자, 바닥재나 노인의 이동성에 좋은 영향을 미치는 집기비품으로 교체하는 간단한 변화에서 시작될 수 있다. 이런 종류의 노인 맞춤형은 65세 이상의 연령층이 전례 없는 비율로 계속 증가함에 따라 앞으로 10년 동안 지속적으로 마케팅의 중심이 될 것이다.

예를 들면 엔지니어와 컨설턴트가 손목이 아직 굽지 않았다면 약간의 관절염이 있더라도 손으로 키를 더 쉽게 옆으로 돌릴 수 있다는 사실을 발견했기 때문에 제너럴 모터스의 신형차 시보레

되도록 눈에 띄지 않게 세대조정을 하는 것이 중요하며 그렇게 함으로써 노인고객이 감지할 수 있는 치욕감을 없앨 수 있다. 예를 들면 특히 잘못된 세대조정의 하나가 대형활자 서적이다. 대부분의 노인에게 대형활자 서적은 늙었다는 치욕감을 줄 수 있다.

임팔라는 계기판에 시동장치를 설치하게 될 것이다. 또한 노인 운전자가 자동차 안쪽으로 무릎회전을 더 쉽게 할 수 있도록 무릎보다 더 앞에 문개폐장치를 장착한 신형 포드 포커스가 출시될 예정이다. 부자 노인고객이 가장 애호하는 신형 캐딜락 드빌에는 운전자의 반응시간을 17초에서 3초로 감소시킬 수 있는 야간시계기술을 적용할 것이다.

되도록 눈에 띄지 않게 세대조정을 하는 것이 중요하며 그렇게 함으로써 노인고객이 감지할 수 있는 치욕감을 없앨 수 있다. 예를 들면 특히 잘못된 세대조정의 하나가 대형활자 서적이다. 대부분의 노인에게 대형활자 서적은 늙었다는 치욕감을 줄 수 있다. 노인고객은 자신이 늙었다는 것을 인정할 필요가 없는 맞춤형을 원한다. 노인은 대형활자서적을 휴대하기보다 이중초점, 3중초점 또는 '콜라병 같은 울퉁불퉁한' 안경을 착용하기를 좋아할 것이다.

65세 이상의 고객 중에서 많은 사람은 나이에 대해 대수롭지 않게 생각하는 도전적인 태도를 가지고 있다. 당신은 자신이 느끼거나 생각하는 만큼 젊다고 믿는 그런 고객을 만나게 될 것이다. "당신의 실제 나이를 모른다면 몇 살이 되고 싶습니까?" 많은 70세 노인은 35세가 될 수도 있다. 그리고 35세가 70세가 될 수도 있다. 65세 이상의 고객의 지혜와 경험과 연계해 나갈 뿐 아니라 그들의 삶에 대한 활력과 에너지와 연계하는 것도 아주 중요하다. 당신은 그들을 노인으로 취급하지 않으면서 존경심을 가지고 그들을 대접할 수 있다.

세대감사 실행

많은 재무상담사가 65세 이상의 고객에게 좋은 인상을 주는 수많은 세대조정을 실행하고 있다. 당신의 사무실은 65세 이상의 고객이 편하게 느끼도록 꾸며야 한다. 65세 이상의 노인층 시장에서 뛰어난 실적을 거둔 재무상담사에게서 들었던 몇 가지 아이디어를 다음에 소개해본다. 이런 아이디어는 두 가지 범주 즉, 쉬운 것(당신이 통제할 수 있는 조정)과 구조적인 것(디자인과 집기비품)으로 나눌 수 있다.

쉬운 세대조정

- 스티로폼 컵보다 도자기 잔으로 커피를 대접한다. 스티로폼은 싸지만 환경오염의 주범이다. 이것이 고객에게 보내고 싶은 메시지는 아니다. 일부 패스트푸드 전문점은 도자기 커피잔이 집과 같은 편한 느낌을 주고 노인고객의 재방문을 높일 수 있다는 것을 발견했다. 한 재무상담사는 65세 이상의 모든 고객의 이름이 새겨진 머그잔을 만들어서 책상 뒤에 있는 선반에 모두 걸어뒀다. 모든 고객이 중요하고 친구처럼 느끼도록 하려는 것이 그의 생각이었다.
- 집에서 만든 과자와 부드러운 사탕 같은 것을 제공한다.
- 읽을거리로 요리책을 제공한다. 물론 당신도 읽어야 한다. 어느 재무상담사가 요리책은 편안한 감정을 주기 때문에 대기장소에

서 65세 이상의 고객에게 매우 인기가 높다는 것을 알아냈다.

- 더 큰 명함을 만들도록 한다. 플로리다에 사는 어느 재무상담사는 65세 이상의 고객은 명함을 읽을 수 없어 보관하지 않는다는 것을 알았다. 그래서 그는 명함을 42% 더 크게 하고 읽기 쉽도록 디자인했으며, 이로 인해 사업상 커다란 차별화를 만들게 되었다.

- 가족사진과 격언이 적힌 액자를 놓아둔다. 많은 65세 이상의 고객은 재무상담사의 가족사진을 보면 편안해진다고 말한다. 그리고 가족에 대해 묻고 싶어 한다. 다른 사람은 벽에 너무 많은 자격증 액자가 있으면 인상적이긴 하지만 두려움을 느낀다고 말한다. 고객에게 당신의 자격증과 당신의 가치관을 보여줄 수도 있는 격언을 담은 소형액자와의 조화를 추구하라.

- 좌석배치에 신경을 써야 한다. 더욱 친밀한 교감을 위해 책상 뒤에 앉지 말고 의자가 있는 원탁으로 이동한다. 65세 이상의 고객에게 친밀감과 친근함을 전달하기 위해 가까이 앉는다. 65세 이상의 고객이 외부의 빛이 고객의 눈을 부시게 할 수 있는 자리 즉 창문을 마주보는 자리에 앉지 않도록 한다.

구조적 세대조정

- **의자** 의자는 노인이 일어서기 힘들 정도로 너무 푹신하고 부드럽지 않은지 확인한다. 단단하고 편안한 의자면 충분할 것이다.
- **안내판** 당신 회사의 간판 및 안내표지판은 읽기 쉬운가? 도치된 문장을 피하고 색채대조를 많이 사용하며, 쉽게 읽을 수 있는 글자체를 사용한다.

- **문손잡이**　손에 관절염이 있으면 손잡이를 돌리기 힘들다고 불평을 한다는 것을 기억하라. 쉽게 밀고 당길 수 있는 문손잡이가 바람직하다.
- **바닥재**　65세 이상 노인의 경험에 의하면 너무 푹신해서도 안 되고 너무 매끄러워도 안 된다. 너무 푹신하면 걷기가 힘들고 너무 매끄러운 바닥은 넘어지기 쉽다.
- **조명**　부드럽고 자연스러운 조명을 선택한다. 되도록 어느 곳에서나 형광등을 피한다. 형광등은 자주 두통을 일으키고 눈을 자극한다. 돈이 약간 더 많이 들지만 자연광을 모방한 튜브전구를 사용하라.

65세 이상 고객에 대한 제안

당신이 일단 자료, 사무실 및 접근방법에서 필요한 육체적 세대 조정을 했다면, 65세 이상 고객의 니드를 알고 있고 그들의 경험을 존중하고 그들의 한계를 이해한다는 것을 목소리와 태도에 담아 제안을 할 준비가 되어 있는 셈이다. 65세 이상의 고객을 상대로 성공하기 위해서는 노인층에서 발생하는 인식전환을 이해해야만 한다. 이 집단을 효과적으로 동기부여하기 위해서는 노인의 마음이 젊은이의 마음과 어떻게 다른지 이해하는 것이 중요하다.

저는 노인고객에게 숫자, 계산 또는 퍼센트를 생각나게 하는 어떤 질문도 결코 하지 않으려고 노력하고 있습니다. 제가 시간이 지나 특정한 분야에 대해 질문했을 때 그들 중 많은 분이 기억하기 힘들어하셨고

> 흔히 1분 전에 들은 숫자는 기억할 수 없는 80세 노인도 60년 전에 일어난 사건에 대해서는 세부적인 내용까지 생생히 기억할 수 있다. 따라서 노인고객에게는 통계가 아니라 그들의 경험에 초점을 맞출 필요가 있다.

당황하셨다는 것을 알게 되었습니다. 저는 고객으로 하여금 제가 하는 질문 때문에 좌절감을 느끼게 하고 싶지 않았습니다. 저는 이제 그러한 정보를 얻으려면 누구에게 전화해야 되는지만 여쭤봅니다.

듀엔 C., 재무상담사

이 재무상담사는 65세 이상 고객에게 있는 주요한 심리적 전환 중의 하나인 단기 기억상실증에 대응하기 위해 직관적으로 제안을 조정했다. 65세와 35세 사람에게 24개의 비연속적인 숫자를 제시하고 가능한 많은 숫자를 기억하도록 한다면, 35세의 사람은 14개를 기억할 수 있음에 비해 65세의 사람은 8개만 기억할 수 있다.

놀랍게도 단기적 기억력은 낮아지고 있지만 대부분 장기적 기억력은 완벽한 상태이다. 흔히 1분 전에 들은 숫자는 기억할 수 없는 80세 노인도 60년 전에 일어난 사건에 대해서는 세부적인 내용까지 생생히 기억할 수 있다. 따라서 노인고객에게는 통계가 아니라 그들의 경험에 초점을 맞출 필요가 있다.

사람이 젊었을 때는 새로운 정보를 흡수하고 있기 때문에 분석적인 과정, 즉 좌뇌 과정에 상당히 의존한다. 나이가 60세에 이르면 뇌는 20세보다 약 4배의 정보를 보유하게 된다. 이 시점에서는 의사결정을 내릴 때 새로운 정보뿐 아니라 일생동안 저장된 기억력과 경험을 바탕으로 한다. 과거에 더 의존하기 때문에 사람의 사고는 우뇌과정, 즉 더 주관적이고 개념적이고 시각적인 의사결정으로 전환된다.

이런 인식전환은 투자상담사에게 무엇을 의미할까? 단지 사실 위주의 접근방법만으로는 노인고객에게 동기부여할 수 없다는 것을 의미한다. 노인고객은 시각적이거나 상상력을 자극하는 방법, 가장 중요한 것은 과거 자신의 경험과 관련된 방법으로 가르쳐줄 수 있는 투자상담을 원하고 있다. 제12장과 제13장에서 배울 예시, 일화 그리고 은유는 특히 노인고객에게 호소력을 갖는다. 이것을 학습해서 고객제안을 할 때 사용해보도록 하라. 당신이 제안을 할 때 이와 같은 예시적인 자료를 사용함으로써 노인고객의 관심정도를 얼마나 증대시킬지 주목하라.

지글거리는 것을 판매하기

당신은 "스테이크가 아니라 지글거리는 것을 판매하라"라는 오래된 판매구호를 잘 알고 있을 것이다. 나이 많은 투자자는 감정적 호소(지글거리는 것)*에 영향을 받고 나서야 사실(스테이크)을 보는 경향이 있다. 그리고 더 중요한 사실은, 감정적 유인이 각 개인과 연관될 수 있어야만 한다는 것이다. 각 고객의 독특한 감정의 핵심이 무엇인지 확인하고 이것에 당신의 상품을 연결시키는 것이야말로 당신이 할 일이다.

이성은 인간의 작은 부분에만 영향을 미치며, 이 부분은 가장 재미

---

* 스테이크를 구울 때 나는 소리_역자

없는 부분이다. 나머지는 진실 또는 거짓, 열정, 선 또는 악과 같은 감정에 지배된다.

요셉 루

제 고객 중에는 그렇게 많은 증거를 보여드려도 포트폴리오에 주식을 편입시켜 위험을 분산시키지 않았던 75세 고객이 계십니다. 채권, 연금, CD, 부동산 등 주식을 제외하고는 어떤 금융상품에 투자해도 좋다고 생각하시는 분이었습니다. 저는 고객에게 확신을 드리기 위해 과거 실적을 보여드렸으나 아무 소용이 없었습니다. 저는 매우 화가 나서 "왜 그렇게 주식을 싫어하십니까?"라고 마지막으로 물었습니다. 고객의 대답은 이러했습니다. "급식 줄(soup line). 가족이 급식 줄에 서 있었지. 다 주식 때문이지." 이 분에게는 1931년 대공황의 감정적 앙금이 아직도 남아 있었습니다. 제가 "주식"이라고 말씀드리자 이 분은 불안, 손실, 배고픔을 느끼셨던 것입니다. 반백 년이 지난 지금까지 이런 감정이 강하게 남아 있다는 것에 놀라움을 금치 못했습니다.

론 D., 브로커

노인고객은 논리와 증거보다는 감정과 본능에 더 이끌리기 때문에, 우뇌사고로의 전환이 더욱 뚜렷이 나타난다. 예를 들어 시장에서 100포인트 변동의 심각성 여부를 설명하면서 어느 한 브로커는 다음과 같은 예시로 노인고객의 기억은행과 감정에 의존했다.

종합주가지수가 1만 이상일 때 100포인트의 변동이 얼마나 심각하겠습니까? 1995년에 단지 2번의 100포인트 이상의 변동을 경험했을 뿐입니다. 1996년에는 6번 있었습니다. 1997년에는 100포인트 이상의 변동이 52번 있었습니다. 이제는 하루걸러 일어나는 것 같습니다. 종합주가지수가 1만 포인트를 넘어선 현재 100포인트의 변동이 어떤 의미가 있겠습니까? 이것은 1991년 종합주가지수가 3,000이었을 때 30포인트의 변동과 같습니다. 종합주가지수가 대략 1,000이었던 1981년도의 10 포인트 변동과 같습니다. 종합주가지수가 165였던 1945년의 1.5포인트와 정확히 같은 것입니다. 1945년에 사람들이 시장에서 1포인트의 변동에 대해서 심각하게 생각했겠습니까?

1945년에 종합주가지수가 9포인트 상승했다면 '사람들'은 신형 패커드 자동차(그는 45패커드 자동차가 있는 사진을 보여준다)를 구입했을 것입니다. 오늘날 300포인트의 변동은 1945년의 9포인트 변동에 비해 훨씬 심각하지 않습니다. 그것은 전적으로 상대적입니다. 대중매체만 단지 100에서 200포인트의 변동에 대해 관심을 가질 뿐입니다.

이것은 훌륭한 스토리셀링의 하나이다. 패커드 자동차 사진은 금상첨화이다. <표 10-3>에서 노인과 젊은이의 사고의 차이점을 일부 볼 수 있다. 맞춤형 판매화법을 개발하기 위해서는 우뇌의 사고가 어떻게 구매의사결정에 영향을 미칠 수 있는지 파악하는 것이 중요하다. 노인과 젊은이를 동기부여할 때 양자 간 명백한 차이점이 무엇인지 찾아보라.

"당신은 나에게 얼마나 벌어줄 수 있습니까?"보다 "당신을 믿을 수 있습니까?"와 같은 말을 듣고 싶어 하기 때문에 저는 노인시장에서 훨씬 더 잘할 수 있다고 생각합니다. 저는 노인고객과 그의 배경을 알고, 니드를 충족시키기 위해 무엇을 해야 할 것인지 전체적인 윤곽을 설정하기 위해 시간을 보내는 것을 좋아합니다. 저는 그들의 니드가 재무적

〈표 10-3〉 전형적인 나이듦

| 노인고객은 더욱 개인화된 화법에 반응한다 ||
노인	젊은이
낮은 물질적 가치	높은 물질적 가치
더 주관적	더 객관적
전체 맥락에 높은 민감도	전체 맥락에 더 낮은 민감도
양자 사이의 타협 인식	양자택일식 인식
더 개인주의적	타인에 대해 더욱 의존적
가격에 덜 민감	가격에 더욱 민감
가치결정에 대한 복잡한 방법	가치결정에 대한 단순한 방법
전체 모습을 지향	세부 내용을 지향
직관에 대한 신뢰	논리에 대한 신뢰

인 것이라기보다는 감정적이라는 사실을 잘 알고 있습니다. 많은 젊은 고객의 머릿속에 가득 찬 비현실적인 수익에 대한 기대를 충족시키기 위해 애쓰는 것보다는 노인고객에게 이런 방식으로 하는 것이 제 스타일에 딱 맞습니다.

노턴 L., 재무상담사

노인고객이 구매하는 이유가 변했기 때문에 당신이 판매하는 방법 또한 변해야 한다. <표 10-4>를 보면 65세 이상 고객의 7가지 주요특성과 그 특성이 당신의 판매제안에 어떻게 영향을 미치는지 알 수 있다.

금융전문가가 65세 이상 고객에게 판매기법을 어떻게 적용했는지 몇 가지 사례를 들어보기로 하자.

<표 10-4> 65세 이상 고객의 7가지 주요특성

그리고 이런 특성이 당신의 판매제안에 미치는 영향	
65세 이상 고객의 특성	제안방법
1. 시간을 갖고 의사결정하고 싶어 한다.	인내심을 갖는다. 질문을 하도록 북돋운다.
2. 유행에 따라 구매하지 않는다.	모든 사람이 구매하는 인기 있는 펀드를 강요하지 않는다. 펀드가 고객의 니드를 얼마나 충족시키는가를 강조한다.
3. 가격보다 가치에 더 관심이 있다.	고객이 당신에게 수수료를 지불할 만한 가치, 서비스 및 편리성에 초점을 둔다.
4. 라이프스타일을 개선시킬 수 있는 새로운 것을 시도하고자 한다.	삶의 질을 높일 수 있고 단순화할 수 있는 투자와 서비스에 초점을 둔다.
5. 구매의사결정의 타당성을 찾는다.	고객의 감정적 핵심요소를 발견한다. 당신이 판매하려는 것을 고객이 관심을 갖고 있는 이익과 연결한다.
6. 동료와 사귀고 싶어 하고 다른 사람의 경험으로부터 배우고자 한다.	상담, 이벤트 및 세미나에 집중한다. 이런 행사는 65세 이상 고객에 대한 인맥형성 및 소개를 받을 수 있는 커다란 기회를 제공한다.
7. 자신의 인생경력 - 현재 자신의 존재를 형성하는 데 가장 큰 영향을 미친 것 - 에 대해 이야기하고 싶어 한다.	고객의 인생경험에 맞춘 판매화법을 위해 발굴과정에서 배운 것을 활용한다. 당신의 상품을 고객이 알고 있는 지혜와 연결시킨다.

인내심을 가져라　　뉴욕의 한 브로커는 "이제 서명하시죠"라는 전통적 계약체결과는 정반대의 말로 상담을 끝낸다고 한다. 그는 노인고객에게 이렇게 말한다. "고객님께서 당장 해야 할 급박한 사정이 없다면 일주일간 어떤 선택을 하는 것이 좋은지 심사숙고

하신 다음 다시 방문해주십시오. 그동안 저는 직원들과 함께 어떻게 하면 최선을 다해 서비스를 할 수 있는지에 대해 논의해보도록 하겠습니다. 괜찮으시겠습니까?"

이 브로커에 대해 많은 그의 동료가 계약체결을 지연시키는 바보로 생각했으나, 경험상으로 그가 옳다는 사실이 밝혀졌다. 그가 고객에게 이야기했던 것은 충분히 생각해보고자 하는 고객의 니드를 이해하고, 그의 직원들이 가능한 최고의 서비스를 제공하는 데 관심을 갖고 있다는 것이다. 사실, 고객은 브로커의 전 직원이 모여 앉아서 고객의 재무목표를 달성하기 위해 토론한다는 것을 알면 기분이 우쭐해진다. 흔하지는 않지만 일단 이런 감정이 전달되면 고객이 "바로 시작합시다"라고 말하는 경우가 있다고 그는 말했다.

유행하는 상품이나 방법을 멀리하라: 고객의 니드를 충족시키는 펀드를 강조한다　하워드는 이 문제를 정면돌파해 해결한 재무상담사이다. 그는 종이 한 장을 꺼내 지그재그 선을 그리면서 말한다 (<그림 10-4> 참조). "제가 무슨 일을 하는지 말씀드리겠습니다. 저는 고객님께 두 가지, 즉 수입과 마음의 평화를 제공하기 위해 여기 있습니다. 건강을 유지하는 것은 아주 중요한 일입니다. 혈압을 높이고 건강을 해칠 재무적 계획을 원하는 사람은 아무도 없습니다. 고객님께서 지금 유행하는 펀드를 원하신다면 이런 종류의 수익률 차트를 선택하시게 되고, 이 경우 환희와 고통의 청룡열차를 타면서 스트레스를 받으실 겁니다. 저는 이런 펀드에 관심이 전혀 없습니다. 고객님께서는 어떠십니까?"

고객은 "사양합니다"라고 응답한다.

그러면 하워드는 종이 위에 다른 선(<그림 10-4> 참조)을 그리면서 말한다. "제가 어떻게 일하고 있는지 말씀드리겠습니다. 저는 재무적 혼란을 겪지 않고 재무적 성과를 성취하고 싶습니다. 저는 흥분, 고혈압, 불면의 밤과 같은 것을 겪지 않고 꾸준하면서 일관성 있는 수익을 창출하고 싶습니다. 우리가 몇 년 후에 같은 장소에 어떻게 도착했는지 보십시오. 우리는 좀 덜 극적인 길을 선택했을 뿐입니다. 따라서 고객님은 자신에게 물어보셔야 합니다. '나는 드라마를 원하는가 아니면 마음의 평화를?'" 그런 다음 고객의 대답을 기다린다.

"마음의 평화"라고 고객은 대답한다.

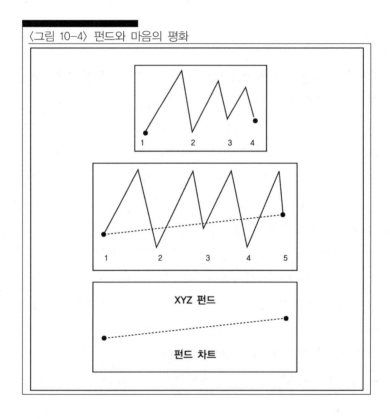

〈그림 10-4〉 펀드와 마음의 평화

하워드는 계속 말한다. "좋습니다. 그럼 이런 철학을 추구하는 방법으로 펀드를 찾아보도록 하겠습니다." 그는 두 번째 그린 선과 같은 성장세를 보이는 펀드 차트를 꺼내어 옆에 놓는다(<그림 10-4> 참조). 고객의 마음속에는 이 펀드와 마음의 평화 사이에서 교감이 형성된다.

가치, 서비스 및 편리성에 초점을 둔다: 수수료를 지불할 만한 가치가 있는 것으로 만들기 당신이 가격과 수익을 판매하면 패배할 것이다. 관계와 서비스를 판매한다면 당신은 승리할 것이다. 이것은 매우 명백하다. 65세 이상의 고객은 가격보다 가치에 더 관심이 많다. 고객은 당신이 고객의 니드를 이해하고 그 니드를 충족시킬 계획을 가지고 있다는 확실한 증거를 바라고 있다.

고객의 삶을 단순화할 수 있는 서비스에 초점을 둔다 모든 사람은 삶을 단순화하고 싶어 한다. 어느 브로커는 65세 이상의 사람에게 특히 민감한 '단순화'라는 아이디어를 전달하는 데 매우 효과가 있는 유추(속도유지장치 유추)를 개발했다.

브로커 존스 선생님 그리고 사모님, 저는 두 분이 여행을 좋아하신다는 것을 알고 있습니다. 질문 하나 드리겠습니다. 두 분이 여행하실 때 속도유지장치를 사용하십니까?
고객 물론입니다.
브로커 속도유지장치는 속도위반 딱지를 뗄 가능성을 없애고, 안전성을 제공해주고, 또한 이것을 사용함으로써 적절한 속도를 유지하는 데 신경을 쓸 필요가 없기 때문에 편안하게 차를 운전할 수 있습니다. 저희가 속도유지장치를 통해 고객의 수입을 창출하는 방법을 개발했다는 것을 알고 계십니까? XYZ연금에 X를 넣으면 고객님은 Y년 동안 지속적인 수입을 보장받을 수 있으십니다. 고객님께서는 실제로 속도유지장치를 통해 수입을 받으시며 시장변동에 대해 전혀 걱정하실 필요가 없으십니다.

스토리셀링은 쉽게 이해되는 것을 유추를 사용해 쉽게 이해되지 않는 상품으로 연결시키는 것이다. 당신의 연금사업을 가속화시키기 위해서 속도유지장치라는 유추를 사용하라.

당신이 판매하려는 것을 고객이 관심을 갖고 있는 것과 연결시킨다

어느 날 은퇴한 고객이 자기 손녀가 인터넷을 알려주면서 서로 이메일을 통해 연락할 수 있도록 컴퓨터 사용방법을 가르쳐줬다는 이야기를 했습니다. 저는 제 고객이 정말로 이런 일에 흥미를 갖고 있다는 것을 알 수 있었습니다. 손녀가 어떤 종류의 컴퓨터를 갖고 있는지, 어떤 온라인 서비스를 이용하고 있는지, 어느 인터넷 사이트를 방문했는지 혹시 알고 있는지 물어보았습니다. 저는 이들 회사의 일부는 그에게 투자기회가 될 수도 있을 것이라고 제안했습니다. 그는 이 제안을 무척 좋아했습니다. 그는 손녀의 세계에 투자하는 것이며, 변화하는 세상의 최신정보를 접하는 것처럼 느꼈을 것이라고 감히 말씀드릴 수 있습니다.

이 일이 있은 후에 저는 투자아이디어의 연결고리로 활용하기 위해 모든 노인고객에게 그들 손자손녀의 일상생활에 대해 물어보기로 했습니다. 그들은 손자손녀에 대한 이야기를 하는 동안 활력을 느꼈으며, 손자손녀에 대한 이야기를 통해 나온 투자기회에 대해 흥미를 가졌습니다.

존 G., 브로커

조부모에게 손자손녀보다 더 소중한 것이 있을까? 흔히 노인고객은 손자손녀의 눈을 통해서 미래를 바라보고 있음을 알 수 있을 것이다. 이것은 위대한 스토리셀링 접근방법이다. 당신이 팔려는 모든 상품을 고객의 흥미를 유발하는 어떤 것, 즉 앞서 언급한 흥미유발요소와 연결하도록 하라.

고객의 관심과 취미가 무엇인가를 발견하고 그것과 관련된 것, 다시 말해 친구와 커피를 마시면서 이야기할 만큼 흥미를 일으키는 것과 관련된 것을 고객에게 판매하라. 고객이 여행을 좋아한다면 어떤 교통수단으로 여행하는가를 파악하라. 레크레이션용 자동차, 비행기 또는 유람선인가? 착실한 성과를 내는 관련 주식에 고객의 눈을 돌리도록 하라. 고객이 골프, 테니스, 낚시를 좋아하거나 나스카*를 보고 싶어 하면 레저산업의 성장으로 어느 회사가 번창하고 있는지 대화를 나누고 투자기회로 연결하도록 하라. 고객이 손자손녀를 금지옥엽처럼 사랑한다면 손자손녀에게 줄 선물을 어디에서 사는지 물어본다. 예를 들어 토이즈 알 어스**의 주요고객은 할아버지 할머니이다.

노인고객이 국제펀드에 분산투자하기를 원하는 재무상담사는 그들의 손자손녀와 자녀가 소비하는 상품에 대해 물어보고 그 회사의 국제적 특성을 말할 수 있을 것이다. 그는 고객의 손자손녀가 스위스의 네슬레 퀵을 마시고, 일본 소니와 닌텐도의 비디오게임을 하고, 이탈리아에서 만든 필라 신발을 신는 것에 대해 말할 수 있다. 또는 고객의 자녀가 휴대폰(3분의 2는 핀란드산 또는 스웨덴

* 미국에서 열리는 자동차 경주대회 명칭__역자
** 미국 최대의 장남감 체인점__역자

산을 사용하거나 유럽 자동차를 운전하는지에 대해 물어볼 수 있을 것이다. 이런 질문은 노인투자자와 국제투자 사이에 관련이 아주 높은 감정적 연결고리를 제공해준다.

상담과 이벤트에 집중한다　노인고객의 사회생활은 젊은 성인고객과 다르다. 당신은 노인고객의 사회생활의 두 가지 측면을 충분히 인식하고 연계할 필요가 있다.

첫째, 노인투자자는 친구와 교제하는 데 더 많은 시간을 보내며 동료의 영향력이 누구보다 크다.
둘째, 많은 노인 투자자는 외로워하며 다른 사람을 만나고 사귈 기회를 환영한다.

재무상담사가 어떻게 두 가지 측면, 즉 교제를 원하는 사람에게 이야기 소재와 외로운 사람에게 할 일을 제공해주는 것을 연결시켰는지를 예를 통해 살펴보자.

더 많은 아이디어

카렌은 고객이 뮤추얼펀드를 구매할 때마다 막 구워낸 파이를 보낸다. 그때, 그녀는 다음과 같이 적힌 메모를 함께 보낸다. "뮤추얼펀드는 파이와 비슷합니다. 고객께서 아무리 큰 조각을 가져가셔도 동일한 재료로 만들어져 있습니다. 추신. 고객님에게 재무적 조언이 필요한 친구가 있다면 언제든지 제 전화번호를 알려주십시오." 카렌에게 왜 파이를 보냈는지 물어보니, "아무도 파이를 혼자서 전부 먹지 않기 때문입니다. 고객은 다른 누군가와 함께 먹으려고 할 것이며, 대화 중 제 이름이 거론될 것이라고 확신하고 있기 때문입니다"라고 카렌은 대답한다. 카렌이 보유한 소개 고객수로 판단하건대 카렌은 성공의 비결을 알고 있음에 틀림없다.

변호사에서 재무상담사로 전향한 피트의 경험을 한번 보자.

노인고객을 대하면서 실수했던 한 가지 진실은 일부 노인고객이 얼마나 외로워하는지 깨닫지 못한 것입니다. 많은 노인고객이 아주 조그마한 우정을 갈망하고 있음을 알게 되었습니다. 어니라는 77세의 고객이 제 사무실을 방문한 적이 있었습니다. 우리는 그분의 취미인 소형엔진에 대해 15분 동안 이야기를 나누었습니다. 저는 어니 씨가 결혼한 적도 없고 생존하는 친척 하나도 없다는 것을 알았습니다. 그분은 정말로 외로워했습니다. 1~2주일 후에 제 잔디 깎는 기계가 고장나서 '이것을 어니 씨에게 가져가야겠다'고 생각했습니다. 그분이 저를 보자 얼마나 반가워했는지 말로 표현할 수가 없을 정도였습니다. 그분은 공짜로 잔디 깎는 기계를 고쳐주겠다고 하셨습니다. 어니 씨와 저는 더 자주 이야기하고 진실한 우정을 쌓아갔습니다. 저는 지금 노인고객의 외로움에 훨씬 더 민감해졌습니다.

당신은 어떻게 너그러운 마음과 마케팅 기법을 결합해 당신 사업을 비약적으로 성장시킬 것인가? 현명하면서도 마음이 너그러운 재무상담사 브렌트는 미망인 고객을 위해 발렌타인데이에 점심식사를 계획했다. 그는 이 날이 미망인이 특히 외로워하는 날로 다정한 친구모임을 개최할 수 있을 것이라 생각했다. 브렌트는 최고급 오찬회를 마련해 각각의 고객에게 꽃을 선물했고 모두에게 친구를 초대하도록 했다. 또 다른 재무상담사 및 작가 제리 베네트 또한 미망인에게 많은 관심을 가지고 있다. 제리는 생일날 미망인 고객을 오찬 외식에 초대하고 고객에게 5명의 친구를 동반하도록 하고 있다. 그는 이렇게 하여 많은 고객을 확보했으며 현재의 고객이 자신이 뭔가 특별하다고 느끼도록 만들고 있다(고객이 외식장소를 선택하도록 한다).

당신은 브렌트와 제리가 이런 여성에게 보여준 선의와 이에 따라 부수적으로 발생한 훌륭한 사업성과를 상상할 수 있을 것이다. 그들이 한 것은 고객의 진정한 니드를 찾고, 약간의 상상력을 발휘하여 고객이 기대하는 이벤트로 니드를 충족시킨 것이 전부였다. 이런 단계는 당신이 노인투자자라는 고객기반을 구축하는 데 있어 성공하는 방식이다.

지위상실증후군을 해결하는 방법

부자 은퇴자에게서 발견한 하나의 감정적 현상은 지위상실증후군(LOSS, loss of status syndrome)이라는 상태이다. 전직 변호사, 임원, 의사, 감독, 사업가 및 인기배우는 이제 자기 삶에서 갑작스러운 지위 및 통제의 상실에 감정적으로 맞서 싸우고 있다.

많은 사람이 수많은 사람에게 무슨 일을 언제 해야 한다고 말하는 위치에서, 은퇴 후 살고 있는 집의 수리를 위해 필요한 배관공 하나 찾지 못하는 상태로 전락한다. 그들은 전문가로서 활동하던 긴 기간에 사람들로부터 존경받았고 인사를 받아왔다. 그러나 이제 아무도 그들이 누구인지 모르고 있으며, 더 중요한 사실은 그들이 과거에 어떤 사람이었는지도 모른다는 것이다. 대부분의 사람은 은퇴란 실망뿐인 신기루라는 것을 알고 있다. 이런 모든 사실이 브로커 또는 재무상담사에게 어떤 영향을 미칠 것인가? 간단히 말해서 "옛날에 어떤 일을 하셨습니까?"라는 질문을 하나만 하면 당신은 이 은퇴고객을 끌어들일 수 있을 것이다. 다만 질문한 다음 경청할 준비를 해야 한다. 그들은 영광스러운 날을 회상하느라고 오랫동안 이야기할지도 모른다. 그들은 당신에게 자기가 누구인지 그리고 과거에 어떤 사람이었는지에 대해 다시 깊은 인상을 심어주고 싶어 한다. 그들이 열심히 일해서 얻었던 존경이 다시 재현되기를 갈망하고 있는 것이다.

브로커와 재무상담사는 이런 지위상실증후군 특징을 보이는 많은 고객에 대해 말해줬다.

- 매일 새벽 3시에 일어나 밤 9시까지 일해 매우 성공적인 운송회사를 설립했으나 지금은 사람들이 자신을 '보스'로 부르던 때를 그리워하는 전직 사업가
- 대학 및 프로 수준의 팀에서 미식축구를 지도했으나 지금은 시합과 함께 사라진 훈련캠프, 신인후보 및 대중매체의 평판을 그리워하는 전직 감독
- 사람들이 거리에서 아는 척을 해서 일상생활도 제대로 하지 못한다고 불평했으나 지금은 아무도 아는 척하지 않는 지역의 방송인
- 은퇴공동체에 있는 전직 최고경영자 중에서 자신이 가장 하찮은 사람처럼 느껴진다고 말하는 전직 최고경영자

최근 ≪뉴스위크≫에 플로리다 지역에 사는 은퇴자처럼 많은

통제권을 가진 존경받은 우두머리 지위에서 장삼이사의 은퇴자집단으로 전락하는 것이 얼마나 힘든지를 이야기한 어느 은퇴한 변호사의 사례가 실렸다. 현재 그는 잔디 깎는 사람에게 자기 전화에 응답해달라고 말하는 것도 힘들어하고 있다. 옛날 일할 때에는 자기가 해야 할 일은 단지 손가락 꺾는 것뿐이었다. 지금 그는 다른 까다로운 은퇴자와 다를 바 없다. 지위상실은 상당히 고통스러울 수 있다. 그런 사람은 과거에 자신이 한 일과 배운 것을 알려고 하는 사람에게 말하고 싶어 한다.

성장하고 나이가 들면서 나쁘다고 생각했던 많은 것은 좋았고, 좋다고 생각했던 것은 나빴다는 것을 알게 되었다. 나이가 들면서 좋았다는 것을 알게 될 나쁜 것만 없다면 다시 나이를 먹고 싶다는 의구심이 든다.

아트 벅

노인고객의 동기부여 요소

노인고객의 구매방법이 변하면 당신의 판매방법도 변해야 한다. 사람은 나이가 듦에 따라 동기가 변한다. 노인의 동기에 관한 연구에 따르면 65세 이상 사람에 대한 4가지 주요 동기부여 요소는 다음과 같다.

1. 자립에 대한 니드와 관심
2. 가족과 연관성
3. 개인적이고 정신적인 성장

4. 휴식과 편안함

노인투자자가 더 이상 재산의 증가에 흥미를 느끼지 않음에 주의해야 한다. 많은 경우 65세 이상의 고객은 완벽한 고객이다. 그들은 당신에게 부자로 만들어주기를 기대하고 있는 것이 아니라, 가난해지지 않도록 해주길 바라고 있다. 65세 이상의 고객에 대한 당신의 제안은 매년 15~20% 정도 포트폴리오를 증가시키는 대신 그들이 가진 것을 보호하고 자립을 유지시키는 것이 되어야 한다.

65세 이상의 사람 마음에는 철학적 변화가 일어난다. 금전은 목적과 동기부여로서 그 위력을 잃는다. 65세 이상 사람의 마음은 본질적으로 더 감성적이 되고 사람을 점점 더 중요시한다. 65세 이상의 고객은 가족, 교회, 공동체를 위해 무언가를 하는 데 흥미를 가진다. 현명한 재무상담사는 자립, 가족, 이타주의 같은 문제와 새로운 경험을 위한 자금조달에 초점을 둘 것이다. 65세 이상의 많은 사람은 새로운 모험을 시도하고 그들이 결코 가보지 않았던 곳에 가는 것을 통해 개인적인 성장을 추구하고 있다.

당신이 65세 이상의 투자자가 주로 구입하는 것을 판매하고 있는지 확인하라. 그들은 유행하는 펀드, 높은 수익률 또는 장기 성장주를 구매하지 않는다. 65세 이상 투자자는 자립적인 생활을 위해 임차료를 지불하고, 가족과 공동체의 선물을 사는 데 자금을 지출하고 모험과 휴식에 돈을 쓸 것이다. 당신이 팔고 있는 것이 이런 것인가? 이 분야가 당신이 노인고객의 관심과 동기를 정확히 알기 위해 조사하고 있는 곳인가?

저는 노인고객과의 상담이 어떻게 관계를 형성하는가를 보고 항상 놀랐습니다. 그래서 상담의 많은 시간을 제가 그들을 이해하는지, 그들이 저를 신뢰할 수 있는지 확인하기 위해 은근히 물어보는 데 할애합니다. 제가 하는 일 — 저의 과거기록과 모든 것 — 을 얼마나 잘하는가를 보여주기 위해 시간을 소비하는 것이 저에게 이익이 된다고 생각하지 않습니다. 고객은 다음과 같은 질문에 관심을 가지고 있는 것 같습니다. "당신은 내 상황과 니드를 이해하는가?" 저는 적절한 질문을 하고 개인적으로 고객에게 진정어린 관심을 보여줌으로써 그들을 확신시킬 수 있습니다.

로드 M., 재무상담사

생계수단, 적절한 건강 및 마음을 빼앗는 관심사 — 이런 필수적 요건이 갖춰진다면, 60세를 넘어 사는 세월은 일생에서 가장 행복하고 가장 만족할 만한 시간일 수 있다.

어니스트 엘모 캘킨스

경제적으로 되려는 바람 — 더 단순해지는 것 — 은 나이와 함께 온다. 늙는 것은 최적의 방법을 발견하는 시기이다.

벨라 바르톡

가치에 부합하기

진정한 당신의 가치는 당신의 성공을 통해 타인이 얻은 모든 이익을 포함한다.

쿨렌 하이타워

톰 브로코(Tom Browkaw)가 『가장 위대한 세대(The greatest gener-ation)』라는 베트스셀러에서 날카롭게 지적한 바와 같이, "65세 이상 사람은 정말로 가장 위대한 세대이다. 이 세계와 공동체 그리고 가족에게 많은 것을 제공했던 사람이 이 세대의 사람이다. 이들은 진정 존경을 받을 가치가 있는 세대이다."

재무상담사인 당신으로서는 65세 이상의 사람을 인도한 특정가치를 이해하고 이런 가치에 부합하는 것이 중요하다. 이 세대는 불황, 황무지 및 세계전쟁의 폐허를 재건한 세대이다. 이 세대는 군인, 공장노동자, 노동조합원 및 시민으로서 함께 일하는 것을 배워왔다. 충성심과 애국심이 세상을 움직이는 본질적인 요소라고 생각한다. 따라서 정부와 거대기업 같은 기관에 강한 신뢰감을 가지고 있다. 이 세대에게는 순종과 조화가 성공의 열쇠였다.

이 세대는 근면의 미덕과 필요성을 이해한 세대이다. 이 세대는 성공하기 위한 방법으로 교육보다 피, 땀, 눈물을 선호했다. 이 세대에게 자기희생은 의무라기보다 기쁨이었다. 이 세대는 자기만족을 지연시키는 것을 이해했다. 지연된 자기만족은 이 세대의 자녀에게 많은 도움이 되었다. 이 세대의 자녀는 자신이 원하는 것을 맘껏 가질 수 있었다. 근면과 희생은 삶을 살아가는 기본적인 신념이었다.

65세 이상의 사람이 강조하는 주요가치는 다음과 같다.

- 근면
- 자기희생
- 팀워크
- 노인에 대한 존경

지금 노인은 노인에 대한 존경이라는 가치가 상실된 것 같은 사회에 살고 있다. 일단 사람이 어떤 연령에 도달하면 마치 사회폐기물처럼 내던져진다. 65세 이상의 고객은 연장자에 대해 다른 도덕관을 교육받으며 자랐다. 많은 노인고객은 노부모와 함께 살면서 그들을 봉양했다. 그들은 연장자를 존경해야 한다고 믿고 있다. 그들이 상대하는 재무상담사가 이런 가치를 존중하지 않을 때 그들은 금방 알아차릴 것이다.

마음에 드는 재무상담사를 찾을 때까지 여섯 번이나 어머니를 모시고 재무상담사나 브로커를 찾아갔었다. 그 후 우리가 선택한 재무상담사를 왜 좋아하게 되었는지를 생각하기 시작했다. 나는 부모를 존경해야 한다는 계율을 일생의 의무라고 믿고 있었다. 나처럼 내 어머니를 존경하는 재무상담사, 내 어머니를 자신의 어머니처럼 돌봐주는 사람을 찾았던 것이다. 마지막 재무상담사에게서 그러한 진실성과 관심을 발견했을 때, 더는 찾지 않았다.

릭 H., 고객

나와 함께 늙어가세! 비록 태어나면서부터 예정되어 있지만 삶의 정수인 최후는 아직 멀었다네.

로버트 브라우닝

11
여성을 공략하는 스토리셀링

여성이 된다는 것은 원칙적으로 남성과 관련되어 있기 때문에 너무나
힘든 거래이다.

조셉 콘래드

모든 소기업가의 50%와 60만 달러 이상의 재산을 가진 42%의
사람을 무시하는 재무서비스 전문가가 있다면 그는 과연 얼마나
현명한 사람일까? 당신이 여성시장을 목표의식을 가지고 적극적
으로 추구하고 있지 않다면, 당신은 바로 앞서 말한 현명한(?) 사람
에 속할 것이다. 여기서 최근의 통계자료를 살펴보자.

* 60만 달러 이상의 재산을 가진 가구의 42%는 여성이 가장이다.
* 여성은 총 800만 달러 이하 모든 소규모 사업 전체의 절반을 소유
  하고 있다.
* 여성은 모든 학사, 석사학위의 절반 이상을 취득하고 있다.
* 모든 여성의 90%는 결국에는 가계재무를 혼자서 책임진다.

오늘날과 달리 15~20년 전만 해도 여성은 투자사업의 레이더

에 잡히지 않았을 것이다. 브로커가 상대하는 유일한 여성고객은 은퇴한 고객의 미망인이었을 것이다. 그러나 최근에는 그렇지 않다. 여성은 경제적으로 자신들의 권리를 주장하고 있으며, 여성시장은 오늘날 금융산업에서 가장 미개척된 기회일지도 모른다.

귀를 기울이면 부자가 된다

오늘날 재무서비스 전문가는 여성투자자에게 관심을 기울이면 신속하면서도 수익성 높은 실적을 달성할 수 있다. 이런 사람 중 하나가 『현명한 여성의 풍요로운 노후(Smart women finish rich)』*의 저자 데이비드 바크(David Bach)이다. 바크는 고객의 80%를 여성으로 해서 5년도 안 되는 기간에 수백만 달러를 벌었다. 데이비드 바크는 미래의 여성 지향적 재무상담사의 모델 — 인구통계학적으로 무시할 수 없다 — 이라고 할 만하다. 투자금액이란 측면에서 놀랄 만한 성의 전환이 이뤄지고 있다.

어떻게 여성투자자 집단에 주목하게 되었는지 묻자, 바크는 다음과 같이 말했다.

저의 고객 중에서 2주마다 누군가 죽는다는 사실을 깨닫기 시작했을 때 어렴풋이 알게 되었습니다. 저는 미망인과 상담하면서 인생에서 가장 힘든 시기에 돈에 대해 가르치려고 했습니다. 그런데 이것은 전적

---

* 『똑똑한 여자의 똑소리 나는 자산관리법』으로 번역 출간__역자

여성과 함께 사업을 성장시키고자 하는 사람들에게 바크는 충고한다. "모든 돈은 결국 여성의 손안에 들어가게 된다. 고객 부인과의 관계를 공고히 하지 않으면 고객이 사망하면 거래는 끊어지게 될 것이다."

으로 시대에 뒤떨어진 일이었습니다. 여성에게 재무적 관리와 투자를 가르쳐야 하는 비극적인 상황이 벌어질 때까지 왜 기다려야 합니까?

저는 오직 여성만을 위한 세미나를 개발하여 남편이 아직 살아 있을 때 고객의 부인에게 가르쳐드리기로 결심했습니다. 제가 처음 동료에게 이 아이디어를 내놓았을 때, 여성은 여성 재무상담사에게 넘기라는 말을 들었습니다. 제가 여성고객으로부터 1억 5,000만 달러 이상의 투자자산을 관리하게 되자, 그들은 아무 말도 하지 않았습니다. 첫 번째 세미나에서 저는 50명을 수용할 수 있는 룸을 예약하고 고객의 부인을 초대했는데, 225명의 여성이 참석했습니다. 지방신문은 전면 특종기사를 내보냈고 제 생각은 급속히 퍼져나갔습니다. 교육에 참여한 여성은 엄청나게 많은 신규고객을 소개해주기 시작했으며 그들이 가져다준 사업은 실로 막대한 규모였습니다.

많은 재무상담사가 인정하는 여성 투자시장을 공략하지 못하는 세 가지 신화에 대해 바크는 이렇게 말한다.

신화 1 여성은 판매과정이 남성보다 더 오래 걸린다 사실이 아니다. 남성이 서두르는 경향이 있지만, 여성에게 잘 설명하면 남성보다 길어지지는 않는다.

신화 2 여성은 투자에 대해 남성보다 더 감정적이다 사실이 아니다. 여성에게 시장 변동 등에 대해 잘 교육하면 남성보다 실제로 덜 충동적이고 덜 변덕스럽고 덜 소란스럽다.

신화 3 여성은 남성보다 더 보수적이다 사실이 아니다. 75세 이상의 많은 여성고객은 아직도 가족을 돌보고 있으며 더 공격적인 투자를 추구하고 있다.

바크는 일단 여성과의 관계가 손상되면 회복할 수 없을 것이라고 경고한다. 이런 현상은 오로지 남편만 상대하고 정보 제공자로서 또는 의사결정자로서 아내를 인식하지 않는 경우에 가장 자주 발생하는 문제이다.

여성과 함께 사업을 성장시키고자 하는 사람들에게 바크는 충고한다. "모든 돈은 결국 여성의 손안에 들어가게 된다. 고객 부인과의 관계를 공고히 하지 않으면 고객이 사망하면 거래는 끊어지게 될 것이다."

이 시장이 당신이 목표로 하여 일하기 시작할 곳이다. "으흠, 그렇게 빠르지는 않군!" 당신 중 일부는 이렇게 생각할 수 있다. "내가 여자라면 여성투자 전문가와 거래하려고 할 텐데. 나에게 어떤 기회가 있을까?"

생각한 것보다 훨씬 더 좋은 기회가 있다는 것이 정답이다. 밴캠펜 펀드 사가 실시한 한 연구에서 인터뷰 대상 여성의 78%는 재무상담사의 성은 그들에게 중요하지 않다고 말했다.

"음, 그러나" 당신들 중 일부 완고한 회의론자는 "많은 여성이 그렇게 많은 돈을 정말 가지고 있을까?"라고 생각할 수 있다.

다음 수치에 대해 어떻게 생각하는가?

- 모든 여성의 47%는 정기적으로 은퇴계좌에 투자한다.
- 모든 뮤추얼펀드 자산의 37%는 여성이 관리한다.

나는 브로커를 찾았다가 아주 불쾌해져서 내 스스로 모든 것을 할 수 있도록 공부하기로 결심했다. 전문가의 도움을 받으면 실수를 피할 수 있을지도 모르지만 나를 대하는 그의 태도가 정말 싫었다. 그가 그 분야를 대표하는 사람은 아니라고 확신하지만 두 번 다시 그런 상담자리에 있지 않을 것이다. 그는 나를 얕잡아보았다. 내가 마치 어린애인 듯 말을 걸었다. 그는 모든 것을 이런 식으로 했으며 나를 "귀여운 녀석"이라고 까지 불렀다. 그가 부모나 보호자처럼 생색을 내고 있는지 아니면 둘 다인지 구분할 수가 없었다. 나는 내가 마치 돈을 가진 어른임을 입증하려고 하는 십대 아이처럼 느껴졌다. 그리고 말만 그런 것이 아니었다. 신체언어와 말투에서도 '오, 이 불쌍한 작은 숙녀는 자기 돈으로 무엇을 하고 있는지도 모르는군'이 배어나왔다. 내가 생각할 수 있는 것이란 '얼마나 많은 남성이 이런 대접을 받은 적이 있을까!' 하는 것이었다.

낸시 S., 고객

우리는 심층면접조사를 통해서 브로커나 재무상담사가 여성투자자를 존중하지 않는 것을 봤다. 일부는 여성시장을 비생산적이고 불필요하다고 함부로 경시했으며, 잘난 척하면서 배타적인 말투로 말하면서 여성에 대한 컨설팅을 단지 성가신 일로 간주해 사업영역에서 제외시킨 사람도 있었다. 아직 소수이지만 잘못된 생각을 가진 사람 때문에 전체 산업에 오명이 남게 된다.

여성투자자 시장에서 더 많은 시장점유율을 획득하고 싶어 하면서도 성에 따라 접근방법을 조절할 필요는 없다고 생각하는 브로커나 재무상담사도 있다. 어떤 재무상담사는 이렇게 말한다. "사람은 사람이고 돈은 돈이다. 사람들은 재산을 보호하고 부가 증가하기를 원한다. 나는 이런 문제에 대해 이성 간에 전체적으로 많은 차이점이 있다는 것을 발견하지 못했다."

돈 문제에 대해 이성 간에 거의 차이가 없다는 이 재무상담사의 가정은 고객의 목표를 기초로 하고 있지 고객의 가치를 기초로 하고 있지는 않다. 그러나 브로커와 여성고객 사이에 어떠한 가치도 연결되지 않으면, 고객의 재무적 목표를 달성하도록 할 때 고객을 도울 기회가 없을 것이다.

화성, 금성 그리고 돈

고객에 대해 남녀 양성적 접근방법을 도입한 재무상담사는 심리학의 암흑시대에 일하고 있는 것이다. 남성과 여성의 생리학적이고 심리적인 시스템에서 명확하고도 부인할 수 없는 차이점이 입증되었다. 과학의 진보를 통해 과학자는 세부적인 인체구조에서도 남성과 여성 간의 결정적 차이점을 발견했다. 사람의 몸과 마음은 서로 다른 주파수에 따라 작동되도록 말 그대로 연결되고 설계되어 있다. 남성 재무상담사에게는 여성의 심장혈관 시스템이 다르게 기능한다는 사실은 거의 중요하지 않지만 여성의 뇌가 다르게 작동한다는 사실은 매우 중요하다.

데이비드 바크는 여성고객을 남성고객과 똑같이 대우하면서 여성고객으로부터 수백만 달러의 투자사업을 만들어낸 것은 아니다. 당신도 마찬가지일 것이다. 일단 문제를 보는 여성적 관점과 해결책을 적용하는 방법을 찾아내면, 성에 있어 균형을 유지하고 훨씬 더 풍부한 사업기반을 형성해나갈 것이다. 사실, 당신이 데이비드 바크라도 여성투자자를 중심으로 사업기반을 형성하는 것이 더 수익성이 있을 것이라 판단할 것이다.

베치와 세 명의 브로커

베치는 전문가로, 최근에 이혼하면서 재무상담사가 절실히 필요하다는 사실을 깨달았다. 베치는 자신의 재산을 맡길 곳을 결정하기 전에 세 명의 브로커와 면담하기로 마음먹었다. 베치가 상담을 하기 전에 그녀가 브로커에게 원하는 것이 무엇인지 구체적으로 정했다. 고객 서비스는 그녀가 가장 중요하게 여기는 평가항목이었다. 또 그녀는 존경스러운 대우를 받으면서 재산을 증식시키고 싶어 했다.

이 세 가지 항목(고객서비스, 존경, 증식기회)을 마음에 담고, 베치는 첫 번째 브로커를 만나러 갔다. 그녀는 그 브로커를 이렇게 표현했다.

남성우월주의에 빠진 사람으로, 자기가 얼마나 대단한지 나를 얼마나 큰 부자로 만들어줄 수 있는지 허풍을 떨었다. 쓸데없는 것으로 나에게 강인한 인상을 남기려 했다. 그는 자기의 훌륭한 소프트웨어와 대단한 상품에 대해 계속 말했다. 그에게 나의 개인적인 정보를 조금 주려고 했으나, 그는 관심도 보이지 않고 계속 말만 했다. 나는 무식하지 않은데, 그는 나를 완전히 무식한 사람으로 몰아붙였다. 나는 공부해야 할 것은 많지만 실제로 필요한 것은 그리 많지 않다는 것을 알고 있다. 내가 참을 수 없는 것은 나를 무식하다고 보는 것이다.

베치의 출발이 대단하지 않은가? 이 브로커는 소프트웨어에 많은 돈을 투자했겠지만 소프트웨어보다 고객이 중요하다는 사실을 배우지 못했다.

베치는 서류가방을 챙겨서 두 번째 브로커에게 향했다. 그녀는 브로커 사무실에 들어가자마자 문제가 있음을 알았다. "들어오세요." 그는 쳐다보지도 않은 채 중얼거렸다.

면담시간 내내 이 남자는 나와 한번도 눈길을 마주치지 않았다. 나는 내 재무상태에 대해서조차 생각할 수 없었다. 나는 당황스러웠다. '내가 뭐 잘못한 일이라도 있나? 왜 날 쳐다보지도 않는 거지?' 나는 그곳에서 바로 빠져나왔어야 했는데 괜히 시간만 낭비했다. 나는 어떤 대화를 했는지 아무것도 기억하지 못했다.

눈길도 주지 않고 공감대도 형성하지 않고 존경심도 보일 필요가 없을 정도로 두 번째 브로커는 성공한 사람일까? 이 브로커로부터 약속을 받아내는 것이 고객에게는 영광스러운 일인가? 또는 대화 기초과정에 낙제를 받은 것인가?

재무서비스 전문가에 대해 전체적으로 좋은 인상을 받지 못한 베치는 세 번째 브로커를 만나러 갔다. 이 브로커는 입을 다물고 눈길만 주면 계약을 체결할 수 있다는 것에 대해서는 전혀 모르고 있었다. 다행스럽게도 세 번째 브로커는 베치에게 눈을 맞췄을 뿐 아니라 제안 전체를 그녀의 니드와 목표에 집중했으며 소프트웨어에 대해서는 한마디도 언급하지 않았다.

베치는 다음과 같이 말했다.

당신은 지역에서 가장 좋은 실적을 올리고 있는가? 여성고객은 그것에 신경쓰지 않는다. 당신은 투자를 쉽게 할 수 있도록 하는 기술적 장치를 가지고 있는가? 그것으로 여성고객을 따분하게 하지 마라. 중요한 질문은 이것이다. "고객에게 온정적이고 고객과 관계를 형성하는 데 자연스러운가?" 만약 그렇지 않다면 여성고객과 약속을 하기 위해 그녀를 괴롭히지 마라.

나는 즉시 그가 믿을 만한 사람이라는 것을 알 수 있었습니다. 내가 앉자마자 정곡을 찌르는 중요한 질문을 하기 시작했습니다. 그는 나의 재무적 니드와 인생 니드에 대해 물었습니다. 그는 나의 모든 질문을 매우 재치 있는 질문이라는 듯 반응했습니다. "이것도 이해하지 못합니까?"라고 말하는 표정을 보이지도 않았습니다. 그는 세 개의 다른 포트폴리오 중에서 선택하도록 함으로써 나에게 강한 감명을 줬습니다. 그는 나에게 가능성을 보여줬고 내가 선택하도록 했습니다. 이것이 내가 찾고 있는 개인적 성장을 위한 존중과 잠재력이었을 것입니다. 현재 그는 나의 브로커입니다. 그리고 당신이 알아야 할 것은? 그는 내게 충분한 시간을 할애하고 있다는 것입니다. 그는 항상 내 질문에 적절한 시간 내에 대답해주고 있습니다. 이런 고객서비스가 내가 올바른 브로커와 거래하고 있다는 것을 말해주고 있습니다.

여성시장은 노인시장과 하나의 뚜렷한 유사성을 가지고 있는데, 그것은 바로 성과를 산출하는 데 관계가 중요하다는 것이다. 당신의 관계능력에 따라 당신의 사무실이 고객이 편안하게 상담을 기다리는 휴식장소가 될 것인지 또는 회전문이 되어 고객이 한번 왔다가는 실망해서 다시는 방문하지 않는 곳이 될 것인지를 결정하는 열쇠가 된다. 여성은 관계를 구입하고자 하며 관계능력이 없는 재무상담사와의 관계로는 만족하지 않을 것이다.

당신은 지역에서 가장 좋은 실적을 올리고 있는가? 여성고객은 그것에 신경쓰지 않는다. 당신은 투자를 쉽게 할 수 있도록 하는 기술적 장치를 가지고 있는가? 그것으로 여성고객을 따분하게 하지 마라. 중요한 질문은 이것이다. "고객에게 온정적이고 고객과 관계를 형성하는 데 자연스러운가?" 만약 그렇지 않다면 여성고객과 약속을 하기 위해 그녀를 괴롭히지 마라. 확대되고 있는 여성투자시장에 진입하고 싶다면, 냉철하고 경직되고 실리적인 결과지향적 남성영역으로부터 '고객의 니드를 알게 되는' 더 온정적이고 관계지향적인 세계로 의식적 전환이 필요하다.

"우리 얘기 좀 해요"

남자의 눈빛에 떠오르는 두려움을 지켜보라. 이 말은 생활 속에서 남성의 화성 및 금성*에 관한 시각과 관련된 문제가 발생할 때 듣는 말이다. 남성과 여성의 사고, 감정, 기대 및 대화 스타일에 상당한 차이가 있기 때문에 이 말을 자주 들을 수 있다.

재무상담사에 대한 남성과 여성의 기대를 구별할 수 있을까?

---

* 존 그레이의 『화성에서 온 남자 금성에서 온 여자』에서 인용된 것으로 본디 남성은 화성인이고 여성은 금성인이기 때문에 둘 사이의 언어와 사고방식은 다를 수밖에 없음을 역설함. 예를 들어 "우리 얘기 좀 해요"에 대해 여성은 하루 동안 자기 기분이 어땠는지를 그냥 이야기하려는 것뿐이고 이야기를 하게 되면 자연스럽게 기분이 나아짐. 이에 비해 남성은 이 이야기를 들으면 자기에 대한 잘못을 공격하려고 하는 것으로 오인하거나 또는 뭔가 도울 생각으로 여성의 말을 중간에서 막고 조언을 해서 문제를 크게 키움__ 역자

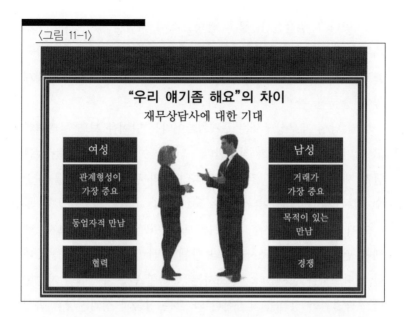
〈그림 11-1〉

"우리 얘기좀 해요"의 차이
재무상담사에 대한 기대

여성	남성
관계형성이 가장 중요	거래가 가장 중요
동업자적 만남	목적이 있는 만남
협력	경쟁

여성의 주요 관심사는 재무상담사와의 관계이기 때문에, 당신은 여성이 재무상담사와 어떻게 대화하고 싶은지를 알고 있는가?

먼저 〈그림 11-1〉에 나타난 것처럼 여성과 남성이 재무상담사에 대해 가지고 있는 서로 다른 기대를 살펴보자. 여성에게 관계는 핵심이다. 대부분의 여성은 재무상담사 고용이라는 의사결정을 내리기 전에 재무상담사와 관계가 형성되어 있는지를 느끼고자 한다. "그래서 여성이 그녀의 재무상담사와 데이트라도 해야 한다는 겁니까?"라고 남성은 말한다. 아니다. 대부분의 여성은 재무상담사와의 관계를 치료전문가, 영혼 상담사, 또는 사업파트너와의 관계 이상으로 매우 중요하다고 생각한다.

한편 대부분의 남성은 단지 사업을 운영하고 거래를 성사시키기를 원한다. 그들은 재무상담사와의 관계형성에 관심을 갖지 않는다. 대부분의 남성은 이미 처리할 수 있는 것보다 더 많은 관계를 맺고 있다고 생각한다. 물론 남성으로서 사람을 좋아해야 하고, 재무상담사는 훌륭한 성과를 기록하고 있어야 하며 아마도 가끔 골프를 치자고 고객을 초대하지만, 그러나 이것은 보통 남성에게 있어 충분한 관계 이상의 것이 된다.

몇몇 남성 재무상담사는 관계형성이라는 단어를 보면 두려워하고 어떤 일이 벌어질까 걱정한다. 그러나 여성이 찾고 있는 것은 단지 재무뿐 아니라 고객의 전체적인 삶과 관련하여 시간을 내줄 수 있는 재무상담사이다.

이에 대한 연구조사가 무엇을 보여주고 있는지 살펴보자. 밴 캠펜 펀드 사는 여론조사회사와 함께 수백 명의 여성투자자에 대한 면담조사를 실시했다. 이 조사는 '만족할 만한 수익률을 제공한다' '광범위한 상품을 제공한다'와 같은 상품과 성과지향적 속성을 포함했다. <그림 11-2>는 중요도에서 10점을 준 세 가지 관련 특성에 대해 투자자의 비율을 비교해놓은 결과이다.

연구결과는 상품과 성과 면에서 남성과 여성이 기대했던 것에 많은 차이가 없다는 것을 보여준다. 차이가 있는 것은 관계형성이라는 측면에서 요구하는 것이다. 여성은 남성보다 다음 같은 세 가지 관계요소를 20~30% 더 중요한 것으로 간주한다.

- 경청한다.
- 존경심을 갖고 대우한다.
- 내 관심사를 염두에 둔다.

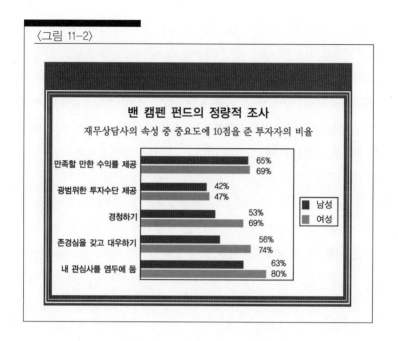

〈그림 11-2〉

밴 캠펜 펀드의 정량적 조사
재무상담사의 속성 중 중요도에 10점을 준 투자자의 비율

항목	남성	여성
만족할 만한 수익률 제공	65%	69%
광범위한 투자수단 제공	42%	47%
경청하기	53%	69%
존경심을 갖고 대우하기	56%	74%
내 관심사를 염두에 둠	63%	80%

협력 또는 경쟁

많은 여성이 관계형성에서 궁극적으로 원하는 것은 협력정신, 즉 공동목표를 향해 함께 일하고 있다는 느낌이다. 남성에게는 흔히 회의 또는 결정은 경쟁적인 모험이다. 한 남자는 이렇게 말한다. "차를 구매했을 때 전시장으로 들어간 순간부터 내가 오로지 생각할 수 있는 것이라곤 모두 이런 것이었다. '이 거래의 주도권을 갖고 있어야 해' 또는 '그 사람으로부터 얼마나 가격을 깎을 수 있을까?' 나는 패배자가 되고 싶지 않았다."

많은 남성은 첫 번째 상담을 승패의 상황으로 인식한다. 가끔 그들은 이미 재무상담사만큼 많은 것을 알고 있다고 생각하면서 재무상담사보다 더 많은 내부정보를 갖고 있는 이 경쟁을 즐긴다. 그들은 일단 유리한 고지를 점령했다고 느끼면 사업에 착수하거나 필요한 조치를 취하고 구입 또는 판매하고 싶어 한다. 남성은 자기가 무엇을 하고 있는지 몰라서가 아니라 오히려 자신이 너무 바쁘기 때문에 재무상담사가 필요하다고 말한다. 자아도취적으로 들리지 않는가?

> 남편과 나는 브로커를 만나러 갔다. 남편은 앉아서 그 사람과 재치를 겨루면서 인터넷에서 배운 모든 것을 그에게 이야기하고자 애썼다. '남편이 자신의 생각처럼 많이 알고 있다면 처음부터 여기에 오지 않았을 것이다'라고 나는 생각했다. "도움이 필요해요. 무엇을 해줄 수 있나요?"라고 불쑥 말하고 싶었다.
>
> 캐더린 T., 고객

재무상담사에 대한 걱정

많은 여성은 몇 달 동안 걱정하면서 시간을 질질 끌다가 재무상담사에게 처음으로 면담을 하러 간다. 조사에 따르면 여성은 상담 과정에 대해 두려워하고 실수할까 봐 걱정한다고 한다. 소비자로서 여성이 제일 걱정하는 것은 진지하게 대우받지 못할지도 모른다는 점이다. 여성은 자신이 무시당하거나 무능력자 취급을 받을 것이라고 인식하고 있다.

소비자로서 여성이 제일 걱정하는 것은 진지하게 대우받지 못할지도 모른다는 점이다. 여성은 자신이 무시당하거나 무능력자 취급을 받을 것이라고 인식하고 있다.

능력자 취급을 받을 것이라고 인식하고 있다.

여성의 신뢰 수준이 남성보다 낮은 경향이 있기 때문이며(『다양성의 관리』, 미국은퇴자협회, 1999년 4월), 두 번째 주요 걱정거리는 투자에 관한 개념, 단어, 이론을 이해하지 못할 것이라는 점이다. 왜 현명한 재무상담사가 고객의 모든 질문을 지적이고 중요한 것으로 취급해야 하며, 여성은 이해할 수 없다는 것으로 오해받을 수 있는 신체언어나 말투를 신중하게 사용해야 하는지를 이것을 통해 알 수 있다.

투자에 관한 한 나는 천재가 아닙니다. 그러나 이것은 내가 현명한 사람이 아니라는 것을 의미하지는 않습니다. 나는 대학 수준의 학위를 갖고 있고 내 전문분야에서 성공적이며 많은 지식을 가지고 있습니다. 재무상담사는 자신이 아는 것을 고객이 모를 수도 있고, 고객이 아는 것을 자신은 모를 수 있다는 사실을 인정해야만 합니다. 이 상담에서 어느 누구도 바보가 아닙니다. 다시 말해 누군가가 투자분야에서 더 많은 정보를 가지고 있을 뿐입니다.

래챌 L., 고객

이용당해서 파산

아버지가 돌아가신 몇 년 후 어머니는 고수익과 그로 인한 행복한 여생을 약속했던 재무상담사의 말을 듣고 상당한 돈을 투자했다. 투자금액의 일부는 주식에 일부는 펀드에 투자되었다. 주식에서 약 40% 손해를 보았고 펀드에서 30% 손실을 입었는데도 그 재무상담사는 전화를 한번도 한 적이 없었다. 어머니가 전화를 했을 때 재무상담사는 이미 회사를 그만둔 뒤였다.

　나에겐 여동생이 셋 있는데 그들은 지금 투자에 관한 한 엄청나게 편집광적이다. 우리가 겪은 고통, 스트레스, 후회, 번뇌는 어머니의 외로움과 슬픔까지 가중되어 비참할 정도였다. 어머니는 당시에 재무상담사를 너무 신뢰했었다. 이제 내 세 여동생도 어머니가 경험했던 것같이 인생을 망칠지 모른다는 두려움에 내가 모든 것에 관여해주기를 바라고 있다.

빈스 L., 고객

　여성이 상처받기 쉽고 이용당할까봐 두려워하고 있다는 것을 이해하고 있다면 재무상담사는 투자선택을 설명할 때 인내심을 가져야 하며, 고압적인 판매를 해서는 안 되며, 위험과 수익에 대해 현실적인 수치를 제공해야 한다. 어느 재무상담사는 이렇게 말했다. "내 여성고객은 자신의 재산을 결국에는 고갈될 고여 있는 물웅덩이로 간주하는 경향이 있으며, 남성고객은 계속해서 흐르는 역동적인 강으로 간주하는 것 같다."

이야기에 대한 이야기

　여성끼리 이야기하는 것을 엿들을 기회가 있다면 사업, 돈 그리고 스포츠에 대해 이야기하는 것을 들었는지 의심스러울 것이다. 그 대신 사람, 감정 그리고 관계 등으로 오락가락하는 대화를 아마도 가장 많이 듣게 될 것이다. 스포츠, 돈 또는 사업에 관한 가벼운 이야기로 대화를 시작하는 것이 여성에게는 적절하지 않다는 것이

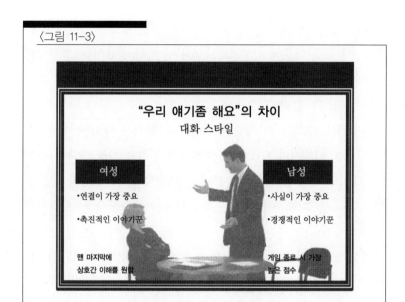

〈그림 11-3〉

"우리 얘기좀 해요"의 차이
대화 스타일

여성
•연결이 가장 중요
•촉진적인 이야기꾼
맨 마지막에
상호간 이해를 원함

남성
•사실이 가장 중요
•경쟁적인 이야기꾼
게임 종료 시 가장
높은 점수

다. 여성은 주당순이익률 또는 비적격 퇴직연금상품과 같은 대부분의 재무적 전문용어를 들으면 스트레스를 많이 받는데 특히 관계형성의 초기단계엔 더욱 그러하다.

당신의 대화 스타일은 여성이 선호하는 대화방식을 수용해야 할 필요가 있다. <그림 11-3>은 남성과 여성의 대화 스타일을 비교한 것으로, 여성과 함께 할 때 당신의 목표는 팀워크와 지원을 교류하는 것이란 사실을 보여줘야 한다.

이야기를 위해 이야기하기

남성에게 대화는 어떤 목적을 성취하기 위한 수단이다. 목적은 문제를 해결하거나 어떤 것을 고치거나 또는 정보를 전달하는 것이다. 이런 것 때문에 기본적으로 사실이 가장 중요하다. 재무상담사와의 관계형성에 대해서도 거래, 정보 교환, 구입과 판매 또는 포트폴리오의 성과가 중요하다.

여성에게 대화는 그 자체가 목적이다. 목적은 타인을 이해하거나 자기를 이해시키는 것이다. 여성에게 연결은 가장 중요한 것이다. 그리고 재무상담사와의 관계형성도 상호 간 이해와 공감이 핵심이다. 이것 때문에 여성은 촉진적인 이야기꾼이 되는 경향이 높다.

여성이 경청하고(남의 이야기를 덜 방해하는 것 같다), 더 많은 질문을 하는 것 같다. 그들은 대화가 이뤄지고 있는지, 상대방이 어떤 상황을 이해하고 있는지를 확인하고자 한다. 그들은 "으흠" 하고 말하면서 더 수긍하고 상대방이 한 말에 대해 깊이 생각하는 것 같다. 여성의 대화 목적은 최종시점에서 상호 간 이해하는 것이다.

대화 구조 또한 이성 간에 차이(<그림 11-4> 참조)가 있다. 여성은 대화에서 매우 서술적인 경향이 있고 남성은 매우 간결한 것 같다. 예를 들어보자.

어느 여성에게 남성의 셔츠를 묘사하도록 하면, 아마도 그녀는 다음과 같이 말할 것이다. "재미있고 친근감이 드는군요. 자기가 친근하다는 것을 외모를 통해 표현하려고 한 것 같군요. 제가 좋아하는 색깔이네요. 짙은 푸른색이군요."

한편 남성은 "골프셔츠네"라고 대답할 것이다.

여성은 "골프셔츠라고요? 당치도 않은 소리 마세요"라고 응답할 것이다.

그러면 남성은 이렇게 대답할 것이다. "눈이 있으면 보라고. 골

〈그림 11-4〉

"우리 얘기좀 해요"의 차이
대화 구조

여성	남성
•서술적	•간결
•간접적	•직설적
•더 부드러운 말	•강력한 말 사용

프셔츠 맞잖아? 대부분의 남성은 '짙은 푸른색' 따위에 신경을
쓸 틈이 없다고."

간접적 표현

여성은 자신의 잘못을 사과하는 것처럼 보일지도 모른다. 그러
나 그녀가 사과하고 있는 것이 아니라 단지 간접적으로 표현하고
있는 것이다. 다시 말해 그들은 주로 누군가의 기분을 상하게 할까
두려워하거나 오만스럽거나 교만하게 보이고 싶지 않기 때문에
간접적인 표현을 사용하고 있는 것이다.

대부분의 남성은 결코 그렇게 하지 않는다. 남성은 자신이 생각
하고 있는 것을 말하고 자신이 말한 것이 자신의 생각이다. 남성은
직설적이다. 누군가 불쾌하게 느끼더라도 무시할 것이다.

그러나 대부분의 여성은 타인을 편안하게 해주고 싶어 한다. 그것이 더 부드럽고 공손한 언어를 사용하는 이유 중의 하나이다. 예를 들면 그들은 "당신은 아마도 이런 행동을 고려하시는 것이 좋을 듯합니다"라고 말할지도 모른다.

남성은 강력한 말을 사용하고 싶어 한다. "당신은 아마도 이런 행동을 고려하시는 것이 좋을 듯합니다"라는 말 대신에 남성은 "당신이 해야 할 것은"이라고 말할 것이다. 여성고객시장에서 성공하려면 대화에서 성별에 따라 다른 대화 구조를 활용하는 것을 배우도록 하라.

경청하라

여성의 니드에 맞게 상품을 판매하는 남성이 다음 단계로 배워야 할 것은 여성이 목표, 가치 및 니드에 대해서 보내려는 메시지에 귀를 기울이는 것이다. 경청은 첫 번째 상담에서 필수적인 요소이다. 여기서 기본적으로 말하려는 것은 단지 들으라는 것이다. 해야 할 일만큼이나 하지 말아야 할 일도 중요한데 그 중 하나가 여성의 말을 방해하지 않는 것이다. 사람들은 다른 사람이 말하는 것보다 자신이 해야 할 말이 더 중요하다고 생각하기 때문에 다른 사람의 말을 방해한다. 이것이 얼마나 짜증스러운 일인지는 잘 알고 있을 것이다. 또한 여성이 특별히 요청하지 않으면, 상품을 팔지도 말고 조언도 하지 말아야 한다.

신뢰를 구축하기 위해 필요한 기본적인 소개를 넘어 자신에 대해서나 상품 또는 서비스에 대해서 말하지 마라. 처음 상담을 할 때에는 주식 또는 채권에 대해 결코 언급하지 않는 게 나을 것이다. 오직 경청하라. 여성고객과 동일한 방송국, 동일한 채널, 동일한 초점에 계속해서 주파수를 맞추도록 하라.

이것을 실행하는 한 가지 방법으로 적극적인 경청기술을 활용할 수 있다. 이것이야말로 남성이 여성과의 대화를 증진시키기 위해 개발할 수 있는 가장 중요한 단 하나의 기술일 것이다. 예를 들어 고객이 "내가 하고 싶은 것 중 반도 할 시간이 없네요"라고 말한다면 "시간이야말로 정말 큰 문제인 것 같군요"라고 그 여자의 말을 짧게 반복한다. 그러면 여성고객은 당신이 경청하고 있다는 것을 알게 될 것이다.

가치사다리

다른 효과적인 경청기술은 가치사다리(value ladder)라고 부르는 것으로, 이것은 이미 앞에서 언급했던 수백만 달러를 번 데이비드 바크에게서 배운 것이다. 데이비드 바크는 여성고객의 니드, 목표 및 가치에 대한 정보를 수집하기 위해 이것을 사용했다.

바크는 여성고객에게 가치에 집중하라고 요구하면서 시작한다. 물론 가치에 집중하라는 것이 재무상담사가 전형적으로 고객에게 이야기하는 첫 번째 사항은 아니다. 보통 수익률이 주요초점이 된다. 가치에 대해 생각할 때 돈은 목적이 아니다. 돈은 고객이 어떤 특별한 목적 즉 그들에게 중요한 어떤 것을 성취하도록 돕는 수단이다. 여성은 보통 이런 현실에 매우 민감하다. 조사에 따르면 오늘날의 소비자는 대체로 질적인 삶에 더욱 관심을 두고 있으며 여성은 특히 가치, 영적인 생활에 초점을 두고, 삶을 단순화하는 데 관심이 있다.

"무엇 때문에 돈이 중요합니까?"라고 묻는 것이 진행하는 방법이다. 고객의 답변은 대개 목표와 가치라는 두 개 범주로 나뉜다.

목표는 구체적이다. 목표는 주로 특정한 물건이나 경험과 관련되어 있고 특정한 금전적 가치를 가지고 있다. 집을 구입하거나 여행하는 것은 목표이다.

가치는 무형의 욕망 — 고객이 진정으로 걱정하는 삶의 어떤 것이다. 가치에는 가격표가 없다. 자유와 더 나은 영적인 삶이 한 예이다.

가치는 매우 중요한 것이기 때문에 고객을 가치에 집중시키고자 하는 것이다. 고객이 자신의 가치에 대해 완전히 이해한다면, 당신에 대해 편안함과 신뢰감을 느끼며 일부 의사결정을 내리는 데 기여할 것이다. 가치사다리를 통해서 고객에게 어떻게 이런 가치에 대해 정의를 내리게 해주는지 살펴보도록 하자(≪얀켈로비치 모니터≫, 1999년 4월, 「여성과 마케팅에 대해」, 인포메이션 액세스 회사, 1999년 1월)(<그림 11-5> 참조).

가치사다리 접근방법에서는 특별한 두 가지 질문을 한다. "무엇 때문에 이것이 중요합니까?" 그리고 "왜 중요합니까?" 상담과정 내내 이 질문을 계속할 수 있다.

아들을 데리고 재혼한 컴퓨터 판매원으로서 매년 약 7만 5,000달러를 벌고 있는 제시카라는 33세의 여성이 하나의 사례가 될 수 있다.

재무상담사는 물었다. "무엇 때문에 돈이 중요합니까?"

제시카의 대답은 안전성이었다. 이것이 그녀의 가치사다리에서

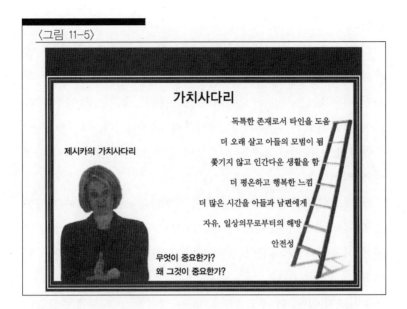
〈그림 11-5〉

가치사다리

제시카의 가치사다리

독특한 존재로서 타인을 도움
더 오래 살고 아들의 모범이 됨
쫓기지 않고 인간다운 생활을 함
더 평온하고 행복한 느낌
더 많은 시간을 아들과 남편에게
자유, 일상의무로부터의 해방
안전성

무엇이 중요한가?
왜 그것이 중요한가?

첫 번째 칸이었다.

그러나 안전성에 대해서는 사람마다 다른 의미를 부여한다. 그래서 재무상담사는 물었다. "무엇 때문에 안전성이 중요합니까?"

제시카에게 그것은 그녀가 하고 싶은 것을 할 자유를 느낄 수 있고 일상적인 의무에서 해방되는 것—그녀의 사다리에서 두 번째 칸—을 의미한다.

"그러면 무엇 때문에 자유가 중요합니까?" 그녀는 더 많은 자유를 가진다면 빨리 성장하는 아들과 남편 그리고 친구와 더 많은 시간을 함께 보낼 것이라고 말했다. 이것은 그녀의 가치사다리의 세 번째 칸이 된다.

그녀의 재무상담사는 더 나아가 가족이나 친구와 함께 이런 시간을 보내는 것이 얼마나 중요한지 물었다. 그녀는 더 평온해질 것 같다고 했으며—네 번째 칸—현재로는 기진맥진한 상태라고 말했다.

더욱 평온해지고 행복해지는 것이 무엇 때문에 중요합니까? 밖에서 일하고, 아내이자 엄마의 역할을 하고, 가정을 정리하는 일 등에 너무 많은 시간을 소비해 자신은 삶을 즐기는 것이 아니라 삶에 끌려가고 있다는 것이 제시카의 대답이었다. 그녀가 자기 생활이 없는 것처럼 느끼는 느낌이나 절박함은 가치사다리의 다섯 번째 칸이다.

왜 자신의 생활을 가지고 싶은지 표현하라고 하자 그녀는 자신을 더 잘 돌보고 운동하고 더 잘 먹음으로써 결과적으로 오래 살게 되어 아들에게 더 좋은 모범이 되고자 한다 — 여섯 번째 칸 — 고 말했다.

그리고 마침내, 더 좋고 더 장수하는 삶이 무엇 때문에 중요합니까? 제시카는 이 질문에 대한 답변을 어려워했다. 그러나 곧 자신이 지역사회의 자선단체에 더 많이 참여하고 싶어 한다는 것을 깨달았다. 독특한 존재로서 어떤 것을 돌려준다는 것이 제시카에게는 가치였다. 이것이 사다리의 일곱 번째 칸이고 마지막 칸이었다(밴 캠펜의 '성별판매' 프로그램).

사다리를 완성하자 제시카는 자신이 가족과 더 많은 시간을 보내고 싶어 하고 좀 더 여유를 갖고 싶어 하며 이상적으로는 지역사회에 자원봉사를 할 시간을 갖고 싶어 한다는 것을 알게 되었다. 그런데 그녀가 실제로 하고 있는 일은 무엇인가? 제시카의 가치에 근접한 것이 아무것도 없었다. 제시카는 돈을 벌어야 한다는 압박감을 느끼며 매주 60시간을 일하고 있었으며, 대부분의 시간을 사무실에서 보내고 있었다. 게다가 제시카는 바쁜 라이프스타일에 맞추기 위해 많은 돈을 낭비하고 있었다.

제시카의 재무상담사는 그녀와 함께 이 프로그램을 마친 후에, 고객과 공고한 기반을 쌓았고 핵심동기부여 요소를 발견할 수 있었다. 그는 지금 제시카와 신뢰를 형성했고 니드를 충족시키기 위해 투자계획과 포트폴리오를 개발할 수 있었다.

비록 여성이 이렇게 하는 데 보통 시간이 많이 걸리는 경향이 있다고 해도 이것은 고객(남성 또는 여성)과 관계를 형성하는 데 신속하고 효과적인 도구이다. 그리고 이것이야말로 완벽한 경청방법이다.

동참하기

여성을 대상으로 판매하는 남성이 다음 단계에서 해야 할 일은 동참하는 것이다. 당신이 해야 할 일은 상호 간에 파트너십을 형성하는 것이다. 당신은 대부분 두 번째 상담에서는 제안을 보류하고 여성고객의 수준에 단계적으로 맞춰야 한다.

여성고객의 언어로 말하도록 하라. 제안을 할 때 속도를 늦춰야한다. 다시 말해 여성고객이 알아듣기 어렵게 말하거나, 또 다른 극단으로 치우쳐 너무 단순하게 말하지 않도록 해야 한다. "이미 알고 계시는 바와 같이" 또는 "이것은 이해하기 어려운 개념일 수도 있지만"과 같이 말하는 것이 좋다. 핵심 내용을 전달하는 짧은 이야기와 은유를 사용하라. 예를 들면 가망고객과 유사한 다른 고객을 인용하면서 그 고객이 결정한 사항을 이야기할 수 있을 것이다.

또 하나 기억해야 할 중요한 것은 행동을 일치시키는 것이지만 이를 위해 영혼을 팔 필요는 없다. 여성고객이 자신의 투자아이디어를 가지고 있다면 이것에 대해 다투거나 잘못된 것이라고 말하지 않도록 하라. 여성고객이 사회적 의식이 높은 기업의 주식을 사는 것이 중요하다고 말한다면 "잘못된 생각입니다"라고 말하지 않도록 하라. "예, 할 수 있습니다. 사회적 의식이 높은 기업 중 어떤 것이 수익성이 있는지 알아보기 위해 몇 가지 조사를 할 필요가 있습니다"라고 말하는 것이 더 낫다.

그리고 상호작용을 유지하라. 당신의 말을 명확히 이해하고 있는지 질문이 있는지 등을 물어봄으로써 여성고객이 어느 과정에 있는지 끊임없이 확인하도록 하라.

여성은 또한 투자의사결정에서 실수를 저지르지 않을까 많이 걱정하는 경향이 있다. 따라서 외부의 신뢰할 만한 정보원(모닝스타, 리퍼, 경제신문 등)의 객관적인 자료를 사용하면 할수록 더 나은 결과를 얻을 수 있다.

일관성을 유지하기

마지막으로, 여성을 대상으로 상품을 판매하는 남성은 계속해서 일관성 있게 행동해야 한다. 마침내 마지막 단계에 도달했더라도 지나치게 열성적으로 행동하지 말아야 하며, 앞서 발굴 및 제안단계에서 이야기한 원칙을 따라야 할 것이다. 여기에서의 목표는 관계형성을 강화하는 것이다. 다음에 몇 가지 아이디어가 있다.

• 여기에서 기억해야 할 가장 중요한 것은 서두르지 않는 것이다.

판매를 강요하지 않는다. 매우 천천히 진행하면 위험이 훨씬 줄
어든다.

- 판매 후에도 계속 연락한다. 남성보다 여성은 더 관계를 지속시
키고자 하고, 당신이 그들과 그들의 최고의 관심사를 기억하고
있다고 생각하고 싶어 한다. 자동응답기에 메시지를 남겨놓더라
도 4~6주마다 여성고객에게 전화를 하도록 하라.
- 여성고객의 사업 또는 일부 다른 관심사와 관련된 자료나 기사
를 보내라.
- 이것은 반박할 여지가 없이 확실한 것이다. **조사에 따르면 여성
은 남성보다 신규고객을 더 많이 소개시켜준다.** 따라서 이런 원
칙을 고수하면 신규고객을 소개시켜줄 행복해하고 만족스러워하
는 고객을 기반으로 구축하게 될 것이다. 그러나 여성은 더욱 느
리게 신뢰한다는 것을 명심하라. 고객의 일이 순조롭게 잘 되어
갈 때까지 기다렸다가 신규고객을 부탁하는 것이 가장 좋다.
- 여성은 신규고객을 소개하는 데 매우 뛰어날 뿐 아니라 여성고
객이 관계에 만족한다면 남성고객보다 더 오랫동안 투자를 유지
하고 브로커와 더 장시간에 걸쳐 관계를 유지할 것이다.

『이성에 대한 판매: 이성에게 상품을 판매하는 방법(GenderSell:
How to Sell to the Opposite Sex)』의 저자이자 여성에 대한 금융마케
팅 서비스 전문가 주디스 팅리 박사는 자신의 성과 관련된 니드를
이해한 재무상담사를 발굴한 즐거움에 대해 말했다.

내가 고객으로서 그리고 여성으로서 필요로 하는 것을 이해하고 있
는 사람을 발견하기까지 수많은 브로커와 재무상담사와 면담을 했다.

그의 접근방법은 간단하지만 효과가 있었다. 먼저, 그는 나와 파트너가 되었다. 그는 자신의 제안에 대해 내가 어떻게 생각하는지 물었다. 그는 또한 나와 내 사업을 이해하고 있었다. 그는 가끔 나와 내 업무와 관련된 흥미로운 기삿거리를 보내줬다. 우리는 개인적으로 매년 두 번 만났으며, 나는 그가 내 투자에 대해 사소한 것이라도 돌보아주는 것처럼 느껴졌다. 나는 이 재무상담사를 너무 좋아하게 되었고 많은 내 친구와 동료에게 그 재무상담사를 소개시켜줬다. 그는 나를 배려해줬으며 결과적으로 사업상 큰 성과를 거둘 수 있었다.

당신은 여기에서 새롭고 강력한 수입의 원천을 찾았는가? 나는 그렇게 되기를 바란다. 여성의 투자니드에 진심으로 봉사한다면 여성고객은 당신에게 많은 것으로 보상할 것이다.

제 4 부

스토리셀링 사례

12
워런 버핏의 은유적 마술

워런 버핏의 재능은 일반대중보다 앞서서 생각할 수 있다는 것이다. 워런 버핏은 가슴에 새길 만한 가치 있는 금언을 수없이 말했지만 일반대중이 이 금언을 따르려면 금언을 단지 아는 것 이상의 노력이 필요하다.

빌 게이츠

워런 버핏이 언젠가 자신이 내린 최악의 투자결정에 대해서 질문을 받았을 때 아이러니하게도 자신의 지주회사가 된 버크셔 해더웨이라는 회사를 구매한 것이라고 말했다. 버핏은 말했다. "가격이 헐값이었기 때문에 터무니없는 거래를 했던 것입니다. 나는 이것을 '버려진 담배꽁초' 접근법이라고 부릅니다. 땅에 떨어진 담배꽁초는 축축하고 지저분합니다. 그러나 한 모금 피울 수 있으며 공짜입니다. 버크셔가 그랬기 때문에 — 운전자본 이하로 매매되고 있었다 — 저는 그것을 매입했습니다. 그러나 그 거래는 엄청난 실수였습니다."

부실한 사업체를 구매하는 것에 대한 워런 버핏의 담배꽁초 비

워런 버핏의 재능은 일반 대중보다 앞서서 생각할 수 있다는 것이다. 워런 버핏은 가슴에 새길 만한 가치 있는 금언을 수없이 말했지만 일반대중이 이 금언을 따르려면 금언을 단지 아는 것 이상의 노력이 필요하다.

유는 아주 유명하다. 이 이야기는 워런 버핏의 거만하지 않은 진지함을 잘 보여주고 있을 뿐 아니라 그가 탁월한 스토리셀러라는 점을 보여주고 있다. 워런 버핏이 위대한 대화자가 아니라 하더라도, 최고 부자(이 글을 쓸 때 400억 달러로 빌 게이츠 다음가는 최고 부자)이기 때문에 미국의 우상이 될 것이다.

그러나 버핏은 부자이면서 탁월한 스토리셀러의 거장이라고 불릴 만큼 최고의 대화자이다. 워런 버핏은 혼동을 안겨주는 분석가와 경제학자가 지배하는 영역에 윌 로저스 같은 아이러니, 유머, 단순성, 상식을 제공했다.

미국인에겐 항상 가장 부유한 사람에 대한 존경과 분노가 공존해 왔다. 버핏은 많은 존경을 받고 있으나 원망은 피해가는 것 같다. 우리는 그가 평범한 말과 지혜로 재미있게 깨닫게 해주기 때문이 아닌가 생각한다. 또한 미국인이 최고 갑부인 빌 게이츠를 대상으로 원망을 집중하기 때문이다. 빌 게이츠는 흔히 현대의 독점기업가로 간주되는 반면, 버핏은 통찰력 있는 투자의 현명한 창시자로 여겨지고 있다.

"시골 출신의 자본가, 금융의 포레스트 검프, 오마하의 현인"이라고 불리는 이 사람은 많은 것을 성취했다. 버핏의 투자 아이디어와 철학을 설명하기 위해 수많은 서적과 논문이 쓰였다. 당신이 관심을 기울여야 할 것은 대화하는 그의 능력이다. 이것이 평범하게 말하는 백만장자를 좋아하는 가장 큰 이유이다. 오마하에서의 버크셔 해더웨이 주주총회는 일종의 자본주의자의 우드스탁*이 되었다. 사람들은 워런 버핏이 무슨 말을 할지 듣고 싶어 한다.

버핏은 현명할 뿐 아니라 단순하게 말한다. 그는 사람들이 알아듣기 어렵게 말하지 않는다. 버핏은 사람들에게 흥미를 일으키고 재미있게 한다. 그는 자기가 하는 말을 사람들이 기억할 수 있도록 서술적 형상을 갖고 이야기한다. 버핏은 자기 과장이 아니라 겸손했기 때문에 성공을 거뒀다. 아마도 그것은 월가 대신에 오마하에서 일한 이점일 것이다.

워런 버핏을 투자모델의 하나로 소개하는 자료는 많이 있다. 그런데 이 책에서는 투자에 대한 대화의 모델로 워런 버핏을 소개하고자 한다. 그는 투자가로서 놀랄 만큼 성공했을 뿐 아니라, 버크셔 해더웨이 주주인 그의 고객과 투자에 관한 진실한 대화를 하는 데도 비할 데 없이 성공적이었다.

워런 버핏은 고객을 제대로 가르쳤으며, 고객은 장기간 그와 함께했다. 현재 버크셔 해더웨이 주식이 얼마나 많이 거래되는지 살펴보라. 100주 아니면 200주? 당신은 그것을 주가 또는 과거실적이 좋기 때문이라고 하겠지만, 언제부터 감정적인 투자자가 주가나 과거의 훌륭한 실적 때문에 매매를 자제했던가? 편지와 연설을 통해 버핏은 장기투자에 관한 진실의 초석을 매우 탁월하게 전달했다.

장기투자에 초점을 맞춘 고객을 구축하는 것이 얼마나 좋은가? 시속 30킬로미터의 강풍과 같은 시장변동에 대해 더는 걱정하지

---

* 미국에서 1969년부터 시작된 반전, 반문화 음악축제__역자

시콰이어 펀드의 창설자 윌리엄 루안은 버핏의 대화기술에 대해 이렇게 말했다. "워런 버핏은 천재이지만, 어떤 일에 대해서도 아주 단순하고 명확하게 설명할 수 있어 바로 그 순간에 사람들은 그가 무슨 말을 하고 있는지 정확히 이해합니다."

않는 고객을 보유하는 것이 얼마나 좋은가? 당신이 충동이 아니라 지성으로 투자하여 사업성과를 거둔다면 얼마나 좋겠는가?

당신의 사업에 적용할 수 있는 장기투자 철학에 대해 오마하의 현인에게서 배울 점이 많을 것이다. 단순히 당신이 워런 버핏이 갖고 있는 약간의 대화능력을 모방만 하더라도 고객은 지혜를 깨닫기 시작할 것이다. 자, 그의 말을 인용하자. 워런 버핏과 투자철학에 대해 논쟁할 만한 사람은 아무도 없을 것이다.

담배꽁초 이야기로 돌아가보면, 이 이야기를 통해 이 위대한 투자가의 대화자로서 역량과 스타일을 알 수 있을 것이다. 이 특별한 이야기를 통해 다음과 같은 것을 알 수 있다.

- 그는 사실대로 말한다. 그는 실수를 인정하거나 실수한 것이나 실수를 통해 배운 교훈을 이야기하는 데 거리낌이 없다. 당신도 거리낌 없이 워런 버핏을 흉내낼 수 있는가?
- 그의 접근방법은 단순하다. 비록 그는 모든 것을 이해할지라도 비율, 이론 및 추정에 대해 복잡한 말로 사람들을 혼란스럽게 하지 않는다. 그는 누구나 이해할 수 있는 언어로 이야기한다. 당신은 푸줏간 주인이나 빵가게 아저씨에게 당신이 무엇을 말하는지 정확히 알 수 있을 정도로까지 투자 아이디어를 단순화할 수 있는가?
- 그의 비유 스타일은 예시적이고 재미가 있다. 만약 고객을 생각

하게 하고 전체 그림을 보게 하고 만족하며 낄낄 웃게 할 수 있다면 상당한 심리적 도약을 이뤄낸 것이다. 당신은 제안을 할 때 비유의 마술을 사용하고 있는가?

• 그는 올바른 관점에서 돈을 관리하고 투자한다. 워런 버핏은 돈 버는 것을 즐기는 만큼이나 성공의 함정에 매몰되지는 않는다. 그는 부를 축적하는 것을 즐기지만 그것을 과시하지는 않는다. 그의 검약정신은 투자자에게 자신감을 불러일으킨다. 당신의 성공이나 라이프스타일에 대한 접근방법이 고객에게 자부심과 충성심을 높이고 있는가?

시콰이어 펀드의 창설자 윌리엄 루안은 버핏의 대화기술에 대해 이렇게 말했다. "워런 버핏은 천재이지만, 어떤 일에 대해서도 아주 단순하고 명확하게 설명할 수 있어 바로 그 순간에 사람들은 그가 무슨 말을 하고 있는지 정확히 이해합니다"(자넷 로, 『워런 버핏의 이야기』, 뉴욕: 존 윌리&선즈, 1998, 6쪽).

대화자로서 버핏을 자세히 살펴보자. 버핏의 재치, 지혜, 비유에 익숙해지면 대화의 포트폴리오를 매우 풍부하게 할 수 있다.

사실대로 말하기

사람들은 사실적인 이야기는 잘 이해한다. 버핏은 일찍이 사실대로 말하고 개인적으로 잘난 체하지 않기 때문에 오마하의 평범한 딜러라고 불렸다. 그는 투자실패와 그 실패로부터 배운 바를 말하는 것을 결코 피하려 한 적이 없었다. 그의 이런 태도 역시 투자자에게 자신감을 줬다. 아주 우연히 빌 게이츠와 함께 워싱턴 대학의 강연회에 초청받았을 때 버핏은 다음과 같이 말했다.

나는 수많은 잘못된 의사결정으로 수십억 달러의 돈을 허비하기도 했다. 그것은 수업료라기보다는 태만에 의한 실수였다. 그렇지만 사업을 이해하지 못했기 때문에 마이크로소프트를 사지 않았던 것에 대해 걱정하지는 않았다. 그리고 나는 인텔을 이해하지 못했다. 그러나 내가 이해하는 사업이 있다. 패니메(Fannie Mae)*는 내 역량을 발휘할 수 있는 회사였다. 나는 사기로 결정했으나 단지 실행하지 않았을 뿐이다. 우리는 거기서 수십억 달러를 벌어들일 수 있었을지도 모른다. 그러나 우리는 그렇게 하지 않았다. 전통적인 회계에서는 이를 손실로 기록하지 않겠지만, 내 말을 믿어라. 이미 손실은 발생했다(≪포춘(Fortune)≫ 6월 20일자).

버핏이 이렇게 말한 적이 있다. "사업의 성공보다 사업의 실패를 연구함으로써 더 많은 것을 배울 수 있었다고 가끔 느낀다. 경영대학에서는 일반적으로 사업의 성공을 연구한다. 그러나 내 사업 파트너 찰스 멍거가 알고자 하는 것은 자신이 어디에서 죽을까 하는 것이다. 어디에서 죽을지를 알면 거기에 가지 않으면 죽지 않을 테니까 말이다(앤드류 커크 패트릭, 「영원한 가치에 대해: 워런 버핏 이야기」, 버밍햄, ARDE, 1994)."

버핏은 결국 빌 게이츠에게서 개인적으로 사업에 대해 약 7시간

---

* Federal National Mortgage Association, 1938년 설립된 저당증권회사로 저소득층 및 중산층의 주택구입을 촉진시키기 위해 저당증권을 발행__역자

정도의 설명을 듣고 나서 마이크로소프트 사 주식을 매입했다고 털어놓았다. 버핏은 "IQ가 아마 약 50밖에 안 되기 때문"(≪포춘≫ 7월 20일자)이라 하기도 했다.

워런 버핏은 자신이 모르는 사업은 조금이라도 소유하지 않는 것이 가장 바람직하다는 것을 알 정도로 현명한 사람이다. 잘 모르는 사업을 소유할 경우 많은 손실이 발생할 것이다. 버핏은 콜라와 면도날을 이해하기에 코카콜라 사와 질렛 사를 소유하고 있다.

고객은 그들이 투자한 사업에 대해 당신이 이해하고 있는지 알고 싶어 한다. 장기간에 걸쳐 당신이 그들에게 확신을 줄 만큼 충분히 이해하고 있기를 바란다. 의사가 첨단기술산업에 투자해서 돈을 잃거나 첨단기술 엔지니어가 생명공학산업에 투자해서 돈을 잃는 것을 얼마나 자주 봤는가? 이런 사람들은 가지고 있는 돈을 이해하고 있는 분야에 투자하는 편이 훨씬 좋은 결과를 가져왔을 것이다. 그런데 그들은 그렇게 하기보다는 소문과 최신유행정보만을 쫓아다녔다.

버핏이 이렇게 말했다고 한다. "수백만 달러와 최신유행정보를 가지고 있으면 일 년 만에 파산할 수 있다." 버핏은 이것들이 머리 대신에 충동으로 투자하게 한다고 말했다. 버핏이 다음과 같이 말한 것이 ≪포브스(Forbes)≫에서 인용되었다. "투자는 이성적이어야 한다. 이 말을 이해할 수 없다면 투자하지 마라(워런 에드워드 버핏, ≪포브스 400≫ 1991년 10월 21일, 151쪽)." 30년 전에 일부 주식을 매각한 후에 지방신문에 다음과 같이 말했다. "내 실수를 설명할 수 있기를 바란다. 이것은 내가 완전히 이해한 것만을 한다는 것을 의미한다(≪오마하 월드 헤럴드≫ 1968년 12월 5일자)."

사람들은 대중매체와 확인되지 않은 대박기회에 쉽게 흥분한다.

사실적인 이야기는 이런 감정적 고통을 막아주는 방어수단이다. 버핏은 말한다. "아마 프랑스의 단지 8에이커 포도밭에서 산출되는 포도가 전세계에서 가장 좋은 포도일지 모릅니다. 그러나 그것도 약 99퍼센트는 소문이고 약 1퍼센트만 맛에 있는 것이 아닌가 의심스럽습니다(자넷 로, 『워런 버핏의 이야기』, 36쪽)."

버핏의 가장 친한 친구이자 동업자인 찰스 멍거 또한 사실적인 이야기로 널리 알려져 있다. 멍거는 부와 화려함에 대한 약속이 버크셔 해더웨이에서는 그렇게 많은 영향을 주지 않는다고 말한다. 회사가 제시한 성장예상치에 대해 생각하면서 멍거는 이렇게 말했다.

그것들은 특정한 성과에 관심이 있고 무의식적으로 편견을 가진 사람들의 합작품으로 외관상 정밀함으로 인해 오류에 빠지게 됩니다. 저는 성장예상치를 보면 마크 트웨인의 말이 생각납니다. "금광이란 거짓말쟁이가 가지고 있는 땅에 있는 구멍이다." 미국에서 장래예상치는 그것이 의도적인 것이 아니라 할지라도 흔히 거짓으로 밝혀집니다. 그러나 최악의 것은 예상치를 발표하는 사람들이 그것을 사실대로 믿는다는 것입니다(자넷 로, 『워런 버핏의 이야기』, 45-46쪽).

버핏의 스승인 벤자민 그레이엄이 창안한 강력하고 설득력 있는 시장 아저씨에 대한 비유에 익숙해지는 것이 고객의 감성을 과대선전으로부터 보호하도록 도와줄 수 있는 한 가지 방법이다. 속임수는 신뢰를 방해한다. 과대선전은 안정성의 최대 적이다. 사실적인 이야기는 고객에게 신뢰와 안정성을 확고히 다지도록 해줄 수 있다.

할머니도 이해하는가?

모든 대화에 대해 할머니 테스트를 사용하도록 하라. 이웃집의 어떤 할머니라도 당신이 말하고 있는 원칙 또는 아이디어를 이해할 정도로 당신이 투자개념을 쉽게 설명하는가? 그렇지 않다면 할머니의 문제가 아니라 당신의 문제이다. "이것이 ～와 같다"라고 단순화시켜서 말할 수 있을 때까지는, 반복해서 문제를 설명하는 자신을 발견하는 한편 당혹스러워하는 고객의 눈길과 마주칠 것이다.

투자의 천재로서 버핏은 투자문제를 단순하고 명료하게 설명하는 데도 탁월한 재능이 있다. 두 가지 능력의 놀라운 결합! 브로커와 재무상담사에게 필요한 재능의 완전한 융합처럼 들리지 않는가?

버핏의 사례에 따라 말하고자 하는 모든 것을 단순화하라. 모든 주식과 펀드, 전략과 투자상품을 할머니의 어휘목록과 이해범위에 적합하도록 단순화해야만 한다. 당신이 고객을 혼란스럽게 하면 신뢰를 얻을 수 없다. 고객은 단순성과 이해를 절실히 원한다. 버핏의 단순성은 다음과 같은 글에 잘 나타나 있다. "투자의 모든 것은 적절한 시기에 좋은 주식을 선택하고 좋은 회사로 유지되는 한 그 주식을 보유하는 것이다(「워런 버핏은 세 배의 수익을 올린다」, 《뉴욕포스트》 1994년 5월 14일자)."

많은 고객은 자신이 투자나 시장을 이해할 만큼 현명하지 않다고 속으로 걱정한다. 그러나 버핏은 투자성공은 IQ와 비례하는 것은 아니라고 역설한다. "당신이 로켓 과학자가 될 필요는 없습니다. 투자는 160의 IQ를 가진 사람이 130의 IQ를 가진 사람을 이기는

버펫의 사례에 따라 말하고
자 하는 모든 것을 단순화
하라. 모든 주식과 펀드, 전
략과 투자상품을 할머니의
어휘목록과 이해범위에 적
합하도록 단순화해야만 한
다. 당신이 고객을 혼란스
럽게 하면 신뢰를 얻을 수
없다.

게임이 아닙니다(브레트 듀벌 프롬슨,
「이것이 새로운 워런 버핏인가?」, ≪포
춘≫ 1990년 투자자 가이드, 182쪽)."

투자의 기본적인 초석은 무엇인
가? 훌륭한 투자기회를 단순화할 수
있는가? 버핏은 가능하다고 믿는다.
그는 다음과 같이 말한다.

당신이 어떻게 할지는 모르지만, 지식의 틀로 삼을 수 있고 이 틀에
근거한다면 주식시장에서 성공적인 투자를 할 수 있는 세 가지 기본적
인 아이디어가 있다고 생각한다. 이것은 전혀 복잡하지 않다. 수학적 재
능이나 이와 비슷한 것조차도 필요로 하지 않는다. 벤자민 그레이엄은
말했다.

"첫째, 주식을 사업의 작은 일부분으로 간주해야만 한다. 둘째, 시
장변동을 적이라기보다 친구로 간주하라. 시장에 동참하지 말고 시장
의 어리석음을 이용해 수익을 얻도록 하라. 셋째, 투자에서 가장 중요한
것은 안전성이다."

버핏은 계속해서 "나는 이 세 가지 아이디어가 지금부터 100년 동
안은 건전한 투자의 기초로 여겨질 것이라고 믿는다"라고 말했다(버핏
이 뉴욕증권분석가협회에서 한 연설, 1994년 12월 6일).

당신은 일을 복잡하게 할 필요가 없다. 어느 목사가 말했다. "하
느님은 세상을 너무 사랑하셨기 때문에 위원회를 보내지 않으셨습
니다." 버핏 역시 당신이 활용할 수 있는 훌륭한 종교적 유추를
가지고 있고 단순함의 필요성을 강조한다. "가치 있는 투자 아이디

어는 너무나 단순하고 평범한 것 같다. 경제학 박사학위를 취득하는 것이 낭비처럼 보일 정도로 단순한 것 같다. 이것은 마치 누군가 신학교에서 8년 동안을 공부하고 나서 당신에게 십계명이 제일 중요하다고 말한 것과 같은 것이다(버핏이 뉴욕증권분석가협회에서 한 연설, 1996년 12월 6일)."

성서 창세기에 나오는 또 다른 단순성의 비유를 좋아하는가? 버핏의 주옥같은 말을 하나 더 소개하기로 한다. "나는 50종목 또는 75종목을 잘 알 수 없다. 이것은 노아의 방주 같은 투자방법으로 결국 동물원이 될 것이다. 나는 상당량의 금액을 몇 종목만 선택해 집중 투자하고 싶다(≪월스트리트 저널≫ 1987년 9월 30일자)."

사람들은 흔히 투자대상을 선택할 때 지나치게 복잡한 기준을 적용하는 것처럼 보인다고 버핏은 말한다. 그는 몇 가지 기준을 가지고 투자대상회사를 찾는다. 다시 말해 수익, 수익능력, 부채비율, 경영자의 자질, 매력적인 가격, 그리고 단순성 등이다. 그는 이해하기 쉬운 단순한 사업을 원한다. 그리고 고객도 이것을 바라고 있다고 믿는다. 단순성은 이해를 낳고, 이해는 마음의 평화를 낳는다. 마음의 평화는 고객에게 제공할 수 있는 최상의 투자수익이다.

버핏은 "원칙이 진부해질 수 있다면 이미 원칙이 아니다"라고 자신의 금언집에서 말했다(버크셔 해더웨이 연례회의, 오마하, 1988년).

비유적 마술

다음에 버핏이 사용한 가장 우수한 비유적 표현 중 일부를 다음

한 쪽에 한 사례씩 발췌했다. 당신이 고객에게 제안을 할 때 이 비유를 손쉽게 복사해 활용할 수 있도록 배려한 것이다. 고객의 상상력과 감정을 자극하기 위해 그림과 은유가 모두 중요하다는 것을 명심하길 바란다.

여기서 제공된 유추 중에서 어떤 것은 사업이나 돈과 관련되어 있고, 또 어떤 것은 일상적인 삶과 관련되어 있다. 모두 다 상식적으로 고객을 설득하는 데 매우 효과가 있다는 것을 알게 될 것이다. 고객에게 제안할 때 '제시하고 판매'할 목적이라면 마음껏 복사해서 사용하라.

부를 창출하는 데 있어
당신의 최대의 적에 대해 버핏은…

산수는 인플레이션이 입법부가 제정한 어떤 것보다 훨씬 더 파괴적인 세금이라는 것을 알기 쉽게 설명해준다. 인플레이션 세금은 자금을 흡수하는 데 환상적인 능력을 가지고 있다.

인플레이션이 0%인 기간에 이자수입에 대해 100% 소득세를 내든가, 5% 인플레이션 기간에 소득세를 한 푼도 내지 않든지 간에, 5% 수익률의 보통예금계좌에 예치한 미망인에게는 별 차이가 없다. 두 가지 모두 그녀에게 실제 수입이 '0'이 되도록 '세금이 부과'된다. 그녀가 소비하는 어떤 돈도 바로 원금으로부터 나온다. 그녀는 100% 소득세가 터무니없다는 것을 알고 있으나, 5% 인플레이션이 경제적으로 동일하다는 것을 깨닫지 못한다.

(워런 버핏, 「인플레이션은 어떻게 투자자를 사취하는가」,

≪포춘≫ 1977년 5월 5일자, 250쪽)

장기투자

장기적인 시각에 대해
버핏은…

"나는 다음날 주식시장이 폐쇄되고 5년 동안 개장되지 않을 것이라
는 가정하에 투자한다."

(≪오마하 월드 헤럴드≫ 1983년 7월 31일)

"편지를 전달하는 데 3주 이상 걸리는 오지에 당신이 있다고 가정
하고, 이에 맞는 투자만 하라."

(린다 코라우트, 「월스트리트에서 삼진아웃」,
≪US뉴스앤월드리포트≫ 1994년 6월 20일, 58쪽)

상승과 하강에 대해
버핏은…

어느 사업이나 다음 주, 다음 달, 다음 해에 수많은 일이 벌어질 수 있습니다. 그러나 진정 중요한 것은 적절하게 운영되는 사업에 투자하는 것입니다. 고전적인 예가 1919년 기업을 공개한 코카콜라입니다. 최초가격은 주당 40달러였고, 그 다음 해에 19달러로 내려갔습니다. 설탕가격은 제1차 세계대전 후에 엄청나게 변해왔습니다. 따라서 처음 공개되었을 때 주식을 샀다면 일 년 후에 원금의 반을 잃었을 것입니다. 그러나 현재까지 그 주식을 소유하고 있고 모든 배당금이 재투자되었다면, 코카콜라의 주식은 180만 달러의 가치가 있을 것입니다. 우리는 대공황도 겪었고 전쟁도 겪었습니다. 설탕가격은 오르락내리락했습니다. 엄청나게 많은 일이 일어났습니다. 주식을 살 건지 팔 건지 고민하기보다는, 그 기업이 생존하고 경제성을 유지할 수 있는지 여부를 생각하는 것이 훨씬 더 유익하지 않겠습니까?

(버크셔 해더웨이 연례회의, 오마하, 1992년)

유행과 가치의 차이점에 대해
버핏은…

"시장은 단기적으로는 투표기계이지만 장기적으로는 체중계이다."

(≪포브스≫ 1974년 11월 1일)

"대부분의 사람은 모든 사람에게 인기 있는 주식에 관심을 가진다. 관심을 가져야 할 땐 아무도 쳐다보지 않는다. 인기주는 사기도 어렵지만 수익 올리기도 힘들다."

(앤 허기, 「오마하의 평범한 딜러」,

≪뉴스위크≫ 1985년 4월 1일자, 56쪽)

투자원칙

투자와 도박에 대해
버핏은…

도박벽은 기대값이 아무리 낮을지라도 낮은 입장료에 비해 엄청난 상금이 걸려 있기 때문에 항상 증가합니다. 라스베가스 카지노가 최고의 잭팟을 광고하고, 주정부가 복권 1등 당첨금을 대대적으로 선전하는 이유가 바로 이것입니다. 사람들은 천천히 부자가 되기보다는 바로 다음 주에 복권에 당첨되기를 기대하는 것 같습니다.

(자넷 로, 『워런 버핏의 이야기』, 106쪽)

주식의 중량부과에 대해
버핏은…

경마에서는 속도에 따라 중량을 부과해야 한다고 주장하는 사람 (speed handicappers)과 등급에 따라 중량을 부과해야 한다고 주장하는 사람(class handicappers)이 있다. 속도에 따라 중량을 부과해야 한다고 주장하는 사람은 경주마가 얼마나 빨리 달릴 수 있는지 시험을 해보면 안다고 말한다. 등급에 따라 중량을 부과해야 한다고 주장하는 사람은 경주에서 1만 달러의 말이 6,000달러의 말을 이긴다고 말한다. 벤 그레이엄은 이런 말을 했다. "충분히 싼 주식을 사십시오. 그러면 돈을 벌 것입니다." 그는 속도에 따라 중량을 부과해야 한다고 주장하는 사람이다. 그런데 또 다른 사람이 이렇게 말했다. "제일 좋은 회사의 주식을 사십시오. 그러면 돈을 벌 것입니다." 그는 등급에 따라 중량을 부과해야 한다고 주장하는 사람이다.

(L. J. 데이비스, 「버핏 주식을 매입하다」,

≪뉴욕타임스≫ 1990년 4월 1일)

투자하고자 하는 회사의 형태에 대해
버핏은…

　깊고 험한 해자(垓字)에 둘러싸여 있고, 내부의 지도자도 정직하고 공명정대한 아주 훌륭한 성을 생각해봅시다. 그 성은 아마 내부의 재능 있는 사람들로부터 그 힘을 얻을 것입니다. 해자는 영구적이어서 외부공격에 대한 강력한 방어수단이 되며, 성의 지도자는 수익을 창출하지만 혼자서 독차지하지는 않습니다. 바꾸어 말씀드리자면, 우리는 시장 내 우월적인 지위를 확보하고 있으며, 그 노하우를 모방해내기 어렵고, 현재의 상태를 유지하거나 영속화시킬 수 있는 힘있는 기업을 좋아한다는 것입니다.

(버크셔 해더웨이 연례회의, 오마하, 1995년 5월 1일)

비이성적 투자자

바보 같은 주식매수 이유에 대해
버핏은…

몇 가지 이유 때문에 사람들은 가치보다는 가격변동에서 신호를 찾
는다. 그런데 문제는 그 신호가, 당신이 이해하지도 못하는 것을 시작
했기 때문에 또는 지난주에 다른 누군가를 위해 작동했기 때문에, 제
대로 작동하지 않는다는 점이다. 세상에서 가장 바보 같은 짓은 주식
이 상승하고 있다는 이유로 주식을 매수하는 것이다.

(L. J. 데이비스, 「버핏 주식을 매입하다」,

≪뉴욕타임스≫ 1990년 4월 1일자, 16쪽)

좋은 습관의 중요성에 대해
버핏은…

습관의 굴레란 부서지지 않을 정도로 무거워질 때까지는 느껴지지
도 않을 만큼 가볍다. 오늘 당장 실천하기로 한 습관은 앞으로 20년
동안은 유지될 것이다. 그래서 나는 다른 사람에게서 감탄할 만한 행
동을 찾아 그것을 자신의 습관으로 만들라고 제안하는 것이다.

(≪포춘≫ 1998년 7월 20일자)

삶의 원칙

경쟁력을 확보하는 것에 대해 버핏은…

나는 사업에서의 많은 것이, 퍼레이드를 보러 갔을 때 취주악대가 길을 따라 내려오기 시작하면 갑자기 발끝으로 서게 되는 것과 같은 효과를 낸다고 말하곤 한다. 30초 후면 모든 사람이 발끝으로 서서 볼 것이며, 그러다보면 발이 아파 더는 제대로 볼 수 없게 된다. 진짜 비법은 발끝으로 서서 보되, 아무도 알아채지 못하게 하는 것이다.

(≪포춘≫ 1998년 7월 20일자)

당신이 좋아하는 것을 하는 것에 대해 버핏은…

제 생각으로는 테드 윌리엄*이 야구팀에서 가장 높은 급여를 받지만, 타율이 2할 2푼이라면 기분이 좋지 않을 것입니다. 만약 그가 야구팀에서 가장 낮은 급여를 받고 있으면서도 4할 대 타율이라면 매우 즐거워할 것입니다. 이것이 바로 제가 이 일을 하며 따르는 방식입니다. 돈은 제가 매우 잘하고 싶은 어떤 일을 하는 데 따른 부산물입니다.

(버크셔 해더웨이 연례회의, 오마하, 1998년)

---

* 보스턴 레드삭스팀의 전설적인 타자. 미국 메이저리그 통산성적은 타율 3할 4푼 4리로 7위, 출루율과 장타율 부분에서 타의 추종을 불허하는 통산 1위의 성적을 보였으며, 총 521개의 홈런을 쳐 통산 12위에 올라 있음. 2002년 83세로 사망__역자

삶의 보관증에 대해
버핏은…

저는 돈에 대해 죄의식을 가지고 있지 않습니다. 제가 가진 돈은 사회로부터 받은 수많은 보관증이라는 것이 제 생각입니다. 그것은 마치 소비할 수 있는 작은 종잇조각을 많이 갖고 있는 것이라고 할 수 있습니다. 제가 원한다면 저는 죽을 때까지 매일 제 초상화만 그리는 화가 1만 명도 고용할 수 있을 것입니다. 그렇게 되면 GNP도 상승하겠지요. 그러나 사회적 효용은 전혀 없을 것입니다. 저는 1만 명의 사람들에게 에이즈를 연구하거나, 학생을 가르치거나, 환자를 돌보는 일을 하지 못하도록 할 수도 있습니다. 하지만 저는 그렇게 하지 않습니다. 저는 이 보관증을 많이 쓰지도 않으며, 특별히 가지고 싶은 물질적인 것도 없습니다. 그리고 저와 제 집사람이 죽으면 제 보관증을 모두 자선단체로 넘길 생각입니다.

(「워런 버핏: 실용주의자」, 《에스콰이어》 1998년 6월호, 59쪽)

당신은 어떤 종류의 고객을 원하는가?

현명한 브로커와 재무상담사는 함께 일하고 싶은 고객유형을 선별해야 한다는 것을 배워왔다. 당신을 찾는 아무 사람이나 다 고객으로 받아들인다면, 당신을 괴롭히고 당신의 삶을 파멸로 이끌 수 있는 사업실적으로 연결될 것이다. 당신이 광고하고 선전하고 대화하는 방법은 당신이 어떤 사람과 일하고 싶어 하는지에 대한 확실한 메시지를 전달한다.

버크셔의 비싼 주가는 버핏이 장기간 주식을 보유한 신중한 투자자를 원한다는 메시지를 보내는 방법 중의 하나일 뿐이다. 적절한 형태의 고객을 끌어들이는 것에 대해, 버핏이 한 다음과 같은 말은 적절하다.

> 이 홀 밖에 '록 콘서트' 표지판을 달면 록 콘서트를 보고자 하는 사람이 입장할 것입니다. 만약 '발레' 표지판을 달면 다른 종류의 사람이 입장할 것입니다. 두 그룹의 사람 모두 문제가 없습니다. 그러나 발레 고객을 맞이하고자 하면서 밖의 표지판에 록 콘서트 표지판을 달면, 또는 그 반대의 경우는 엄청난 문제가 발생할 것입니다. 제가 고객을 초대하고자 하는 곳으로서 버크셔 해더웨이에 표지판을 붙이는 유일한 방법은 대화와 정책입니다.
>
> (버크셔 해더웨이 연례회의, 오마하, 1988년)

당신은 장기 투자에 관한 원칙을 보여주는 방법으로 대화를 할 필요가 있다. 이런 원칙은 당신이 원하는 형태의 고객을 끌어들이는 자석이 될 것이다.

13

이야기 한 가지 할까요?
스토리셀링 예시, 유추 및 은유

우물 안 개구리에게 바다를 이야기할 수 없는 것은 사는 곳에 구속된 까닭이며, 여름벌레가 얼음을 말할 수 없는 것은 한 계절에 고정되어 산 까닭이다.

장자 추수편

이 장의 목적은 그래프와 통계를 멀리하도록 하는 것이지만, 고객을 위해 그래프를 단순화하는 방법을 찾아낸 브로커도 있다. 스토리셀러 케이 셜리는 <표 13-1>과 같이 1926~1998년의 인플레이션과 주식, 채권, 단기국채의 수익률을 사용했다. 그녀는 이 표에서 두 가지 점을 강조한다.

1. **인플레이션**   케이는 지난 73년 중 63년간 인플레이션을 겪어왔고, 44년 연속해서 인플레이션을 겪어왔다는 것을 보여주면서 가장 오른쪽 칸에 있는 소비자물가지수에 고객의 관심을 유도한다. 또한 그녀는 지난 73년 동안 평균 인플레이션율인 3% 이상

의 수익을 올리지 못하면 수입이 줄어드는 것이라고 지적한다.

2. **주식시장 회복** 케이는 1929~1931년에 주식시장이 67% 하락
했고 하락시기부터 회복될 때까지 7년이 걸렸다는 것을 고객에
게 보여준다. 1973~74년에 주식시장이 40% 하락했고, 회복될
때까지 4년이 걸렸다. 케이는 최상단에 있는 73년간 연복리 수
익률을 가리키며, 채권과 기타투자상품이 6%임에 비해 보통주
식은 등락이 있었음에도 11.2%라는 것에 고객의 주의를 집중시
킨다.

〈표 13-1〉 주식, 채권, 단기국채 및 인플레이션

1926~1998의 73년간 모든 수입을 재투자한다고 할 때의 연복리 수익률은 다음
과 같다.

소비자물가지수	3.2%	장기국채	5.7%
단기국채	3.8%	회사채	6.1%
		보통주식	11.2%

수입을 재투자한 연간 수익률

연도	S&P 500 지수	회사채	장기국채	단기국채	소비자 물가지수
1926	11.5	7.4	7.8	3.3	-1.5
1927	37.5	7.4	8.9	3.1	-2.1
1928	43.6	2.8	0.1	3.6	-1.0
1929	-8.4	3.3	3.4	4.8	0.2
1930	-24.9	8.0	4.7	2.4	-6.0
1931	-43.3	-1.9	-5.3	1.1	-9.5
1932	-8.2	10.8	16.9	1.0	-10.3
1933	54.0	10.4	-0.1	0.3	0.5
1934	-1.4	13.8	10.0	0.2	2.0
1935	47.7	9.6	5.0	0.2	3.0
1936	33.9	6.7	7.5	0.2	1.2
1937	-35.0	2.8	0.2	0.3	3.1
1938	31.1	6.1	5.5	0.0	-2.6
1939	-0.4	4.0	6.0	0.0	-0.5
1940	-9.8	3.4	6.1	0.0	1.0

연도	S&P 500 지수	회사채	장기국채	단기국채	소비자 물가지수
1941	-11.6	2.7	0.9	0.1	9.7
1942	20.3	2.6	3.2	0.3	9.3
1943	25.9	2.8	2.1	0.4	3.2
1944	19.8	4.7	2.6	0.3	2.1
1945	38.4	4.1	10.7	0.3	2.3
1946	-8.1	1.7	-0.1	0.4	18.2
1947	5.7	-2.3	-2.5	0.5	9.0
1948	5.5	4.1	3.4	0.8	2.7
1949	18.8	3.3	6.5	1.1	-1.8
1950	31.7	2.1	0.1	1.2	5.5
1951	24.0	-2.7	-3.9	1.5	5.9
1952	18.4	3.5	1.2	1.7	0.9
1953	-1.0	3.4	3.6	1.6	0.6
1954	52.6	5.4	7.2	0.8	-0.5
1955	31.6	0.5	-1.3	1.6	0.4
1956	6.6	-6.8	-5.6	2.5	2.9
1957	-10.8	8.7	7.5	3.1	3.0
1958	43.4	-2.2	-6.1	1.5	1.6
1959	12.0	-1.0	-2.3	3.0	1.5
1960	0.5	9.1	13.6	2.7	1.5
1961	26.9	4.8	1.0	2.1	0.7
1962	-8.7	8.0	6.9	2.7	1.2
1963	22.8	2.2	1.2	3.1	1.7
1964	16.5	4.8	3.5	3.5	1.2
1965	12.5	-0.5	0.7	3.9	1.9
1966	-10.1	0.2	3.7	4.6	3.4
1967	24.0	-5.0	-9.2	4.2	3.0
1968	11.1	2.6	-0.3	5.2	4.7
1969	-8.5	-8.1	-5.1	6.6	6.1
1970	4.0	18.4	12.1	6.5	5.5
1971	14.3	11.0	13.2	4.4	3.4
1972	19.0	7.3	5.7	3.8	3.4
1973	-14.7	1.1	-1.1	6.9	8.5
1974	-26.5	-3.1	4.4	8.0	12.2
1975	37.2	14.6	9.2	5.8	7.0
1976	23.8	18.7	16.8	5.1	4.8
1977	-7.2	1.7	-0.7	5.1	5.8
1978	6.6	-0.1	-1.2	7.2	9.0
1979	18.4	-4.2	-1.2	10.4	13.3
1980	32.4	-2.8	-4.0	11.2	12.4

연도	S&P 500 지수	회사채	장기국채	단기국채	소비자 물가지수
1981	-4.9	-1.2	1.9	14.7	8.9
1982	21.4	42.6	40.4	10.5	3.9
1983	27.5	8.3	0.7	8.8	3.8
1984	6.3	15.9	15.5	9.9	4.0
1985	32.2	30.1	31.0	7.7	3.8
1986	15.6	19.9	24.5	6.2	1.1
1987	5.2	-0.3	-2.7	5.5	4.4
1988	15.8	10.7	9.7	6.4	4.4
1989	31.5	16.2	18.1	8.4	4.7
1990	-3.2	6.6	8.2	7.8	6.1
1991	30.5	19.9	19.3	5.6	3.1
1992	7.7	9.4	8.1	3.6	2.9
1993	10.0	13.2	18.2	2.9	2.8
1994	1.3	-5.8	-7.8	3.9	2.7
1995	37.4	27.2	31.7	5.6	2.5
1996	23.1	1.4	-0.9	5.2	3.3
1997	33.4	13.0	15.9	5.3	1.7
1998	25.7	8.6	15.5	4.8	1.7

출처: 이보츤 어소시에트, 스탠다드앤푸어스, 살로먼 브라더스, 셰슨 리만 브라더스, 메릴린치, 미국 노동청 통계.

예시와 은유

다음에는 미국에 있는 브로커와 재무상담사로부터 수집한 사례와 은유를 소개한다. 이 사람들은 다른 사람도 사례와 은유를 이용하여 그들이 이미 경험한 수준의 성공에 도달하기를 바라는 마음에서 아이디어를 공유했다. 사례에는 분산투자, 장기투자, 성장과 가치, 위험보유성향 등과 같은 다양한 투자주제가 포함되어 있다.

마음에 드는 예시를 선택해서 고객에게 제안할 때 활용해보라. 그리고 예시적이면서 상상을 자극하는 말이 얼마나 큰 차이를 만들 수 있는지 직접 지켜보라. 스토리셀링이야말로 정말로 효과적이지 않은가!

연금과 과세의 파괴력

투자의 장기적 목표는 바구니에 있는 계란을 증가시키는 것입니다. 대부분의 사람은 더 많은 계란을 생산(높은 수익률을 획득)하는 데 관심이 많고 닭장을 약탈하는 여우에게는 관심이 거의 없습니다. 여우를 무시한다면 얼마 지나지 않아 더 많은 계란을 생산할 암탉이 남아 있지 않을 것입니다. 여우는 과세입니다. 지금 소개할 연금은 닭장 주위에 높은 담장을 세워 여우가 못 들어오게 하면서 계란을 증가시켜줄 것입니다.

연금 판매

어떤 브로커는 책상 위에 러시아 인형*을 세워놓는다. 그녀는 다양한 투자수단으로서 연금을 소개할 때 고객 앞에 인형을 놓으며 말한다. "우리가 말하는 연금은 여기에 놓인 러시아 인형과 매우 흡사합니다. 표면상으로는 하나의 투자수단처럼 보입니다. 그러나 사실 이것은 (그녀는 인형을 꺼내기 시작한다) 여러 가지 투자수단이 하나로 묶여진 것입니다. 뮤추얼펀드를 원한다면 연금으로도 가능합니다. 원금의 일부 또는 전부에 대한 수익률을 보장받고자 하면, 연금으로 가능합니다. 사실 이 특별한 연금은 세제혜택이 있는 모든 투자상품을 선택할 수 있는 다양한 선택권이 있습니다."

---

* 러시아 목각인형 마트로시카로 이 인형은 정교한 그림이 그려진 통통한 몸체를 돌려서 열면 그 안에 또 다른 인형이 나오고 그것을 열면 더 작은 인형이 나온다. 손톱만한 크기까지 10개가 넘는 인형이 들어 있는 경우도 있다＿역자

인플레이션

인플레이션에 대해

인플레이션 효과를 살펴볼 수 있는 간단한 방법 중 하나는 편지봉투에 붙은 우표를 보는 것입니다. 1983년에는 20센트가 들었습니다. 1999년에는 33센트의 비용이 들었습니다. 단지 우편요금만 60% 증가되었습니다. 만약 전기요금, 케이블요금, 기타 청구서 등을 지불하기 위해 사용되는 우표요금을 다 더하면 인플레이션 효과를 알게 될 것입니다. 2013년에 우표값은 얼마가 될까요? 확실히 현재보다 훨씬 더 들 것입니다. 고객님이 은퇴계획을 세울 때 이 문제는 더욱 더 절실한 문제입니다. 로마의 정치가이자 원로원 회원인 카토는 말했습니다. "일을 그만둔다고 해서 돈이 필요하지 않은 것은 아니다."

로저 토마스

수입에 비해 장기생존

완벽한 은퇴계획은 장의사에게 준 수표가 부도처리되는 것이라고
어떤 사람이 말했습니다. 불행하게도 우리 대부분은 우리가(또는 돈이)
얼마나 오래 살지 모르고 있습니다. 사람들은 오늘날 더 오래 삽니다.
선생님께서 오늘 현재 62세라면 약 23년 더 살 가능성이 높습니다. 선
생님께서 생존해 있는 한 돈이 늘 있어야 한다는 것을 확실히 할 필요
가 있습니다. 선생님의 일은 자기 수명만큼 사는 것이고, 제 일은 선생
님께서 살아 계신 한 돈이 부족하지 않도록 잘 관리하는 것입니다.

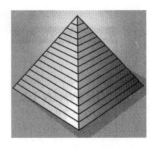

당신의 재산을 위한
피라미드 건축

 견고한 포트폴리오를 만드는 일은 고대의 피라미드를 만드는 것과 매우 흡사합니다. 고대 이집트 사람은 가족의 재산을 보호하기 위해 피라미드를 건립했으며 이런 피라미드는 오랜 세월 동안 견딜 수 있도록 설계되었습니다. 이것이 오랜 세월 동안 검증된 자산배분을 찾으려는 이유입니다. 제가 오늘 선생님께 보여드린 자산그룹은 20년에 걸쳐 평균 15%의 수익을 올렸습니다. 저는 선생님 가족의 재산이 고대 피라미드가 제공한 것과 같은 종류의 관심과 보호를 필요로 한다고 생각합니다. 우리가 어떻게 선생님의 피라미드를 만들 것인지에 대해서 말씀드리겠습니다.

투자 시작시기에 대해

한 노인이 어떤 나무를 심고 싶어 했습니다. 젊은 정원사는 이 특별한 나무는 꽃이 피기까지 40년은 걸릴 것이라 말했습니다. 그러자 노인은 대답했습니다. "그럼 오늘 오후에 당장 심기 시작하는 게 좋겠군."

현재 투자의 긴급성에 대해

어느 재무상담사의 서랍에는 72인치까지 잴 수 있는 줄자가 가득 차 있다. 그가 고객에게 물었다. "몇 세에 은퇴하고 싶으십니까?" 고객이 대답했다. "65세요." 그러자 재무상담사는 줄자와 가위를 꺼내어 65인치에서 줄자를 자른 후 길게 늘어뜨린다. 그리고 그는 묻는다. "지금 몇 세이십니까?"

고객은 대답한다. "51세."

재무상담사는 51인치에서 줄자를 잘라 51인치부터 65인치 사이의 14인치의 줄자를 잡고 나머지는 바닥에 떨어뜨린다. 바닥에 있는 줄자를 가리키면서 "이건 지난 일이며 끝난 일입니다"라고 말한다. "이것이(자신의 손안에 있는 줄자를 가리키면서) 함께 일할 부분입니다. 우리는 지금부터 65세까지(14인치 줄자를 고객에게 건넨다) 함께해야 할 심각한 투자숙제가 있습니다. 기념품으로 이것을 가지십시오."

돈 코넬리

현재 투자의 긴급성에 대해

고객이 은퇴하기 위해 필요한 금액을 계산한 후에 브로커는 고객에게 묻는다.

"몇 세에 은퇴하시길 원하십니까?"

고객은 대답한다. "65세요."

브로커는 묻는다. "지금 몇 세이십니까?"

고객: 45세요.

브로커: 연수입이 얼마나 되십니까?

고객: 5만 달러입니다.

브로커: 좋습니다. 제가 맞다면, 앞으로 고객님은 240번의 월급을 받으실 것입니다. 이전에 토론한 바에 의하면, 고객님은 은퇴시점까지 50만 달러를 확보하고자 하셨습니다. 현재 고객님은 14만 달러를 가지고 계십니다. 지금 36만 달러가 부족한 상태입니다. 고객님께서 240번의 각 급여에서 은퇴를 위해 1,500달러를 저축할 가능성은 어느 정도라고 생각하십니까?

고객: 전혀 가능성이 없어 보입니다.

브로커: 그럼 고객님께서 목표를 달성하기 위해 따라야 할 계획이 있습니다 ……

(브로커는 투자목표를 달성하기 위한 투자와 수익률을 예시한다)

시장의 등락에 대해

장기간에 걸쳐 투자를 하지만 매일 시장뉴스를 경청하는 것이 어떤 것인지 아십니까? 이것은 요요를 가지고 높은 언덕을 올라가면서 언덕보다는 요요에 시선을 두고 있는 사람과 같습니다.

앨랜 애벨슨

약세장의 예측과 장기투자에 대해

약세장을 예측하는 것은 화살이 과녁의 중심을 언제 맞힐지 예측하는 것과 같습니다. 주식시장 역사를 통틀어 대부분의 시간은 시장이 상승해왔습니다. 고객님이 주식을 통해 재산을 증식시킬 가능성은 다음에 쏜 화살이 과녁 중심이 아니라 과녁판에 있는 아무 숫자나 맞힐 가능성과 매우 흡사합니다. 주가변동에 맞게 시의 적절하게 주식을 사고팔려고 한다면 매번 그것을 할 때마다 과녁의 중심을 맞히는 데 얼마나 자신이 있는지 자신에게 물어봐야 합니다.

장기투자

투자의 인내심에 대해

과거에 투자의 계절성을 이해하지 못한 많은 투자자를 만난 적이 있습니다. 모든 포트폴리오는 순환 또는 계절성을 경험할 것입니다. 기회라는 새싹이 돋아날 때가 있을 것입니다. 놀랄 만한 성장을 보일 시기도 있을 것입니다. 그 성장으로부터 수확을 거둘 때도 있을 것입니다. 그리고 아주 솔직히 말해 그 나무는 겨울 한 철에는 쓸모없어 보일 때도 있을 것입니다.

저는 너무나 많은 사람이 한겨울에 그들의 나무를 뿌리째 뽑아버리려고 하는 것을 본 적이 있습니다. 이런 사람은 결코 부자가 되지 못합니다. 단지 조금만 참으면, 계절이 바뀌고 새로운 성장이 나타나는 것을 보게 될 것입니다. 이런 것은 모두 주기적으로 일어납니다.

저는 고객님의 포트폴리오를 성장하는 귀중한 나무로 보고 있습니다. 저의 일은 언제 나무에 물을 주고(새로운 투자상품을 구입하고), 언제 수확을 거두고(팔고), 언제 거름을 주고(사고), 그리고 언제 가지를 잘라낼 것인지(팔지)를 아는 것입니다. 인내하고 돌보면 나무는 튼튼하게 자라서 결실을 맺을 것이라는 사실을 우리는 알고 있습니다.

장기투자

뉴욕에서 로스앤젤레스까지 긴 여행을 해야 한다고 상상해봅시다. 선생님은 맨해튼의 도심 한가운데서 교통체증으로 도로가 막혀 절망적인 상태에 있습니다. 옆에서 자전거 심부름꾼이 휭하니 지나가고 있습니다. 선생님은 차에서 뛰어내려 현장에서 자기 차를 팔아치워 버립니다(그것도 아주 우습게 싼 가격으로). 그러고는 자전거를 한 대 사서, 서부 해안까지 여행을 계속합니다.

이 시나리오가 어리석게 들리겠지만, 투자자가 장기적인 여행을 위해 근시안적인 의사결정을 내릴 때는 매번 이런 식입니다. 목적지까지 선생님을 데려다줄 수단을 끝까지 고수하시기 바랍니다.

돈 코넬리

진행과정의 평가에 대해

어떤 브로커는 고객에게 가까운 장래에 차로 여행할 계획이 있는지 물어보는 것을 좋아합니다. 그는 질문을 한 뒤 이렇게 말합니다. "수고스럽겠지만, 목적지가 여기서 얼마나 먼지 거리를 재어 저에게 알려주실 수 있겠습니까? 그런데 차의 주행거리계 말고 이걸 사용해 재주십시오. (그는 12인치 줄자를 그들에게 건네준다.) 선생님 그리고 사모님, 긴 여행을 12인치 자로 잰다는 것이 우습게 들리시겠지만, 대부분의 사람은 그들의 투자여행에 대해 매일매일 이렇게 하고 있습니다. 그들은 매일 신문에서 뮤추얼펀드의 가격을 보고, CNBC방송을 시청하면서 걱정합니다. 그들은 자신의 여행을 마일 단위로 재지 않고 인치 단위로 재고 있습니다. 저는 두 분께서 이런 실수를 하지 않기를 바랍니다."

불합리한 시장에 대해

우리는 구매자가 아주 비논리적으로 행동하는, 세상에서 하나밖에 없는 사업을 경험하고 있습니다. 가격이 올라갈 때, 사람들은 열광하며 그들이 살 수 있는 모든 것을 사버립니다. 주식이나 펀드를 헐값으로 판매할 때 사람들은 떼를 지어 도망가는데, 더 나쁜 것은 높은 가격에 샀던 것을 쓰레기 같은 가격으로 팔아치운다는 것입니다.

계속보유:
금융관련 머리기사의 예시

고객님께서는 투자격언이나 금융관련 머리기사를 추종하십니까?

한 금융잡지가 5년에 걸쳐서 위대하고, 훌륭하며, 믿을 만하거나 최고의 실적을 보인 50개 펀드의 명단을 실었습니다. 그런데 올해 가장 실적이 좋은 펀드는 지난 4년 동안은 명단에 오르지 않았습니다. 그럼 우리는 어떻게 해야 할까요? 매년 펀드를 바꾸어야 할까요?

여기 고객님께서 아셔야 하지만 금융잡지에서 결코 볼 수 없는 몇 가지 머리기사가 있습니다.

- 시장에서 보내는 시간이 타이밍을 맞추는 것보다 더 중요하다.
- 명확하게 목표를 정하기 전에는 투자하지 마라.
- 믿을 수 있는 재무상담사가 있는 투자자는 '나홀로 투자자'보다 동일한 투자기간 대비 실적이 좋다.

로저 토마스

계속보유:
다우지수가 얼마나 중요한가?

사람들은 언론에서 다우지수의 등락에 대해 언급하는 것을 들을 때 종종 걱정하며 두려워합니다. 선생님께서는 진정으로 이 숫자가 얼마나 중요한지 고민해보신 적이 있습니까?

다우존스산업평균지수는 미국의 여러 증권거래소에서 거래되고 있는 3만 5,000개를 넘는 주식 중 단지 30개 주식만 대표하고 있으며, 따라서 다우지수는 거래되고 있는 전체 주식의 단지 0.07%만을 대표하고 있습니다. 언론이 떠드는 숫자는 전체 주식 중 다른 99.93%에게 어떤 일이 일어났는지는 배제하고 있습니다.

다우지수가 하락하거나 주 단위로 급격하게 오르내릴 때조차도, 전체 주식 중 다른 99.93%에 대해 좋은 투자기회가 있을 수 있습니다. 다우지수에 관한 머리기사에 대해 실제보다 더 많은 의미를 두지 마시기 바랍니다. 이것은 한 사람의 러닝백이 올해 잘못한다고 전미풋볼리그가 심각한 슬럼프에 빠져 있다고 말하는 것과 같습니다.

로저 토마스

시장이 주식가격을
매기는 방법

시장은 온도계가 아니라 기압계로 비유되어왔습니다. 이것이 무엇을 의미할까요? 이것은 현재의 주식가격이, 현재 그 회사의 온도를 측정하는 것이 아니라 미래에 그 회사 온도가 어떻게 될지 예상함으로써 설정된다는 것을 의미합니다. 시장은 그 회사에 대한 '기압'을 지켜보면서 지금으로부터 한 달 후 또는 지금으로부터 1년 후 기온에 어떻게 영향을 미칠지 예상하려고 합니다.

월 스트리트는 많은 측면에서 기상예보관처럼 행동합니다. 우리가 이득을 보는 기회는 기상예보관이 어떤 회사에 대해 실수하고 있음을 인식할 수 있을 때 오는 것입니다.

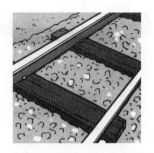

변화를 두려워하는
사람을 위해

미국의 기차선로 폭의 표준치수는 4피트 8.5인치입니다. 왜 이렇게 이상한 수치일까요? 이것은 영국에서 이주한 사람이 기차선로를 만들 때, 그 당시 영국의 선로 폭과 똑같이 만들었기 때문입니다.

영국 사람은 어디에서 그 치수를 가져왔을까요? 기차선로 이전에 있던 광석운반용 궤도를 만들었던 바로 그 사람에 의해 첫 번째 기차 선로가 만들어졌습니다. 그들은 마차를 만드는 데 사용되는 바퀴축과 도구를 사용해 광석운반용 차량을 만들었습니다. 그리고 그 마차 바퀴 축은 영국의 옛날 장거리용 도로의 바퀴자국에 딱 맞도록 폭이 설정되 었습니다.

한편 바퀴자국은 점령군인 로마제국군에 의하여 영국에 전해진 전 투용 1인승 이륜전차에 의하여 만들어졌습니다. 그리고 그 1인승 이륜 전차는 두 마리의 말이 엉덩이를 부딪히지 않고 편안하게 달릴 수 있 을 정도의 폭으로 만들어졌습니다. 고객님이 변화를 하지 않으려고 분 투한다면, 아마 외롭지는 않을 것 같습니다.

돈 코넬리

뜨는 펀드 따라잡기

고객님은 꽉 막힌 도로에서 꼼짝달싹 못하고 기다리고 있는데, 다른 사람들이 비어 있는 옆 차선으로 옮겨가는 것을 지켜본 적이 있습니까? 선생님은 움직일 수 없어 기분 상하고, 사람들이 선생님을 지나쳐가는 것을 보며 불쾌했을 것입니다. 그래서 고객님도 차선을 바꿉니다. 그런데 고객님이 차선을 바꾸자마자 그 차선도 꼼짝달싹 못하게 되어버립니다.

이것은 올해의 뜨는 펀드를 쫓아다니는 투자자에게 항상 일어나는 현상입니다. 그 해의 가장 실적이 좋은 펀드로 계속하여 차선을 변경한 사람들이 그 이듬해의 전체 평균수익에도 미치지 못한다는 것은 과거 사례를 통해 알 수 있습니다.

브레트 반 보텔

감정적 공포
뛰어넘기

사람들은 과장된 것을 듣게 되었을 때 시장에 대해 흥분하며 떠들게 됩니다. 언론은 사람들의 관심을 끌고자 시장에서의 일을 과장하며 이를 통해 공포로 흔들리고 있는 투자자의 감정을 고조시킵니다. 이와 같은 감정의 핑퐁게임은 비쌀 때 사서 쌀 때 파는 것과 같은 비논리적인 투자행위로 귀결됩니다. 현명한 투자자는 그날그날 시장의 동요를 묘사하는 화려한 수식어를 무시하고, 자신의 눈을 장기적인 추세에 고정하는 법을 알고 있습니다.

시장이 떨어질 때 어떻게 대응할까

책상 위에 벽돌 한 장을 놓아두고 있는 한 브로커는 그의 새 고객에게 말하곤 합니다. "미래 어느 날 시장이 떨어질 것이고 고객님께서는 심란해하실 것입니다. 아마 이 벽돌을 제 사무실 창문에 던지고 싶을 정도로 마음이 상하실 것입니다. 고객님께서 제 사무실 창문에 이 벽돌을 던지기 전에 하셨으면 하는 것이 있습니다. 고객님께서 뮤추얼펀드회사를 수취인으로 한 수표를 한 장 발행해서 이 벽돌에 함께 묶어주시기를 바랍니다. 왜냐하면 시장이 떨어지면 더 많은 주식을 살 수 있기 때문입니다."

재무상담사의
필요성에 관하여

고객님께서 여행을 하시려고 하는데, 두 개의 항공기 중 하나를 골라 타야 한다면 어떻게 하시겠습니까? 첫 번째 것은 조종에 대해 보수를 지급해야 하는 숙달된 항공기조종사에 의하여 조종되며, 두 번째 것은 항공기조종사가 없는 대신 고객님께서 직접 조종하셔야 합니다. 만약 고객님께서 항공기조종사가 없는 비행기를 선택한다면, 인터넷 사이트에 접속하여 비행에 관해 알 필요가 있는 모든 것을 알려줄 수 있는 컴퓨터가 조종실에 탑재될 것입니다. 자 그럼 고객님께서는 여행할 때 어떤 비행기를 선택하시겠습니까? 고객님께서 재무상담사를 고용할 때 지불하시는 것은 정보에 대한 것이 아닙니다. 정보는 어디에서든 구할 수 있습니다. 고객님께서는 경험에 대해 지불하시는 것입니다. 저는 악천후도 경험해봤고 안전하게 착륙하는 방법도 잘 알고 있습니다.

왜 재무상담사를 활용하나?

브로커나 재무상담사의
필요성에 관하여

고객님께서는 먼 곳으로 여행을 할 때, 이전에 그곳에 가봤던 여행안내원의 조언을 받는 것을 싫어하십니까? 왜 싫어하십니까? 좋아하신다면 왜 좋아하시죠?

만약 고객님 혼자 힘으로 모든 자료를 찾아보고 여행코스를 잡는다면, 그곳에 도착했을 때 매우 언짢은 몇 가지 예기치 못한 일과 부딪치고 말 것입니다. 이것이 바로 여행전문가가 있어야 하는 이유입니다. 그들은 그곳에 가본 적이 있습니다. 그들은 고객님께서 누구를 믿을 수 있고 누구를 믿을 수 없는지 알고 있습니다. 그들은 거짓이 없는 이야기를 알고 있습니다. 고객님께서 여행안내원에게 보수를 지급하는 것은 그들의 경험과 마음의 평화 때문입니다. 고객님께서는 어떤 예기치 못한 일도 원치 않습니다.

고객님께서는 돈에 대해서도 똑같은 딜레마에 빠져 있습니다. 모든 종류의 '당신 스스로 하라' 식의 안내장이나 자료는 인터넷이나 음성사서함, 그리고 화려한 잡지 등을 통해 쉽게 얻을 수 있습니다. 그러나 그곳에 가본 적이 있고 거짓 없는 이야기를 아는 누군가에게 조언을 받게 하시고 또 이런 사람을 어디에서 구할 수 있는지 알아보십시오.

저는 고객님의 투자에서 여행안내원 역할을 하며 고객님께 어느 곳이 갈 만한 곳인지 알려드릴 것입니다. 차이는 정보와 지혜입니다.

왜 재무상담사를 활용하나?

왜 당신의 포트폴리오에 관심을 지닌 재무상담사가 필요한가?

이 그림과 관련해 놀라운 것은 두 개의 오렌지숲이 서로 접하고 있다는 것입니다. 같은 양의 비, 추위, 바람, 그리고 기타의 것을 겪어왔지만, 두 숲의 작황은 완전히 다릅니다.

두 숲의 유일한 차이는 소유주입니다. 열매가 많이 열린 숲은 변화하는 환경에 재빨리 반응하고 나무를 가까이서 지켜봐왔던 시골사람이 주인이었고, 열매가 조금밖에 열리지 못한 숲은 뉴욕에 살며 가끔 나무가 어떤지 확인하려고 전화하는 사람이 주인이었습니다. 그 사람이 고용한 관리인은 그에게 모든 것이 잘되어간다고 말하곤 했을 것입니다.

관심을 보이는
재무상담사의 필요성에 대해

고객님께서는 씨앗을 심고 나서 물을 주는 것을 깜박 잊었던 적이 있습니까? 고객님께서는 아름다운 꽃을 키우려면 땅에 씨앗을 심는 것 말고도 더 많은 일을 해야 한다는 것을 알고 있습니다. 땅이 마르면 물을 주고 추울 땐 보호해줍니다.

많은 재무상담사가 고객님께 꽃에 대한 예쁜 그림을 보여주고서는 고객님의 투자의 씨앗을 땅에다 심을 것입니다. 그리고는 잊어버릴 것입니다. 그러나 씨앗을 심은 후에 우리가 무엇을 하는가가 더 중요하다고 생각합니다. 바로 여기에 고객님께서 우리에게 기대할 수 있는 종류의 서비스와 관리로서…… 등이 있습니다.

참고: 우리가 만났던 브로커는 제안의 마지막 부분에 책상 위에 있는 꽃씨 한 봉지를 고객 앞에 놓고 이렇게 짧게 말했다.

믿을 만한
재무상담사 찾기

중서부에 사는 어떤 재무상담사가 한 농부 고객에게 옥수수 낱알 한 개를 건네주면서 물었습니다. "선생님께서는 이 작은 옥수수 낱알 한 개로 마치 마술을 부리듯이 엄청나게 많은 옥수수를 생산해낼 수 있다는 것을 제가 믿을 거라고 생각하십니까?"

선생님과 저 둘 다 선생님이 그렇게 할 수 있다는 것을 알고 있습니다. 씨앗의 잠재력에 대해서는 의문의 여지가 없기 때문이죠. 참된 질문은 "농부로서 일을 해내는 선생님의 역량을 신뢰하는가? 이 씨앗과 관련해서 농부인 선생님을 기꺼이 신뢰하는가?"일 것입니다.

선생님의 돈도 이 씨앗과 다를 바 없습니다. 이것도 똑같은 잠재력을 지니고 있습니다. 선생님께서 답할 필요가 있는 유일한 질문은 "재무상담사로서 그런 성장을 관리해낼 수 있는 저의 역량을 선생님께서 믿고 있는가?"일 것입니다.

왜 재무상담사를 활용하나?

하락시장이나 횡보시장에서
얼마나 벌 수 있나?

```
1006 ├───┼───┼───┼───┼───┼───┼───┼───┼───┤ 1006
     1972 1973 1974 1975 1976 1977 1978 1979 1980 1981 1982
```

　　1972년 12월 26일과 1982년 12월 26일 다우존스산업평균지수는 정확하게 똑같은 1,006으로 끝났습니다.

　　만약 고객님이 1972년에 10만 달러를 투자했다면, 1982년에 그것이 얼마로 되었을 것이라고 생각하십니까? 고객님은 이 질문에 대한 답을 알면 놀랄지도 모릅니다. 어떤 사람은 시장이 상승하지 않았기 때문에 처음의 10만 달러가 여전히 10만 달러 그대로 일 것이라고 생각합니다. 그러나 그들은 잘못 생각한 것입니다.

　　만약 고객님이 다우지수를 구성하는 30개의 주식에 10만 달러를 투자했다면, 고객님의 돈은 배당금의 재투자로 인하여 16만 9,000달러가 되어 있을 것입니다.

　　만약 고객님의 돈을 전문적으로 관리하는 뮤추얼펀드에 투자했다면, 고객님의 10만 달러는 22만 1,000달러가 되어 있을 것입니다. 전문가의 전문성이 기대했던 성과를 올린 것입니다.

　　그런데 만약 고객님이 검증된 3개의 뮤추얼펀드의 분산된 포트폴리오를 제안한 신뢰할 만한 재무상담사와 의논하여 투자했다면, 24만 달러가 되어 있을 것입니다. 좋은 재무상담사가 어떤 차이를 만들어 낼 수 있을까요? 10년이 지난 후에 그 답은 약 6만 9,000달러가 됩니다.*

로저 토마스

＊ 차액을 7만 1,000달러가 아니라 6만 9,000달러로 한 것은 재무상담사에게 지급되는 수수료 2,000달러(약 2% 수준)를 공제했기 때문임__역자

노로드펀드*에 투자하는 열 가지 이유

1. 나는 평생 애써 벌어들인 재산을 완전히 낯선 사람에게 보내기 위해 우편함에 넣을 때 안전감을 느낀다.
2. 나는 지역의 투자전문가에게 서비스 받는 것보다 800 전화서비스를 통해 얼굴 모르는 직원으로부터 서비스 받는 것을 좋아한다.
3. 나는 금융잡지나 투자관련잡지, 회보 등을 읽을 시간이 많다.
4. 나는 노로드펀드의 광고수입에 매달려 있는 출판물이 공평타당하고 객관적인 투자조언을 해줄 수 있다고 믿는다.
5. 나는 하나의 사람이기보다 한 번의 컴퓨터 키입력으로 생각되기를 원한다.
6. 나는 획일화된 대량시장을 대상으로 영업하는 펀드회사가 나를 잘 돌볼 것이며, 나의 특수한 재무적 목적, 투자기간, 위험감수수준을 이해할 것이라고 생각한다.
7. 나는 강철로 된 신경을 지니고 있다. 1987년 10월 19일 시장이 507포인트 떨어졌을 때도 신경 쓰지 않았다. 난 하락시장에도 신경쓰지 않는다.
8. 나는 시장의 등락에 맞출 수 있고, 한 치의 오차도 없이 펀드를 갈아탈 수 있다.
9. 나는 4,000개가 넘는 노로드펀드 투자대안이 모두 다 아주 우수하다고 보지 않는다. 하루에 5개의 투자설명서를 읽음으로써 대략 26개월 안에 그 모두에 대해 알아볼 것이다.
10. 나는 전문가의 서비스에 대한 수수료를 지급하고 싶지 않다. 내 자신이 직접 투자포트폴리오를 관리할 뿐 아니라, 내 자신의 건강에 대해서도 직접 진찰하고 치료하며, 소송사건에 대해서도 직접 변론하고, 세금도 직접 처리한다.

밴 캠펜 펀드 사

---

* No-Load Fund. 판매수수료가 부과되지 않는 개방형 펀드로, 이 펀드의 투자자는 브로커를 통하지 않고 펀드회사로부터 직접 펀드를 구입함__역자

자산배분에 대해

시장은 미리 예측할 수 없습니다. 그것이 돈을 여러 개의 통에 나누어두라고, 즉 분산하라고 충고하는 이유입니다. 회전식관람차처럼 한 개의 통이 상승추세가 꺾여 떨어지기 시작한다 할지라도, 고객님이 투자한 다른 통들은 여전히 상승하고 있을 것입니다. 그런데 만약 고객님이 모든 돈을 그 한 통에다 넣어버렸다면, 고객님은 어떻게 되겠습니까? 만약 그 한 개의 통이 상승추세가 꺾여 떨어지면 다른 통에 투자했어야 했는데 하면서 후회할 것입니다.

돈 코넬리

피라미드식으로
투자하기

고객님이 투자할 수 있는 자산에는 다음 6개의 등급이 있습니다.

- 중형성장주(17%)

- 성장 및 수익형 주식(13.12%)

- 대형주(12.99%)

- 고배당주와 성장형 우선주(11.2%)

- 고수익채권(8.72%)

- 일반회사채(8.32%)

괄호 안의 수익률은 20년간 연평균 수익률입니다. 20년간의 투자실적기록이 없는 자산은 고려하지 않았습니다. 이와 같은 균형 있는 접근방식을 활용했다면, 고객님은 20년간 평균 15%의 수익을 올릴 수 있었을 것입니다. 그것은 고객님이 오늘부터 5만 달러를 가지고 시작한다면, 20년이 지난 시점에서 고객님은 X달러*만큼 가질 수 있음을 의미합니다.

로웰 잭슨

---

* 81만 8,327달러__역자

투자위험과 수익

채권과 이자율에 대해

    (연필을 사용해 이 예시를 보여줄 수 있음) 이자율과 채권가격간의 관계는 마치 시소와 같습니다. 만약 이자율이 올라가면 (연필을 한쪽으로 기울인다) 채권가격은 떨어집니다. 만약 이자율이 내려가면 채권가격은 올라갈 것입니다(연필을 반대쪽으로 기울인다).

대여자 대 소유자

고객님은 한 회사의 소유자가 되는 것을 원하십니까, 아니면 그 회사에 돈을 빌려주는 대여자가 되는 것을 원하십니까? 회사가 번창할 때, 누가 가장 많은 이득을 볼 것 같으십니까? 소유자일까요 아니면 은행일까요? 소유자는 은행(대여자)에게 단지 그들이 지급해야 할 것을 지급하지만, 그들 스스로에게는 나머지 이익분을 지급합니다.

대여자 대 소유자는 고객님의 투자선택을 구분하는 가장 쉬운 방식입니다.

대여자	소유자
CD	보통주
회사채	뮤추얼펀드
지방채	
국채	

대여자 대 소유자의 수익

(10년 간 투자수익)

다음 숫자는 대여자의 투자에 의한 최상의 수익과 뮤추얼펀드에 의한 수익의 중앙값을 보여줍니다.

- 지방채: 1만 달러를 투자해 2만 598달러가 되었다.
- 회사채: 1만 달러를 투자해 2만 3,481달러가 되었다.
- 국채: 1만 달러를 투자해 2만 4,212달러가 되었다.
- CD: 1만 달러를 투자해 2만 6,599달러가 되었다.
- 성장 및 수익형 뮤추얼펀드: 1만 달러를 투자해 3만 409달러가 되었다.

로저 토마스

뮤추얼펀드를 매입하는
이유에 대해

저는 고객님께 이 그림을 보여드리고서 질문을 하나 하고자 합니다. "왼쪽에 있는 기업이 파산할 가능성은 어느 정도일까요?" 가능성이 높을 것입니다. 그렇죠? 자 그럼, 고객님께 이렇게 묻겠습니다. "여기 고층빌딩에 있는 모든 기업이 파산할 가능성은 어느 정도일까요?" 거의 없을 것입니다. 이것이 우리가 뮤추얼펀드에 투자하는 이유입니다. 왜냐하면 많은 기업을 보유하고 있는 것이 단 하나의 기업만 가지고 있는 것보다 훨씬 안전하기 때문이죠.

성장주와
가치주에 대해

많은 성장주 투자자는 미래에 가격이 더 높이 오를 것이라는 두려움 때문에 높은 가격을 지불하고 주식을 매입하려 합니다. 성장주 투자자가 항상 지니고 있는 불확실성은 다름아닌 '터지기 전에 이 공을 얼마나 크게 부풀릴 수 있는가?' 하는 것입니다.

가치주 투자자는 약간 바람이 빠진 공에 대해 시장과 경영의 변화를 통해 공에 바람이 넣어져 한번 더 가치가 높아질 것이라는 기대를 하며 할인된 가격을 지불하고자 합니다. 가치주 투자자가 항상 지니고 있는 불확실성은 다름아닌 '공의 바람이 더 빠지면, 즉 훨씬 더 떨어지면 어떻게 하지?' 하는 것입니다.

불필요한 위험
피하기

사람들이 모두 흥분하는 많은 투자기회는 저에게 메이저 골프시합에서 '일요일의 그린 위 깃대'*를 생각나게 합니다. 골프시합이나 일요일의 골프게임에서는 종종 깃대를 의도적으로 모험을 하도록 유도하는 장소에 놓음으로써 돈을 벌게 하거나(만약 당신이 완벽한 샷을 친다면), 이길 기회를 망쳐버리게 합니다(만약 실패한다면).

그런데 고객님은 한번 그것을 노려볼 수 있다고 생각하기 쉽습니다. 그러나 시도를 한 대부분의 골퍼는, 심지어 가장 노련한 골퍼조차도 결국 곤경에 빠지게 됩니다. 극적으로 타수를 줄이기보다는 그린의 중앙부를 노리는, 좀 더 작은 위험을 감수하는 것이 더 나을 것입니다.

＊ 메이저 골프시합은 목요일에 시작해서 일요일에 끝난다. 경기가 진행됨에 따라 골퍼가 코스에 익숙해지기 때문에 그린 위 깃대를 조정해서 난이도를 높이는 게 일반적이라 마지막 날인 일요일에는 가장 난이도가 높게 깃대가 놓이게 됨＿역자

예시:
위험-수익의 기찻길

위험과 수익은 기찻길처럼 작용합니다. 그것들은 정확하게 평행선을 이룹니다. 작은 위험으로 큰 수익을 약속하는 것은 어떤 것이라도 고객님을 탈선시킬 것이 확실합니다. 원하는 수익이 아무리 높거나 낮다 하더라도 위험의 수준은 그것과 평행선을 이루게 됩니다. 만약 고객님이 작은 위험과 등락이 적은 평탄한 여행을 원한다면, 그러한 기찻길을 선택할 수 있습니다. 만약 고객님이 높은 수익을 원한다면, 등락이 많은 기찻길을 여행해야 할 것입니다. 고객님이 스스로에게 해야 할 질문은 '내가 어떤 여행을 원하는가?'입니다.

주식가치와
수익

당신은 투자자산의 수익으로 매달 생활비를 받고 있지만 투자자산의 가치가 변할까봐 걱정하고 있는 은퇴자에게 무슨 말을 합니까? 한 재무상담사는 다음과 같은 예시를 사용했습니다.

만약 고객님이 농장을 소유하고 있다면, 고객님은 무엇을 가장 걱정할까요? 매년 수확일까요, 아니면 땅값의 변동일까요? 농부는 매년 수확량에 따라 얼마나 지급받을지에 관심이 가장 많으며, 땅값이 오르고 내리는 것에 대해서는 별로 걱정하지 않습니다.

고객님의 투자도 마찬가지입니다. 투자한 자산 중 일부가 오르거나 내릴지도 모르지만, 고객님의 첫 번째 관심은 매달 확실하게 생활비를 받을 수 있는가 하는 점입니다.

10억 달러,
얼마만큼 큰돈일까?

브로커인 아트 로즈는 그의 고객에게 이런 예시를 사용하기 좋아한다.

"우리는 거의 매일 몇십억 달러에 사거나 팔린 회사에 대해 보고 듣는 것 같습니다. 그런데 하던 일을 멈추고 10억 달러가 얼마나 많은 돈인지 생각해본 적이 있습니까? 이걸 생각해보십시오. 만약 당신이 예수가 태어난 날부터 지금까지 매일 하루에 1,000달러씩 소비해왔다 하더라도 아직까지 당신은 10억 달러를 다 소비하지 못했을 거라는 사실을 말입니다."

바야흐로 재무상담사(financial advisors)가 금융기관의 꽃이자 금융산업의 유행으로 자리 잡게 되었다. 이는 각 금융기관에서 재무상담사를 칭하는 말이 얼마나 다양해지고 복잡해졌는지를 보면 짐작할 만하다. 몇 년 전만 해도 라이프 플래너 또는 프라이빗 뱅커라는 명칭이 일반적이었지만, 고객에 대한 재무설계와 컨설팅에 대한 관심이 높아지면서 파이낸셜 플래너, 파이낸셜 어드바이저, 파이낸셜 컨설턴트, 웰스 매니저, 고객자산관리 상담사, 프로 파이낸셜 플래너, 컨설팅 어카운트 레프리젠터티브, 라이프 컨설턴트, 금융컨설턴트, 인슈어런스 컨설턴트 등 수많은 이름이 나타나고 있다.

이뿐 아니다. 재무상담사/재무전문가에 대한 자격증도 늘어났다. 기존에 각 금융권별 필요에 따라 있던 보험설계사, 보험대리점, 보험중개사, 투자상담사, 증권분석사, 신용분석사 등의 자격증 외에도, 고객에 대한 재무상담과 재무설계를 본격적으로 지향하고자 새로운 자격증이 만들어지거나 외국으로부터 유입되었다. 2000년 증권연수원의 금융자산관리사를 시작으로 한국FP협회(2004년부터 한국FPSB)의 AFPK와 CFP, 보험연수원의 종합자산관리사, 금융연

수원의 자산관리사 등이 순차적으로 도입되면서 각기 개성 있는 교육내용과 교과과정으로 많은 수의 자격증소지자를 배출해왔다.

다양한 명칭과 자격제도가 만들어졌지만, 어떤 이름으로 불리어지고, 어느 기관의 무슨 자격증을 가졌는지가 재무상담사를 평가하는 유일한 척도는 아닐 것이다. 명칭은 유행과 같아서 조금만 시간이 지나도 금방 새롭고 세련된 명칭이 나타날 것이며, 자격증도 교과내용과 교육과정이 재무상담사로서 필요한 지식을 충분히 담지 못하거나 변화하는 금융환경에 따른 계속교육이 이뤄지지 않아 자질의 유지를 어렵게 할 수도 있다.

궁극적으로 고객의 재무적 꿈과 희망 그리고 목표를 달성시키기 위해 고객을 돕는 사람이 재무상담사라 할 때, 재무상담사가 어느 금융기관에 속하고, 뭐라고 불리고, 무슨 자격증을 가지고 있는지보다 더 중요한 것은 그가 고객에게 충분한 서비스를 할 수 있는 지식과 자질 그리고 자세를 갖추고 있는가이다. 즉, 금융소비자의 눈을 통해 지식, 지혜, 자세 등이 검증된 사람만이 진정한 의미의 재무상담사가 되는 것이다. 물론 재무상담사 관련 자격증을 가지고 있다면 지식 면에서 우위에 설지도 모른다. 하지만, 지혜나 자세에선 그렇지 않을 수도 있다. 금융소비자의 입장에서도 단순히 지식만으로 금융영업전문가를 신뢰하지는 않을 것이다.

그렇다면 재무상담사가 되기 위해 필요한 지혜와 자세는 어떻게 얻을 수 있는가? 훌륭한 재무상담사가 되고자 하는 많은 사람이 성공한 다른 이의 경험을 담은 책을 읽거나 교육훈련을 통해 이 보이지 않는 노하우를 획득하려 한다. 하지만 시중에 나와 있는 도서 중 참고할 만한 서적이 그리 많지 않은 것이 현실이며, 그나마도 대부분 저자 자신의 경험 위주로 서술되어 독자가 읽고 바로

실전에 활용하기 어려운 실정이다. 역자는 오랫동안 이 문제의
답을 찾기 위해 외국의 여러 자료를 살펴봤고, 그 와중에 이 책을
발견했다. 이 책을 처음 대하면서 느꼈던 2002년 8월의 감동과
느낌이 그대로 최초의 번역서 발간이라는 무모한 시도(?)로 이어지
게 된 것이다.

　이 책의 공저자 모두 현장에서 금융영업을 하는 사람이 아니라
금융영업전문가의 전문성을 높이려는 교육전문가이다. 그들은 10
여 년간 금융영업전문가에게 생산성을 높이기 위한 마케팅 및 커
뮤니케이션 기술을 가르쳐왔다. 금융영업전문가에 대한 세미나와
강좌, 교육훈련프로그램 등에서 영업현장의 노하우를 알려주고 전
달하는 과정에서 쌓아올린 진수만을 뽑아 스토리셀링이란 이름으
로 집약한 것이다. 이 책은 지금까지 우리 시장에 나와 있는 여느
금융영업관련 도서에서 볼 수 없는 체계적이고 과학적인 고객접근
방법을 소개하고 있다. 논리적이고 분석적인 좌뇌식 영업에 대한
비판과 감성적이면서 직관적인 우뇌식 영업의 효력을 짜임새 있는
체제와 재미있는 표현으로 서술하고 있다. 이 책 곳곳에 그리고
뒷부분에서 볼 수 있는 은유와 예시로 된 스토리셀링 사례는 책을
덮자마자 현장에서 바로 활용할 수 있으며, 즉각적으로 그 성과를
확인할 수 있을 것이다.

　이 책을 그냥 한번 훑어본 독자는 두 번 더 읽기를 권한다. 이
책을 두 번 정도 읽어본 독자는 다시 한 번 정독하기를 권한다.
이 책의 진수는 세 번은 읽어야 느낄 수 있으리라. 처음 볼 땐
머리로 알 것이고, 두 번째 읽을 땐 가슴으로 이해할 것이다. 그리
고 마지막으로 한 번 더 새긴다면, 미래를 바꿀 수 있다는 믿음으
로 온몸과 마음이 충만해질 것이다.

끝으로 이 번역서가 세상에 나올 수 있도록 도와준 도서출판 한울의 대표와 모든 직원에게 감사를 드린다.

독자 여러분과 여러분의 고객이 재무적 독립을 이루고 가치 있는 삶을 살아가는 데에 이 책이 좋은 밑거름이 되기를 바란다.

2003년 8월 1일
역자 김선호, 조영삼, 이형종

| 역자 헌정사 |

이 책을 독자와
독자를 통해 도움을 받을 독자의 미래 고객
그리고 역자에게 끊임없는 사랑과 격려를 아낌없이 주고
삶의 동반자로서 인생의 희로애락을 함께하는
이민정, 최준화, 박숙경 님께 바칩니다.

지은이 **스콧 웨스트**(Scott West)
밴 캠펜 펀드사의 수석 부사장.
금융전문가를 위한 창조적 마케팅 전략의 1인자.
증권업계의 대표적 연사.

미치 앤소니(Mitch Anthony)
17년간 전문 연사 및 의사소통 컨설턴트.
금융전문가를 대상으로 관계 및 의사소통 기술의 개선을 통한 판매 증
가 노하우 교육 전문가.
저술가, 라디오 및 텔레비전 방송 프로그램의 사회자 및 게스트로 출연.
≪유에스에이 투데이≫, ≪리더스 다이제스트≫ 등의 주요 기고자.

옮긴이 **김선호**(CFP®)
서울대학교 경영대학 경영학과 졸업.
동아생명, 대신생명, 한일생명, 한독약품, 영풍생명 근무.
현재 PFM연구소 소장 겸 재무선호 방주.
저서 및 역서
『재무계산기』(김선호·조영삼·이형종 공저)
『AFPK 위험관리와 보험설계』(안용운 외 공저)
『CFP 위험관리와 보험설계』(이준승 외 공저)
『개인재무설계 사례집』(임계희 외 공저)
『모기지 컨설팅』(이성제 외 공저)
『Financial Planning Handbook』(김선호·더맵계리컨설팅(주) 공저)
『돈돈이의 돈이야기』(김민전 외 공저)
『평생고객을 얻는 최고의 질문』(김선호·최문희·임용권 공역)
『재무상담사를 위한 스토리셀링』(김선호·조영삼·이형종 공역)
『금융전문가를 위한 고객설득전략』(김선호·조영삼·이형종 공역)
『재무상담사를 위한 고객 재무설계』(김선호·조영삼·이형종 공역)
『재무설계사를 위한 개인재무설계 컨설팅 I』(김선호·이형종·김사헌 공역)
『재무설계사를 위한 개인재무설계 컨설팅 II』(김선호·이형종·강성호 공역)
『금융전문가를 위한 백만 불의 마무리 기법』(김선호 옮김)
『금융전문가를 위한 백만 불의 판매 기법』(김선호 옮김)
E-mail: financesunho@daum.net

조영삼

서울대학교 사회과학대학 정치학과 졸업.
보험감독원, 영풍생명, PFM연구소, 하나생명 영업지원본부장 근무.
현재 에이 플러스 에셋 기획 담당 상무 겸 보험경영아카데미 원장.
저서 및 역서
『재무계산기』(공저)
『AFPK 위험관리와 보험설계』(공저)
『보험업법』,『객관식 보험업법』,『보험계약법』,『손해사정이론』
『재무상담사를 위한 스토리셀링』(공역)
『금융전문가를 위한 고객설득전략』(공역)
『재무상담사를 위한 고객 재무설계』(공역)
『재무상담사를 위한 자산 배분 전략』(조영삼 옮김)
E-mail: choys-03@hanmail.net

이형종

중앙대학교 문과대학 사학과 졸업, KDI국제정책대학원 졸업, 홍익대
금융보험학과 박사 과정.
PFM연구소, 한국 FPSB 수석연구원 근무.
현재 삼성생명 은퇴연구소 수석연구원.
저서 및 역서
『재무계산기』(공저)
『재무상담사를 위한 스토리셀링』(공역)
『금융전문가를 위한 고객설득전략』(공역)
『재무상담사를 위한 고객 재무설계』(공역)
『재무설계사를 위한 개인재무설계 컨설팅 I』(공역)
『재무설계사를 위한 개인재무설계 컨설팅 II』(공역)
E-mail: acemn0406@hanmail.net

PFM연구소(Personal Financial Management Institute)

재무상담사에게 전문적 지식과 기술을 제공하며, 일반 고객에게 개인재무관리에 대한 교육, 상담 등을 지원하기 위해 설립되었다. 연구소의 사명은 고객과 국민이 재무적 자유를 성취해 궁극적으로 가치 있는 삶을 영위하도록 하는 것이다.

재무상담사를 위한 스토리셀링

최고 영업사원의 판매 노하우

ⓒ 김선호·조영삼·이형종, 2003

지은이 | 스콧 웨스트·미치 앤소니
옮긴이 | 김선호·조영삼·이형종
펴낸이 | 김종수
펴낸곳 | 서울엠

초판 1쇄 발행 | 2003년 8월 25일
초판 10쇄 발행 | 2008년 8월 20일
 2판 1쇄 발행 | 2009년 4월 30일
 2판 4쇄 발행 | 2014년 2월 10일

주소 | 413-756 경기도 파주시 광인사길 153 한울시소빌딩 3층
전화 | 031-955-0655
팩스 | 031-955-0656
홈페이지 | www.hanulbooks.co.kr
등록 | 1980년 3월 13일, 제406-2003-000053호

Printed in Korea.
ISBN 978-89-460-4816-4 03320